高等职业教育"十二五"规划教材

接触网检修与维护
Jiechuwang Jianxiu yu Weihu

赵永君 主　编
林毓梁　栾义洲 副主编
于洪永 主　审

人民交通出版社

内 容 提 要

本书为高等职业教育"十二五"规划教材,依据职业岗位需求及接触网工等职业资格认证标准编写。主要内容包括:接触网专业知识、接触网基本技能、接触网检修调整、接触网故障及处理。

本书为高职、中职院校电气化铁道技术专业、铁道供电专业、供用电技术专业教材,也可作为铁路局供电段接触网施工、检修、维护人员培训教材,还可作为电气化局接触网施工检修维护人员培训教材。

本书配有教学课件,读者可加入职教轨道教学研讨群(QQ:129327355)索取。

图书在版编目(CIP)数据

接触网检修与维护/赵永君主编.—北京:人民交通出版社,2013.8
高等职业教育"十二五"规划教材
ISBN 978-7-114-10792-4

Ⅰ.①接… Ⅱ.①赵… Ⅲ.①接触网-检修-高等职业教育-教材 Ⅳ.①U225

中国版本图书馆 CIP 数据核字(2013)第 117086 号

高等职业教育"十二五"规划教材

书　　名:	接触网检修与维护
著 作 者:	赵永君
责任编辑:	袁　方　周　凯
出版发行:	人民交通出版社
地　　址:	(100011)北京市朝阳区安定门外外馆斜街3号
网　　址:	http://www.ccpress.com.cn
销售电话:	(010)59757973
总 经 销:	人民交通出版社发行部
经　　销:	各地新华书店
印　　刷:	北京鑫正大印刷有限公司
开　　本:	787×1092　1/16
印　　张:	12.75
字　　数:	300 千
版　　次:	2013 年 8 月　第 1 版
印　　次:	2021 年 11 月　第 6 次印刷
书　　号:	ISBN 978-7-114-10792-4
定　　价:	36.00 元

(有印刷、装订质量问题的图书由本社负责调换)

近年来,铁路电气化水平逐年提高,到2020年全国铁路营运里程将超过12万km,电化率将达到60%,行业对电气化铁道技术专业人才的依赖和需求也随之扩大。在铁路系统中,电气化专业技术人才可以从事的岗位或工种主要是电气化铁道牵引供电系统的检修和维护。据统计,轨道交通类企业对电气化铁道技术人才的需求,主要分布在接触网工和电力线路工两大工种,约占所有比例的80%,其中又以接触网工的需求更为迫切。

接触网是电气化轨道交通所特有的、沿路轨架设的、为电力机车或电动车组提供电能的特殊供电线路,是电气化轨道交通牵引供电系统的重要组成部分。其特点是电压高、电流大、露天架设、点多线长、没有备用、维修保养复杂、难度大、要求高,其状态好坏直接影响轨道交通能否正常运行。为保证轨道交通的安全可靠运营,需要大量具备扎实基础知识、设备维护技能,并且精通安全作业流程、具有灵活的故障应变能力和良好的职业道德、敬业精神的高素质接触网技能人才。本书是为培养具有以上知识和能力的接触网技能人才而编写的。

本书的编写是以满足轨道交通类企业接触网的设计、安装、检修和维护等职业岗位的实际工作需要和轨道交通行业企业发展需要为目的,通过分析相关工作岗位知识、能力、素质要求,依据职业岗位需求及接触网工等职业资格认证内容,以接触网安装、接触网检修、接触网运行维护作为课程的三个核心技能,并围绕核心知识点和技能点,参照轨道交通行业企业技术标准确定教材内容,遵循"工作任务由单一到综合、工作过程由简单到复杂"的规律,使教材内容更加有序化。

本书由接触网专业知识、接触网基本技能、接触网检修调整、接触网故障及处理四个项目组成。项目一、项目三由山东职业学院赵永君编写;项目二中任务一、任务二,项目四中任务一、任务二由山东职业学院林毓梁编写;项目二中任务三、任务四由济南铁路局济南供电段栾义洲编写;项目二中任务五、项目四任务三由山东职业学院代金华编写;项目四中任务五、任务六由山东职业学院崔景萍编写。

本书由山东职业学院赵永君担任主编并负责全书的统稿工作,山东职业学院林毓梁、济南铁路局济南供电段栾义洲担任副主编并负责稿件收集整理工作;山东职业学院于洪永担任教材的主审工作,对教材编写提出了宝贵意见;在编写过程中还得到了济南铁路局供电段的大力支持,在此一并表示感谢。

本书配有教学课件,读者可在人民交通出版社网站下载。

限于编者经历和水平,书中难免有疏漏与不足之处,恳请读者批评指正,以便修订时完善。

编 者

2013年5月

项目一　接触网专业知识

任务一　接触网组成及供电方式 ………………………………………… 2
任务二　接触网悬挂装置 …………………………………………………… 9
任务三　接触网定位装置 …………………………………………………… 24
任务四　接触网支持装置 …………………………………………………… 32
任务五　接触网支柱 ………………………………………………………… 40
任务六　锚段关节、中心锚结及线岔 ……………………………………… 45
任务七　分段、分相绝缘装置 ……………………………………………… 54
任务八　隔离开关和电连接 ………………………………………………… 62
复习思考题 …………………………………………………………………… 67

项目二　接触网基本技能

任务一　接触网简单测量计算 ……………………………………………… 70
任务二　接触网示意图识别 ………………………………………………… 71
任务三　高速铁路接触网零部件的认知 …………………………………… 80
任务四　接触网常用工具及仪器 …………………………………………… 89
任务五　接触网维护 ………………………………………………………… 102
复习思考题 …………………………………………………………………… 109

项目三　接触网检修调整

任务一　接触悬挂的检调 …………………………………………………… 111
任务二　定位装置检调 ……………………………………………………… 114
任务三　棘轮补偿装置检调 ………………………………………………… 118
任务四　弹性补偿装置检调 ………………………………………………… 122
任务五　整体吊弦的检调 …………………………………………………… 124
任务六　承力索接头制作 …………………………………………………… 126

任务七　弹性吊索检修、更换 …………………………………… 128
　　任务八　无交叉线岔检调 ………………………………………… 130
　　任务九　隔离开关检调 …………………………………………… 132
　　任务十　电连接检修、更换 ……………………………………… 134
　　任务十一　分段绝缘器安装调整 ………………………………… 142
　　任务十二　避雷器及接地线装置检调 …………………………… 145
　　复习思考题 ………………………………………………………… 147

项目四　接触网故障及处理

　　任务一　接触网故障及故障调查分析 …………………………… 149
　　任务二　接触网故障抢修要求 …………………………………… 153
　　任务三　接触网应急预案及抢修工机具管理 …………………… 159
　　任务四　故障预防及抢修演练 …………………………………… 164
　　任务五　接触网常见故障判断及查找 …………………………… 164
　　任务六　接触网常见故障处理方法及案例 ……………………… 168
　　复习思考题 ………………………………………………………… 180

附表　接触网常用零件型号及参数表 …………………………… 182

参考文献 …………………………………………………………… 198

项目一　接触网专业知识

教学目标：

熟悉电气化铁道"三大元件"：牵引变电所、接触网、电力机车；掌握接触网组成及供电方式；掌握接触网悬挂装置、定位装置、支持装置、横跨结构及作用，支柱分类及作用；掌握接触网锚段关节、中心锚结、线岔、分段、分相绝缘装置、隔离开关与电连接的结构及作用。

教学要求：

知识与能力目标	1. 能够认识接触网组成及供电方式； 2. 能够对各种腕臂支柱的装配及影响腕臂装配的参数进行调整； 3. 能够对接触线、承力索、绝缘子、吊弦进行安装，对拉出值进行检调； 4. 能够对补偿装置及线岔的 b 值进行调整； 5. 能够对分相绝缘装置、隔离开关和电连接进行装调
教学材料	1. 接触网专用工具、仪器、仪表； 2. 计算机、投影仪、接触网零部件实物、视频、演示文档、指导作业文件、图纸、任务书、工作记录单、评价表
训练内容	1. 各种腕臂支柱的装配及影响腕臂装配的各种参数的调整； 2. 定位管、定位器、定位线夹安装；正定位、反定位、软定位、组合定位的结构调整； 3. 接触线、承力索、绝缘子、吊弦安装，拉出值的检调； 4. 补偿装置及线岔的 b 值的调整； 5. 分相绝缘装置、隔离开关和电连接的装调
教学场所	1. 接触网技能训练一体化室； 2. 接触网演练场
建议学时	30 学时

任务一　接触网组成及供电方式

一、电气化铁道概述

采用电力机车为主要牵引动力的铁路称为电气化铁路。1879年5月31日,在德国柏林举办的世界贸易博览会上,由西门子和哈尔斯克公司展出了世界上第一条电气化铁路,迄今已有130多年的历史。低能耗、高效率、高速度的电力牵引已成为世界各国铁路发展趋势,是铁路现代化的标志。目前,电气化铁道在全球60多个国家的营运里程已经突破25万km,占世界铁路总营运里程的近四分之一,承担了一半以上的铁路运量,显示了电气化铁道的巨大生命力。

我国第一条电气化铁路是宝(鸡)成(都)线宝鸡—凤州段,于1961年8月15日正式通车,从此揭开了我国电气化铁路建设的序幕。从第一条电气化铁路运营到现在的50多年间,特别是改革开放30多年以来,我国的电气化铁道得到了迅猛的发展。我国成为继俄罗斯、德国之后的世界第三个电气化铁路总里程超过20000km的国家。同时,我国电气化铁道技术水平也有了较大提高。1998年5月28日,广深铁路全线完成电气化改造,成为我国第一条准高速电气化铁路,时速为200km。近年来,我国大范围、大幅度提高现有电气化铁道的运行速度,主要电气化干线运行速度逐步达到160~200km/h。京沪高速电气化铁路设计时速350km,于2010年建成通车,成为我国第一条高速铁路。到2020年,全国铁路营运里程规划目标将达15万km以上,其中客运专线为2万km,电化率达60%以上。届时,我国将由电气化铁路大国迈入电气化铁路强国。

我国的电气化铁路采用了目前国际上普遍使用的先进的25kV单相工频交流制。其优点为:牵引供电系统的结构简单,牵引变电所损耗小、间距大、数目少,机车黏着性能和牵引性能良好,大大降低了建设投资和运营费用。

电气化铁路的优越性主要表现在以下几个方面:

(1)能多拉快跑,提高运输能力。由于电力机车功率大、速度快,因而能多拉快跑,提高牵引吨数,缩短在区间的运行时间,从而可以大幅度地提高运输能力。

(2)能综合利用资源,降低燃料消耗。由于电力机车的能源可以来自多方面,因而可以综合利用资源,即使在纯火力发电的情况下,电力机车总效率也可达25%左右。

(3)能降低运输成本,提高劳动生产率。由于电力机车构造简单,牵引电动机和电气设备工作稳定可靠,因而机车检修周期长、维修量少,可以减少维修费用和维修人员。电力机车不需要添煤、加水和加油,整备作业少,宜长交路行驶,因而可以少设机务段,乘务人员和运用机车台数也可相应减少。这样就降低了运输成本,提高了劳动生产率。

(4)能改善劳动条件,不污染环境。由于电力机车没有煤烟,因此机车乘务员不会受到有害气体侵害,同时也不会污染沿线的环境。

(5)有利于铁路沿线实现电气化,促进工农业发展。牵引供电装置除主要向电力机车供电外,尚可解决在没有地方电源地区的铁路其他用电,也利于实现养路机械化。同时,便于铁路沿线的城镇乡村早日实现电气化,促进这些地区工农业生产的发展。

二、电气化铁道的组成

由于电力机车本身不携带原动机,而是靠外部电力系统经过牵引供电装置供给其电能,故电气化铁道是由电力机车和牵引供电装置组成的。

牵引供电装置一般分牵引变电所和接触网两部分,所以人们又称电力机车、牵引变电所和接触网为电气化铁道的"三大元件"。

1. 电力机车

电力机车由机械、电气和空气管路系统组成。机械部分主要包括车体和走行部分。电气部分主要包括受电弓、主断路器、牵引变压器、转换硅机组、调压开关、整流硅机组、平波电抗器、牵引电动机和制动电阻柜等。空气管路系统主要包括空气制动、控制及辅助气路系统。

电力机车靠其顶部升起的受电弓,直接接触导线获取电能。每台电力机车前后各有一受电弓,由司机控制其升降。受电弓升起工作时,以 $(68.6+9.8)$ N 的接触压力紧贴接触网线摩擦滑行,将电能引入机车,经机车主断路器到机车主变压器,主变降压后,经传动装置供给牵引电动机,牵引电动机通过齿轮传动使电力机车运行。其原理如图1-1所示。

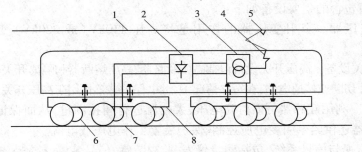

图1-1 电力机车的工作原理

1-接触网;2-传动系统;3-主变压器;4-主断路器;5-受电弓;6-牵引电动机;7-钢轨;8-转向架

电力机车受电弓直接从接触线上滑行取流,受电弓形式有单臂式和双臂式两种,目前一般采用单臂式。受电弓顶部的滑板紧贴接触线。滑板固定在托架上,托架一般采用2mm的铝板冷压制成。根据接触线材质的不同,选用不同材料的滑板。受电弓的最大工作范围为1250mm,允许工作范围为950mm。受电弓及滑板结构如图1-2所示。

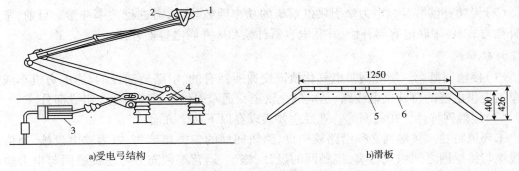

图1-2 受电弓及滑板结构图(尺寸单位:mm)

1-滑板;2-弓头支架;3-活塞;4-升弓弹簧;5-滑条;6-滑板

我国目前使用的电力机车主要是国产韶山系列电力机车,投入运营的有 SS_1、SS_3、SS_4、SS_8、SS_9 等型号及部分进口电力机车。

2. 牵引变电所

将电能从电力系统传给电力机车的电装置的总称叫电气化铁道的供电系统,又称牵引供电系统。它由发电厂、牵引变电所、接触网、电力机车和钢轨等构成。这种供电系统本身不产生电能,而是将电力系统的电能传送给电力机车。牵引回路如图 1-3 所示。

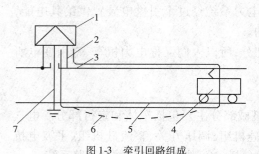

图 1-3 牵引回路组成
1-牵引变电所;2-馈电线;3-接触网;4-电力机车;
5-钢轨;6-地中回流;7-回流线

牵引变电所(包括开闭所、分区所、AT 所)的主要任务是将电力系统输送来的电能降压,然后以供电方式经馈电线送至接触网上,电压变换由牵引变压器进行。电力系统的三相交流电改变为单相是通过牵引变压器的电气接线来实现的。我国目前所用的牵引变压器有三相式、三相—二相式及单相式三种类型。

牵引变电所包含的主要设备如下:

(1)牵引变压器。牵引变压器的作用是将高压 110kV(或 220kV)变成 27.5kV(或 55kV)的电能。

(2)高压开关设备。高压开关设备包括高压断路器、高压熔断器和隔离开关等。在正常情况下,操作高压开关切断或接通电路;在短路情况下,继电保护装置作用于高压开关自动切除故障。

(3)互感器。利用互感器可以对高电压、大电流进行间接测量,从而保证测量仪表及人身的安全;互感器还供给牵引变电所控制、保护装置工作电压或电流。

(4)控制、监视与信号系统,包括测量仪表、监视装置、信号装置、控制装置、继电保护、自动装置和远动装置等。其作用是正确反映一次系统的工作状态,控制一次系统的运行操作。

(5)自用电系统。向牵引变电所内照明供电的系统称为自用电系统。由专门的自用变压器承担。

(6)回流接地和防雷装置。牵引变电所的保护接地和工作接地采用同一个环状接地网。主变压器牵引侧接地端与接地网相连,也与钢轨、回流线相连,从而形成牵引电流的回流通路。为预防雷害,安装避雷针、避雷器等。

(7)无功补偿装置。电力牵引供电系统的功率因数较低,需进行功率补偿。目前,常用的补偿方式有:串联电容器补偿、并联电容器补偿和串并联电容器补偿。

3. 接触网

(1)接触网概念。接触网是电气化轨道交通所特有的、沿路轨架设的、为电力机车或电动车组提供电能的特殊供电线路,是电气化轨道交通牵引供电系统的重要组成部分。

(2)接触网特性。接触网的特殊性主要表现在以下几个方面:

①环境特性。接触网必须沿路轨架设,路轨四周的各类建筑物、电力输电设施、通信信号设施与接触网之间相互影响,接触网的设计、施工、运营都须充分考虑接触网与电力输电线之间的距离、接触网与轨道信号电路和附近通信线路之间的干扰、接触网与受电弓及其他建筑物的限界等问题,将接触网与其四周设备的相互影响减少至最低限度,确保接触网与这

些设施或设备之间的绝缘安全和电磁安全。

②气候特性。接触网是露天设备,大气温度、湿度、冰雪、大风、大雾、污染、雷电等各类气候因素对接触网的作用十分明显。接触网的机电参数,如线索弛度、线索张力、悬挂弹性、零部件的机械松紧度及空间位置、设备的绝缘强度、线索的载流能力、弓线间的磨耗关系等,都会随气候条件的变化而变化,突然的气候变化还可能造成重大行车事故。在接触网的运营维护工作和接触网设计计算工作中,绝大多数内容是与气象条件相关的。

③无备用特性。接触网是一个综合供电系统,设备是无备用的。无备用性决定了接触网的脆弱性和重要性,一旦出现事故,必将影响列车运行,造成一定的经济损失。

④机电特性。接触网是电力输电线,它具有电力输电线所具有的一切特性,必须遵循电力输电的一切规律和要求,但接触网又具有一般电力输电线所不具有的特殊性,这种特殊性是由弓网系统特殊性所决定的,弓网关系要求接触网必须具有稳定的空间结构、稳定的动静态特性、足够高的波动速度,因此,接触网除了应有良好的电气性能之外,还必须具有良好的力学性能。

⑤负荷特性。接触网所承担的电力牵引负荷是高速移动的,正因为其不确定性和随机性,使得弓网关系成为高速电气化铁路的核心问题。负荷变化使接触网经常承受较大冲击,为保证弓网正常运行,接触网必须具备较强的过负荷能力。负荷不确定性将对接触网的寿命和安全造成较大的负面影响。

⑥多学科交叉特性。接触网工程涉及电气、机械、力学(弹性力学、振动学、材料力学、空气动力学等)、地质、材料、环保等多学科领域。因此,看起来十分简单的接触网,其本质确是多学科交叉形成的能用型学科。

(3)对接触网的要求。由于接触网是露天设置的,没有备用,而且线路上的负荷又是随着电力机车的运行而接触移动和变化的,因此对接触网的要求如下:

①在高速运行和恶劣的气候条件下,能保证电力机车正常取流,要求接触网在机械结构上具有足够的稳定性和弹性。

②接触网设备及零件要有互换性,应具有足够的耐磨性和抗腐蚀能力。

③要求接触网对地绝缘好,安全可靠。

④设备结构尽量简单,便于施工,有利于运营及维修。在事故情况下,便于抢修和恢复。

⑤尽可能地降低成本,特别要注意节约有色金属及钢材。

⑥在日常维护时,应按标准化作业程序,坚持标准化作业,严格按照设备的技术标准检修,严禁凭经验、臆测行事。

总的来说,要求接触网无论在任何条件下,都能保证良好地供给电力机车电能,保证电力机车在线路上安全、高速运行,并在符合上述要求的情况下,尽可能地节省投资、结构合理、维修简便、便于新技术的应用。

三、接触网供电方式

接触网是架设在铁路线上空向电力机车提供电能的特殊形式的输电线路。电能由地方电力网输送到铁路牵引变电所后,经主变压器降压达到电力机车正常使用所需电压等级,再由馈电线将电能送至接触网。电力机车从接触网上获取电能以提供牵引动力,保证列车运行。电气化铁道供电系统如图1-4所示。

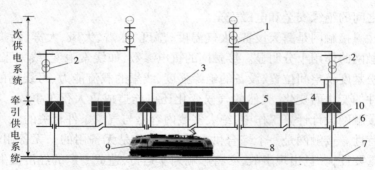

图 1-4　电气化铁道供电系统

1-发电厂;2-区域变电所;3-传输线;4-分区亭;5-牵引变电所;6-接触线;7-轨道回路;8-回流线;9-电力机车;10-馈电线

目前,我国电气化铁道干线上牵引变电所牵引侧母线上的额定电压为 27.5kV(自耦变压器供电方式为 2×27.5kV),接触网的额定电压为 25kV,最高电压为 29kV。在供电距离较长时,电能在输电线路和接触网中将产生电能损耗,使接触网末端电压降低。但接触网末端电压不应低于电力机车的最低工作电压 20kV,系统在非正常运行情况(检修或事故)下,机车受电弓上的电压不得低于 19kV,所以两个牵引变电所之间的距离一般为 40～60km,具体间距需经供电计算确定。

电压从牵引变电所经馈电线送至接触网,流过电力机车,再经轨道回路和回流线,流回牵引变电所。应该指出:由于轨道和大地间是不绝缘的,在电力机车的电流流到轨道以后,并非全部电流都沿着轨道流回牵引变电所。实际上有部分电流进入大地,并在地中流回牵引变电所。这种由大地中流经的电流称为地中电流(又称泄漏电流或杂散电流)。

牵引变电所向接触网正常供电的方式有两种:单边供电和双边供电。

1. 单边供电

两个牵引变电所之间将接触网分成两个供电分区(又称供电臂),正常情况下,两个相邻供电臂之间的接触网在电气上是绝缘的,每个供电分区只从一端牵引变电所获得电能的供电方式称为单边供电,如图 1-5 所示。单边供电时,相邻供电臂电气上独立,运行灵活;接触网发生故障时,只影响到本供电分区,故障范围小;牵引变电所馈线保护装置较简单。这是我国电气化铁道采用的主要形式。

2. 双边供电

若两个供电分区通过开关设备在电路上连通,两个供电分区可同时从两个牵引变电所获得电能,这种供电方式称为双边供电。双边供电可提高接触网电压水平,减少电能损耗,如图 1-6 所示。但馈线及分区亭的保护及开关设备都较复杂,因此,目前采用较少。

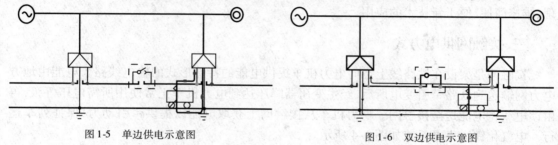

图 1-5　单边供电示意图　　　　　　　　图 1-6　双边供电示意图

3. 越区供电

单边和双边供电为正常的供电方式，还有一种非正常供电方式（也称事故供电方式）叫越区供电，如图 1-7 所示。

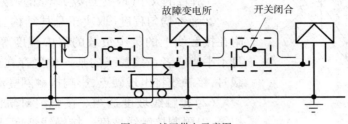

图 1-7　越区供电示意图

由于越区供电的供电距离大大伸长，如果在列车运行数量相同的情况下，则延伸供电臂的末端电压就会大大降低，倘若低于电力机车允许的最低工作电压时，将造成机车不能运行，这是不允许的。因此，越区供电只能保证客车或重要货车通过，是作为避免中断运输的临时性措施。

4. 并联供电

复线区段供电方式与上述基本相同，但每一供电臂分别向上、下行接触网供电，因此牵引变电所馈出线有 4 条。同一侧供电臂上、下行线通过开关设备（或者电连接线）实行并联供电。并联供电可提高供电臂末端电压，但是接触网发生事故时，影响范围大，运行检修不够灵活。越区供电时，通过分区亭开关设备来实现。复线区段的单边供电和并联供电目前在我国都有使用。复线区段供电示意如图 1-8 所示。

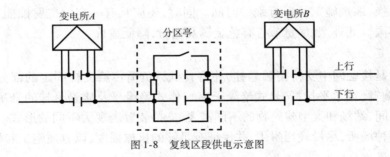

图 1-8　复线区段供电示意图

四、接触网的组成

接触网是沿铁路上空架设的一条特殊形式的输电线路，它由接触悬挂、支持装置、定位装置、支柱与基础等几部分组成，如图 1-9 所示。

1. 接触悬挂

接触悬挂包括接触线、吊弦、承力索和补偿器及连接零件。接触悬挂通过支持装置架设在支柱上，其作用是将从牵引变电所获得的电能输送给电力机车。电力机车运行时，受电弓顶部的滑板紧贴接触线摩擦滑行得到电能（简称"取流"）。为了保证滑板的良好取流，接触悬挂应达到下列要求：

（1）弹性尽量均匀。接触悬挂弹性是指接触悬挂在受电弓抬升力作用下所具有的抬高性能，用单位垂直力使接触线升高量表示，单位为 mm/N。衡量弹性好坏的标准有：

① 弹性的大小（取决于接触线索的张力）。

② 弹性均匀程度（取决于悬挂结构、悬挂类型和某些附在接触线上的集中负载的集中程度等）。当接触线本身不平直或者在接触线的某一位置存在着较大的集中负载时，接触线将出现硬点，影响接触网受流质量。

（2）接触线坡度适当。接触线对轨面的高度应尽量相等，以限制接触线坡度。接触线坡度，即一个跨距两端的支柱悬挂处接触线距轨面高度差与跨距值的千分率。

$$i = \frac{H_A - H_B}{1000 \times L} \times 1000‰ \quad (1-1)$$

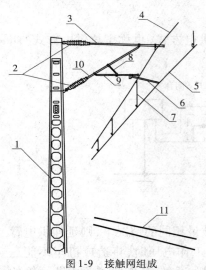

图1-9　接触网组成

1-支柱；2-棒式绝缘子；3-平腕臂；4-承力索；5-接触线；6-定位器；7-吊弦；8-定位管支撑；9-定位管；10-单耳腕臂；11-钢轨

式中：i——接触线坡度，‰；

H_A、H_B——跨距两端的接触线轨面高度，mm；

L——跨距，m。

接触线坡度对机车运行速度有很大影响，坡度选择不当，会产生离线、起弧等不正常情况。

（3）良好的稳定性。接触悬挂在受电弓压力及风力作用下应有良好的稳定性，即电力机车运行取流时，接触线不发生剧烈的上下振动。在风力作用下，不发生过大的横向摆动，这就要求接触线有足够的张力，并能适应气候的变化。

（4）结构的标准化。接触悬挂的结构及零部件应力求轻巧、简单、可靠，并做到标准化，以便检修和互换，缩短施工及运行维护时间。同时，还应具有一定的抗腐蚀能力和耐磨性，以延长使用年限。此外，要尽量节省有色金属及钢材，降低造价。

2. 支持装置

支持装置是接触网中支持接触悬挂，并将其机械负荷传给支柱固定的部分。支持装置包括腕臂、平腕臂（或水平拉杆、悬式绝缘子串）、棒式绝缘子及接触悬挂的悬吊零件。根据接触网所在区间、站场和大型建筑物的不同需要，支持装置表现为不同的形式。支持装置结构应能适应各种场所，尽量轻巧耐用，并保证有足够的机械强度，以方便施工和检修。

3. 定位装置

定位装置包括定位管、定位器、定位线夹及其连接零件。其作用是固定接触线的横向位置，使接触线水平定位在受电弓滑板运行轨迹范围内，保证接触线与受电弓不脱离，使受电弓磨耗均匀，同时将接触线的水平负荷传给支柱。

4. 支柱与基础

支柱与基础用以承受接触悬挂、支持装置和定位装置的全部负荷，并将接触悬挂固定在规定的位置和高度上。在我国，接触网主要采用预应力钢筋混凝土支柱和钢柱，其基础用来承载支柱负荷，即将支柱固定在用钢筋混凝土制成的地下基础上，由基础承受支柱传给的全部负荷，并保证支柱的稳定性。预应力钢筋混凝土支柱也可不设单独的基础，支柱直接埋入地下，起到基础的作用。

任务二 接触网悬挂装置

一、接触网悬挂类型

接触网的分类大多以接触悬挂的类型来区分。在一条接触网线路上,为了满足供电和机械方面的要求,总是将接触网分成若干一定长度且相互独立的分段,这就是接触网的锚段。而接触悬挂分类是针对架空式接触网中的每个锚段而言,根据其结构的不同,分成简单接触悬挂和链形接触悬挂两大类。

1. 简单接触悬挂

简单接触悬挂(以下简称简单悬挂)系由一根接触线直接固定在支柱支持装置上的悬挂形式。它在发展中经历了未补偿简单悬挂、季节调整式简单悬挂和目前采用的带补偿装置及弹性吊索式简单悬挂。其结构分别如图1-10、图1-11 所示。

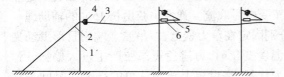
图1-10 未补偿简单悬挂结构示意图
1-支柱;2-拉线;3-接触线;4-绝缘子串;5-腕臂;6-棒式绝缘子

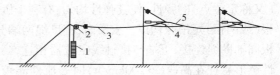
图1-11 带补偿简单悬挂结构示意图
1-坠砣;2-补偿滑轮;3-接触线;4-定位器;5-弹性吊弦

接触线(或承力索)端头同支柱的连接称为线索的下锚。下锚分两种方法:一种是将线索端头同支柱直接固定连接,称为硬锚或者未补偿下锚;另一种是加装补偿装置,以调整线索的弛度和张力,称为补偿下锚。

未补偿的简单悬挂结构简单,要求支柱高度较低,因此建设投资低,施工和检修方便。其缺点是导线的张力和弛度随气温的变化较大,接触线在悬挂点受力集中,形成硬点,弹性不均匀,不利于电力机车高速运行时取流。

近年来,国内外对简单悬挂做了大量的研究和改进。例如,在简单悬挂的接触线下锚处装设张力补偿装置。具体做法是,在悬挂处加装 8~16m 长的弹性吊索,通过弹性吊索悬挂接触线,这样增加了悬挂点,适当缩小了跨距,减小了悬挂点处产生的硬点,以调节张力和弛度的变化,改善取流条件。根据使用试验,这种弹性简单悬挂在行车速度 90km/h 时,弓线接触良好,取流正常,所以在多隧道的山区和行车速度不高的线路上可采用。我国在部分线路上采用了这种悬挂形式。

2. 链形悬挂

链形悬挂是一种运行性能较好的悬挂形式。它的结构特点是接触线通过吊弦悬挂在承力索上,承力索通过钩头鞍子、承力索座或悬吊滑轮悬挂在支持装置的腕臂上,使接触线在不增加支柱的情况下增加了悬挂点,通过调节吊弦长度使接触线在整个跨距中对轨面的高度基本保持一致,减小了接触线在跨中的弛度,改善了接触线弹性,增加了接触悬挂的质量,提高了稳定性,以达到满足电力机车高速运行时取流的要求。链形悬挂有以下多种分类。

(1) 按悬挂链数的数量分类。

按悬挂链数的数量可分为单链形、双链形(又称复链形)。

①单链形:根据悬挂点处吊弦的形式不同分为简单链形悬挂和弹性链形悬挂两种,如图1-12所示。

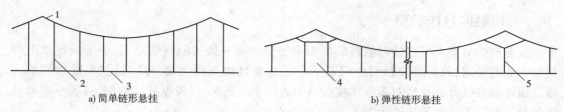

a) 简单链形悬挂　　　　　　　　b) 弹性链形悬挂

图1-12　链形悬挂示意图

1-承力索;2-吊弦;3-接触线;4-∏形弹性吊弦;5-Y形弹性吊弦

简单链形悬挂结构简单,造价较低,运行、检修经验丰富。目前,简单链形悬挂是我国电气化铁道使用的主要悬挂类型。

弹性链形悬挂在支柱悬挂点处增设了一根弹性吊弦。其作用是增加支柱处接触线固定点(又称定位点)的弹性,使其弹性均匀,有利于机车受电弓取流。弹性吊弦由长15m的辅助绳一根(或两根)短吊弦构成。安装时,辅助绳两端分别固定在承力索上,短吊弦上端用∏形滑动夹板同辅助绳连接,下端与接触线定位器相连,当温度变化时,可避免短吊弦产生过大偏斜。弹性链形悬挂在高速(>200km/h)时受流性能较为优越,是世界上普遍认可的高速接触网悬挂类型,我国在哈(尔滨)大(连)线、秦(皇岛)沈(阳)高速客运专线上使用这种悬挂类型。

②双链形:双链形悬挂的接触线经短吊弦悬挂在辅助吊索上,辅助吊索又通过吊弦悬挂在承力索上,如图1-13所示。

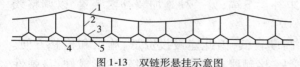

图1-13　双链形悬挂示意图

1-承力索;2-吊弦;3-辅助吊弦;4-接触线;5-短吊弦

双链形悬挂接触线弛度小,受流稳定性和风稳定性都较好,弹性均匀度好,有利于电力机车高速运行取流;但结构较复杂,投资及维修费用高,仅在我国个别地段试用。

(2) 按线索的锚定方式分类。

链形悬挂根据线索的锚定方式(即线索两端下锚的方式),可分为下列几种形式。

①未补偿链形悬挂。这种悬挂方式的承力索和接触线两端无补偿装置,均为硬锚。在大气温度变化时,因为承力索和接触线的热胀冷缩,承力索和接触线的张力、弛度变化较大,造成受流状态恶化,一般不采用。其结构形式如图1-14所示。

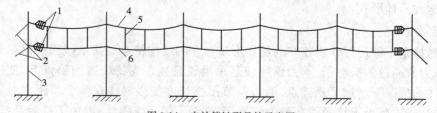

图1-14　未补偿链形悬挂示意图

1-绝缘子;2-拉线;3-支柱;4-承力索;5-吊弦;6-接触线

②半补偿链形悬挂。在半补偿简单链形悬挂中,接触线两端设张力补偿装置,承力索两端为硬锚,如图1-15所示。

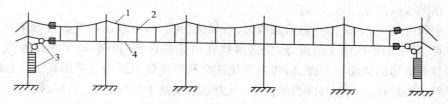

图1-15 半补偿链形悬挂示意图
1-承力索;2-吊弦;3-补偿装置;4-接触线

半补偿链形悬挂与未补偿链形悬挂相比,在性能上得到了很大改善。但由于承力索为硬锚,当温度变化时,承力索的张力和弛度随之发生变化,对接触线产生一定影响。同时,在温度变化时,承力索的弛度变化使吊弦上端产生上下位移,而吊弦下端随接触线发生顺线路方向偏斜。由于各吊弦的偏斜,造成接触线纵向张力不均匀,特别是在极限温度下,使接触线在锚段中部和下锚端之间出现了较大张力差。接触线张力和弹性不均匀,在支柱悬挂点处产生明显的硬点,不利于电力机车高速运行取流。因此,这种悬挂只用于行车速度不高的车站侧线和支线上。

根据链形悬挂结构不同,半补偿链形悬挂又有半补偿简单链形悬挂和半补偿弹性链形悬挂之分。

③全补偿链形悬挂。全补偿链形悬挂,即承力索和接触线两端下锚处均装设补偿装置,如图1-16所示。全补偿链形悬挂在温度变化时由于补偿装置的作用,承力索和接触线的张力基本不发生变化,弹性比较均匀,承力索和接触线均产生同方向纵向位移,因而吊弦偏斜大大减小(接触线和承力索为相同材质时,偏斜更小,几乎可以忽略),有利于机车高速取流。因此,全补偿链形悬挂得到了广泛应用。

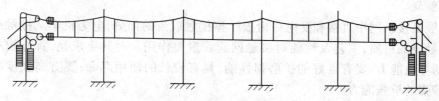

图1-16 全补偿链形悬挂示意图

全补偿链形悬挂也分为全补偿简单链形悬挂和全补偿弹性链形悬挂两种形式。区别这两种悬挂形式的方法同半补偿链形悬挂一样。全补偿链形悬挂是目前我国电气化铁路使用的主要悬挂类型。

(3)按其承力索和接触线的相对位置分类。

①直链形悬挂。承力索和接触线布置在同一垂直平面内,它们在水平面上的投影是一条直线。图1-17为直链形悬挂示意图。

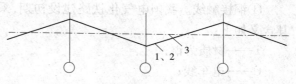

图1-17 直链形悬挂示意图
1-接触线;2-承力索;3-线路中心线

直链形悬挂的风稳定性较差（和半斜链形悬挂相比），在大风作用下，接触线易产生横向摆动，造成接触线与受电弓脱离而发生事故（简称脱弓事故）。在很长一段时间内，我国电气化铁路只在曲线区段采用这种悬挂形式。

近年来研究发现，当采用直链形悬挂时，可使接触线、承力索在水平面投影重合，便于吊弦长度计算，并可以提高施工精度，避免接触线在吊弦存在纵向倾斜时出现接触线偏磨，甚至是线夹与受电弓的碰撞。因此，新建电气化铁路和提速改造线路应采用直链形悬挂。

②半斜链形悬挂。在半斜链形悬挂中，承力索沿线路中心线布置，接触线在每一支柱定位点处，通过定位装置被布置成"之"字形，承力索与接触线不在同一垂直平面内，它们在水平面上的投影有一个较小的偏移，如图 1-18 所示。

半斜链形悬挂风稳定性好，我国在直线区段大量采用这种悬挂方式。

③斜链形悬挂。斜链形悬挂是指接触线和承力索均布置成方向相反的"之"字形，接触线和承力索在水平面上的投影有一个较大的偏移。在直线区段，如图 1-19 所示。

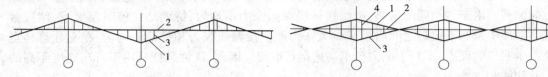

图 1-18　半斜链形悬挂
1-接触线；2-承力索；3-吊弦

图 1-19　斜链形悬挂示意图
1-承力索；2-线路中心线；3-接触线；4-吊弦

在曲线区段，承力索对线路中心线向外侧有一个较大的偏移，吊弦的倾斜角较大。这种悬挂的优点是风稳定性好，可增大两支柱之间的距离（简称跨距），但其结构复杂，设计计算烦琐，施工和检修困难，造价较高，我国尚未采用。

二、接触网线索

1. 接触线

接触线是接触网中直接和受电弓滑板摩擦接触取流的部分，电力机车从接触线上取得电能。接触线的材质、工艺及性能对接触网起着重要作用。对其要求是，具有较小的电阻率、较大的导电能力；要有良好的抗磨损性能，具有较长的使用寿命；要有高强度的力学性能，具有较强的抗张能力。

接触线制成上部带沟槽的圆柱状，沟槽的设置是为了便于安装固定接触线的线夹，同时又不影响受电弓取流。接触线底面与受电弓接触的部分呈圆弧状。

（1）接触线的分类。接触线按照材质分为，铜接触线、钢铝接触线和铜合金接触线。常见接触线类型如图 1-20 所示。

①铜接触线。我国电气化铁路建设初期，采用的是铜接触线，主要型号为 TCG—110。其含义如下：

T——材质为铜；

C——电车线；

G——沟槽型；

数字部分（如 110）——接触线的截面积，mm^2。

TCG—110、TCG—100 分别主要用于站场正线和区间,TCG—85 主要用于站场侧线。

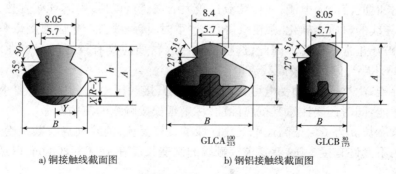

a) 铜接触线截面图　　b) 钢铝接触线截面图

图 1-20　接触线类型(尺寸单位:mm)

②钢铝接触线。为了减少有色金属铜的使用量,20 世纪 70 年代我国研制了以铝代铜 GLCA $\frac{100}{215}$ 型和 GLCB $\frac{80}{173}$ 型钢铝复合接触线,以及内包钢的 GLCN 型钢铝接触线。其截面 100——分子数字表示相当于 100mm² 截面的铜接触线的导电能力;215——分母数字部分表示导线的几何截面积(mm²)。

钢铝接触线由导电性能较好的铝和机械强度较高的钢滚压冷轧而成,钢的部分用于保证应有的机械强度和耐磨性能,铝的部分用于导流。钢铝接触线具有良好的机械强度,不容易断线,安全性较好,并具有价格便宜、材料来源广泛的优点。缺点是其刚度和截面积较大,形成的硬弯和死弯不易整直,影响受流。另外,钢的部分耐腐蚀性能差,特别是气候潮湿或酸雨地区,接触线与受电弓滑板接触的摩擦面易锈蚀,若有电弧烧伤,锈蚀速度更快,且会形成恶性循环。

③铜合金接触线。随着电气化铁路的大幅度提速和高速电气化铁路的建设,进入 20 世纪 90 年代以后,我国研制了 CTHA—110 型、CTHB—120 型银铜合金接触线(也称为 AgCu110、AgCu120),MgCu—120 型镁铜合金接触线也有使用。铜合金接触线以其抗拉强度高、耐高温性能好的优势逐渐被人们所认可,目前已成为我国繁忙干线或提速干线接触导线的主流产品。

(2)接触线的主要技术要求。高速接触网要求接触线电流强度大且受流性、稳定性较好,因而要求具备下述主要技术性能。

①抗拉强度高。提高接触线抗拉强度即张力,是目前各国普遍采取的技术措施,它可以有效地提高接触线的波动速度,同时相应提高列车运行速度。对其要求是,抗拉强度在 500N/mm² 左右。提高接触线的张力以后,可以得到两个附加效果:第一,可以相应限制高速运行时的动态抬升量;第二,可以提高弹性系数的不均匀度,使跨中的弹性得以有效降低,约为 0.5mm/N,而悬挂点处约为 0.4mm/N,从而使弹性在整个跨距内趋于一致,大大降低了弹性不均匀系数。

②电阻系数低。高速接触网中电流强度较大,为此,必须要求接触线的电阻率低,一般在工作温度 20℃时,电阻率应在 0.01768 ~ 0.0200 范围内,以适应流经大电流的需要。

③耐热性能好。高速接触网一般都在列车运行速度高、密度大、持续时间长时使用。因而,接触线内长时间流经大电流,在持续流过较大的载流量以后,引起导线发热,在温升达到一定程度时,导线的材质会软化、强度会降低,严重时,接触线会产生因温度影响形成的蠕动性伸长,从而破坏正常的受流。因此,选择的接触线材质应具有较好的耐热性能,一般要求软化点在300℃以上,以适应较高载流量。

④耐磨性能好。接触线和受电弓是滑动接触的,接触压力大、速度高,要求接触线具有良好的耐磨性能,同时还要注意其抗腐蚀性,尽量延长接触线的使用寿命。

⑤制造长度长。为了保证高速电气化区段的良好受流,消除硬点及断线隐患,一般要求在一个锚段内不允许有接头,这就要求接触线的制造长度在1800～2000m,以适应锚段长度的需要。

近年来研制的铜银合金接触线、铜镁接触线都有比较优秀的性能指标。纯铜接触线具有导电性能好和施工性能好的优点,但是存在抗拉力差、耐磨性能差和高温易软化等诸多缺点,无法适应高速度、大载流量的要求。铜合金可以提高接触线机械强度、耐磨性能等。

(3)接触线的接头和磨耗。

①接触线接头。为了保证整个接触网线路质量,在新架设的车站正线及区间干线上规定:每个锚段中接触线的接头数目,正线不应超过1个,站线不应超过2个,接头间距不应小于150m。接触线接头处应平滑、不打弓、螺栓紧固、紧固力矩应符合有关标准的要求。在接头线夹上应安装普通吊弦(目前进口的铜接头线夹不带吊弦),以将线夹吊起避免出现硬点。

运行中的接触线可能因为磨耗、损伤和断线而使锚段中的接头数量增加。一个锚段内运行中的接触线会产生磨耗、损伤和断线,接触线和承力索接头、补强和断股的总数应符合如下规定:锚段长度在800m及以下时,不超过4个;锚段长度超过800m时,铜合金及铜线不超过8个,钢线铝线、钢铝复合线不超过6个。接头距悬挂点应不小于2m,两接头之间距离应不小于80m。

②接触线磨耗。接触线在运行中,受电弓和接触线的摩擦会造成接触线截面积减小,称为接触线磨耗。接触线的磨耗使接触线截面积减小,会影响到接触线的强度安全系数。运营中,要求每年至少进行一次接触线磨耗测量,当接触线磨耗达到一定限度时,局部补强或更换。如发现全锚段接触线平均磨耗超过该型接触线截面积的20%时,应全部更换。局部磨耗超过30%时可进行补强。

接触线磨耗测量一般一年一次,测量点通常选在定位点、电连接线、导线接头、中心锚结。电分相、电分段、锚段关节、跨距中间等处。测量磨耗要利用游标卡尺,测量磨耗后接触线的直径残存高度。根据直径残存高度可以计算得到接触网线磨耗截面积,如图1-21所示。

$$a = 2\left[\pi R^2 \frac{\theta}{360} - \frac{R-x}{2}y\right] = \pi R^2 \frac{\theta}{180} - (R-x)y$$

将 $y = R\sin\theta$ 代入上式得

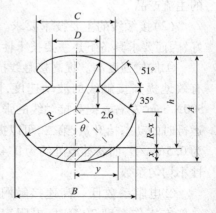

图1-21 接触线磨耗

$$a = \pi R^2 \frac{\theta}{180} - (R-x)R\sin\theta \tag{1-2}$$

式中：a——接触线的磨耗面积，mm^2；

R——接触线下圆截面半径，mm；

x——实际磨耗高度，mm。

磨耗面积增大，但又未达到更换程度时，为了改善其运行条件，逐渐减少接触线的实际张力，可减少坠砣数目，使接触线内的实际张力保持约100N/mm（对铜接触线而言的数据），调整时可按图1-22进行。《铁路电力牵引供电设计规范（附条文说明）》（TB 10009—2005）对磨耗和张力的规定为：铜或铜合金接触线在最大允许磨耗面积20%的情况下，其强度安全系数不应小于2.0。

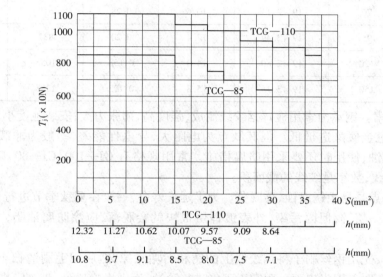

图1-22 接触线磨耗截面及相应张力变化图
S-磨耗截面积；h-导线残存高度

现场应用中，一般不采用计算的方法来求磨耗面积，而是根据接触线的直径残存高度，对照该型号接触线磨耗换算表，查出该点接触线磨耗截面积（磨掉的截面积）。

【例题1-1】 某锚段接触线采用TCG—110型导线，测出导线平均磨耗高度为3.2mm，补偿器传动比为1∶2，在图1-22中查出磨耗面积，导线此时张力应调为多少？坠砣应如何调整？

解 （1）查图1-22得：残存高度为 $h = 12.32 - 3.2 = 9.12$mm。

（2）磨耗面积 $a = 24.73$mm^2。

（3）残存高度为9.12mm时，导线应有张力为10000N。

（4）原有坠砣数：$1100/(2 \times 25) = 22$块，现应有坠砣数为 $1000/(2 \times 25) = 20$块，应卸掉2块坠砣。

2. 承力索

承力索的作用是通过吊弦将接触线悬挂起来。要求承力索能够承受较大的张力，具有抗腐蚀能力，并且在温度变化时弛度变化较小。承力索根据材质一般可分为铜承力索、钢承力索、铝包钢承力索三类及多种规格。按照设计时承力索是否通过牵引电流，可以将承力索分为载流承力索和非载流承力索。为提高接触网的可靠性,承力索常采用耐腐蚀能力强、抗拉强度高的铜合金绞线。常见型号为 THJ—95、THJ—70。

(1)铜承力索。铜承力索导电性能好,可作为牵引电流的通道之一,和接触线并联供电,降低压损和能耗,且抗腐蚀性能高。但铜承力索消耗铜多,造价高且机械强度低,不能承受较大的张力,温度变化时弛度变化也大。规格型号有 TJ—95、TJ—120 等几种。TJ 表示铜绞线,数字表示截面积,规格如表 1-1 所示。

铜承力索型号规格表 表 1-1

型号	截面积（mm²）	股数与单股直径（mm²）	计算直径（mm²）	有效电阻（Ω/km）	单位质量（kg/km）	制造长度（km）
TJ—70	70	19×2.14	10.6	0.28	618	1500
TJ—95	95	19×2.49	12.4	0.20	837	1200
TJ—120	120	19×2.80	14.0	0.158	1058	1000
TJ—150	150	19×3.15	15.8	0.123	1388	800

(2)钢承力索。钢承力索用镀锌钢绞线制成,强度高、耐张力大,安装弛度小且弛度变化也小,既节省有色金属又造价低。但其缺点为电阻大,导电性能差,一般为非载流承力索。钢承力索不耐腐蚀,使用时还要采用防腐措施。常用规格有 GJ—100、GJ—80、GJ—70 等类型,GJ 表示钢绞线,数字是绞线的截面积。

钢绞线的弱点是易生锈腐蚀、会脱落。为了延长寿命,一般在夏秋季节进行使用。虽然出厂时表面镀了一层锌,但因污染,外表镀锌层很快就会脱落,应涂防腐油脂,一般规定每 3~4 年涂防腐油一次。

进行涂油时,先用钢丝刷子将钢绞线上的锈和污垢除掉,然后用毛刷清扫干净,再涂防腐油,油脂应完全覆盖钢索表面。雨雾天不能进行涂油,否则影响质量,带来隐患。

(3)铝包钢承力索。铝包钢承力索由铝覆钢线和铝线绞合而成,主要以铝覆钢线中的钢芯部分承受张力,覆铝层和铝线载流,导电性能好,机械强度和抗腐蚀性能较好。铝包钢承力索一般用符号 GLZ 表示,G 表示钢芯,L 表示铝包钢绞线,Z 表示载流承力索。

3. 线材及主要设备选择

接触网采用的各种线材规格及张力,如表 1-2 所示。

接触网各种线材规格及张力 表 1-2

类 型	名 称	规 格	额定张力（kN）
正线(含第三线)承力索(磁窑至分局界)	铜合金绞线	THJ—120	15
正线(含第三线)承力索(其余区段)	铜合金绞线	THJ—95	15
站线承力索	铜合金绞线	THJ—70	15
正线(含第三线)接触线	银铜合金电车线	CTHA—120	15
站线接触线	银铜合金电车线	CTHA—85	8.5

续上表

类 型	名 称	规 格	额定张力（kN）
供电线	钢芯铝绞线	LGJ$\frac{240}{30}$	15
回流线	钢芯铝绞线	LGJ$\frac{120}{20}$	9.5
架空地线	钢芯铝绞线	LGJ$\frac{70}{10}$	6.5

三、吊弦

吊弦是接触网链形悬挂中，承力索和接触线间的连接部件。

1. 吊弦的作用

吊弦的作用是通过吊弦线夹，将接触线悬挂到承力索上；利用调节吊弦的长短来保证接触悬挂的结构高度、接触线的弛度、接触线距轨面的高度以及线岔处的水平、抬高，改善接触悬挂的弹性，调整接触线的弛度，保证接触线与受电弓良好接触，提高电力机车受电弓取流质量。吊弦是不应有电流通过的，如发现吊弦有温升、发红或烧伤，就说明该段接触网正常导流有问题。

2. 吊弦的类型

吊弦一般分为环节吊弦、弹性吊弦、滑动吊弦和整体吊弦四种。

（1）环节吊弦。环节吊弦一般由两节或三节连在一起，根据吊弦在跨距中所处位置及悬挂结构高度的不等，环节吊弦可分为四种类型，其结构形式见图1-23所示。

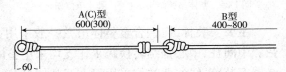

图1-23 环节吊弦结构图（尺寸单位：mm）

环节吊弦最下面的一节应预留穿过安装在接触线上吊弦线夹后回头的长度（约300mm）。

（2）弹性吊弦。弹性吊弦安装在支柱定位点处。它是通过一根长约15m的GJ—10（7股）镀锌钢绞线制成的辅助绳和1根（或2根）环节吊弦组合而成的，如图1-24所示。

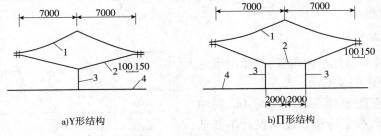

图1-24 弹性吊弦安设图（尺寸单位：mm）
1-承力索；2-辅助线；3-环节吊弦；4-接触线

由辅助绳和一根环节吊弦组成的弹性吊弦多用于正定位处,称为Y形弹性吊弦。由辅助绳和两根环节吊弦组成的弹性吊弦多用于反定位、软横跨定位等处,称为Π形弹性吊弦。

采用弹性吊弦,有利于消除定位点处接触线的硬点,改善定位处悬挂的弹性。

(3)滑动吊弦。当安装环节吊弦在极限温度下偏移超过允许范围时,就要采用滑动吊弦。滑动吊弦一般用于隧道内接触悬挂,如图1-25所示。

(4)整体吊弦。整体吊弦由铜绞线、C(承力索)形线夹、J(接触线)形线夹组成,如图1-26、图1-27所示。整体吊弦是将铜绞线和C形线夹、J形线夹通过压接机压接在一起的。

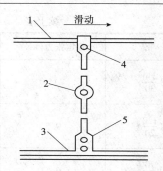

图1-25 滑动吊弦结构示意图
1-承力索;2-吊弦;3-接触线;4-夹环及长环;5-吊弦线夹

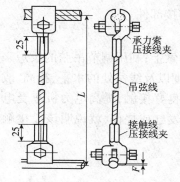

图1-26 整体吊弦结构示意图(尺寸单位:mm)

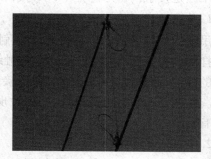

图1-27 整体吊弦

主要安装标准:铜合金整体吊弦一般采用截面积为$10mm^2$带心形环的铜合金整体式吊弦。中间柱、中心锚结转换跨工作支均采用整体吊弦,关节转换跨抬高支、非工作支、分段绝缘器安装跨、线岔两端均采用可调式整体吊弦。

整体吊弦的下料、测量、制作宜工厂化,采用整体吊弦制作专用平台,压接应采用恒压力控制的接触网液压压力机。整体吊弦的制作长度误差不超过±1.5mm。

整体吊弦的吊弦线夹螺栓穿向一致,由田野侧穿向线路侧。定位线夹螺栓穿向符合设计要求。

整体吊弦的安装位置测量应从悬挂点向跨中进行,偏差应积累在跨中,最大偏差不得超过±50mm;吊弦应竖直安装,顺线路方向允许偏斜不得超过20mm。吊弦顺线路方向的安装位置误差:±100mm。

3. 吊弦的布置

(1)简单链形悬挂吊弦布置:简单链形悬挂吊弦布置如图1-28所示。

第一根吊弦距悬挂点的距离为4m,跨中吊弦数量、类型,根据跨距长度从设计吊弦选用表中查出,如表1-3所示。

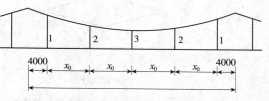

图1-28 单链形悬挂吊弦示意图(尺寸单位:mm)

简单链形悬挂吊弦类型及数量选用表 表1-3

跨距(m)	35~39		40~49			50~59			60~65			
吊弦编号	1	2	1	2	3	1	2	3	1	2	3	4
类型及数量	Ⅰ×4		Ⅰ×4		Ⅲ×1	Ⅱ×2		Ⅱ×4	Ⅰ×2	Ⅱ×4		Ⅲ×1

简单链形悬挂的吊弦间距可根据式(1-3)计算：

$$x_0 = \frac{l - 2 \times 4}{k - 1} \tag{1-3}$$

式中：x_0——吊弦间距，m；

l——跨距长度，m；

k——跨距内吊弦布置根数（查表得）。

（2）弹性链形悬挂吊弦布置。弹性链形悬挂吊弦布置如图1-29所示。

第一根吊弦至悬挂点为8.5m，跨距中吊弦布置与简单链形悬挂相同，选用见表1-4。

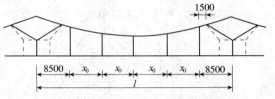

图1-29 弹性链形悬挂吊弦布置图（尺寸单位：mm）

弹性链形悬挂吊弦类型及数量选用表（h为结构高度） 表1-4

跨距(m)		35~39		40~49		50~59			60~65		
编号		1	2	1	2	1	2	3	1	2	3
$h=1300$mm	类型及数量	Ⅲ×3		Ⅲ×4		Ⅲ×5			Ⅲ×4		Ⅳ×2
$h=1500$mm	类型及数量	Ⅲ×3		Ⅲ×4		Ⅲ×4			Ⅲ×1	Ⅱ×2	Ⅲ×4
$h=1700$mm	类型及数量	Ⅰ×3		Ⅰ×4		Ⅰ×2		Ⅱ×3	Ⅰ×2	Ⅱ×4	

四、接触网补偿装置

接触网补偿装置，又称张力自动补偿器，它安装在锚段的两端，并且串接在接触线承力索内，它的作用是补偿线索内的张力变化，使张力保持恒定。因为在大气温度发生变化时，接触线或承力索会发生伸长或缩短，从而使线索内张力发生变化，这时就会使接触线或承力索的弛度也发生变化，因而使受流条件恶化。为改变这种情况，一般在一个锚段两端，在接触线及承力索内串接张力自动补偿装置后，再进行下锚。

对张力自动补偿装置的要求有二：其一，补偿装置应灵活，在线索内的张力发生缓慢变化时，应能及时补偿，传送效率不应小于97%；其二，具有快速制动作用，一旦发生断线事故或其他异常情况，线索内的张力迅速发生变化时，补偿装置还应有一种制动功能。一般对于全补偿承力索内的补偿装置，如不具备这种功能时，还需专门增加断线制动装置，以防止在一旦发生断线时，坠砣串落地而造成事故扩大、恢复困难。

1. 滑轮式补偿装置

（1）主要组成部分。

我国电气化铁路广泛采用滑轮式补偿装装置，它由补偿滑轮（滑轮组）、补偿绳、杵环杆、坠砣杆、坠砣、连接零件组成。补偿滑轮分为定滑轮和动滑轮（构造相同），定滑轮改变受力方向,动滑轮除改变受力方向外,还可省力并能移动位置。滑轮一般都装有轴承,其结构如图 1-30 所示。我国电气化铁路补偿滑轮早期为 130mm 小直径可锻铸铁滑轮,补偿绳为 $50mm^2$（19 股）镀锌钢绞线 GJ—50。补偿滑轮半径较小,造成补偿绳易因为弯曲疲劳而断股。目前,铝合金滑轮补偿装置是可锻铸铁滑轮组的替代产品。铝合金滑轮补偿装置由滑轮组、不锈钢丝绳、连接框架及双耳楔形线夹组成,常用的有 1∶2、1∶3 两种规格,可满足不同补偿张力需求。

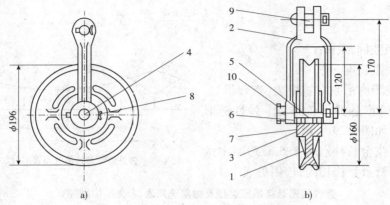

图 1-30　补偿滑轮结构图(尺寸单位:mm)
1-圆轮;2-框架;3-盖板;4-轴;5-滚动轴承;6-挡环;7-螺钉;8-开口销子;9-销钉;10-注油盖子

其结构形式如图 1-31 所示。滑轮轮体按不同组合要求,备有 270mm、205mm、165mm 三种直径,材质为铝合金,轮体与轴连接采用两个滚动轴承,补偿绳为不锈钢丝绳,最大工作荷载:1∶2 型为 12kN;1∶3 型为 18kN;1∶4 型为 22kN。

a) 传动比 1∶2 滑轮组　　b) 传动比 1∶3 滑轮组　　c) 传动比 1∶4 滑轮组

图 1-31　补偿滑轮结构图

与可锻铸铁滑轮相比,铝合金滑轮质量轻、强度高、耐腐蚀性能好、轮径大;柔韧的不锈钢丝绳与大直径的轮槽贴合密切,是镀锌钢绞线和小轮径滑轮无法相比的;两个滚动轴承比一个滚动轴承受力更加均匀,转动平稳、灵活;加上在结构、设计、制造方面都较为精良的连接框架,保证了铝合金滑轮补偿装置具有较高的机械强度和传动效率,且质量小、寿命长。铝合金滑轮补偿装置的主要缺点是随着变比的增大,整套装置的体积和质量也明显增加,在空间受限制的隧道等处安装困难。

坠砣块一般采用混凝土或灰口铸铁制成,每块重约 25kg,质量误差不大于 3%,呈中间开口的圆饼状。铸铁坠砣和混凝土坠砣相比,坠砣串的长度较短,可以获得更大的补偿范围,在锚段长度较长(如大于 1600m)时,能满足补偿坠砣移动范围要求。坠砣杆一般为直径 16mm 圆钢加工制成,上端有单孔焊环,底部焊有托板。坠砣杆的型号规格,根据其放置坠砣块数量的不同分为三种:17 型、20 型和 30 型。型号中的数字表示坠砣杆所悬挂坠砣的数量。坠砣如图 1-32 所示。

 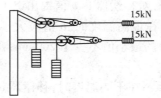 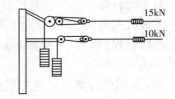

图1-32 坠砣

（2）补偿器的安设与要求。

补偿器串接在锚段内线索两端与支柱固定处，根据接触悬挂类型的不同有不同的补偿器结构。

半补偿时，接触线带补偿器，多采用两滑轮组结构，滑轮组的传动比为1∶2；即坠砣块的重力为接触线标称张力的一半。

全补偿时，接触线与承力索两端均带补偿器，接触线补偿器的安设与半补偿相同。承力索补偿器则采用三滑轮组式，传动比为1∶3。全补偿下锚结构，如图1-33所示。采用传动比较大的滑轮组时，坠砣串的块数减少了，这是有利的一面，但坠砣串上升和下降的距离也会按倍数增大，减小了补偿器的补偿范围，不利于施工和维修。

在运营线路上，当接触线因磨耗而使截面逐渐减小时，坠砣串块数也相应减少，使接触线维持一定的张力，防止出现断线事故，线索的张力是根据线索的抗拉断力除以安全系数决定的。铜或铜合金接触线在最大允许磨耗面积20%的情况下，其强度安全系数不应小于2.0。承力索的强度安全系数：铜或铜合金绞线不应小于2.0；钢绞线不应小于3.0；钢芯铝绞线、铝包钢和铜包钢系列绞线不应小于2.5。

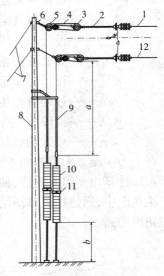

图1-33 全补偿下锚结构图
1-承力索；2-杵环杆；3-动滑轮；
4-补偿绳；5-定滑轮；6-承锚角钢；
7-拉线；8-锚柱；9-限制导管；10-坠砣；11-坠砣抱箍；12-接触线

为了防止在外力作用下（如风力），坠砣串摆动侵入行车限界，补偿装置装设有限界架。列车提速以后，对限界架进行了改进，在坠砣上加装坠砣抱箍，使坠砣只能沿着坠砣限制导管方向上下移动。坠砣稳定性增强，但是要注意防止坠砣抱箍卡滞限制导管的发生。为了平衡锚柱承受的线索顺线路方向张力，锚柱要设置下锚拉线。拉线的固定有两种方法，一种是埋设锚板固定，一种是混凝土现浇地锚。

（3）补偿器的a、b值。

① a、b值：坠砣杆耳环孔中心至补偿（定）滑轮下沿的距离为a值。坠砣串最下一块坠砣的底面至地面（或基础面）的距离称为补偿器的b值。补偿器a、b值随温度变化而发生变化，接触线和承力索补偿器的a、b值不相等。

补偿器靠坠砣串的重力使线索的张力保持平衡。当温度变化时，线索的伸缩使坠砣串上升和下降。当坠砣串升降超出允许范围时（如下降过多使坠砣串底面接触地面或上升过多使坠砣杆耳环孔卡在定滑轮槽中），会使补偿器失去补偿作用。因此，用补偿器的a、b值来限定坠砣串的升降范围。

为了使补偿器不失去补偿作用,对补偿器 a、b 值提出以下要求。

在最低温度时,a 值应大于零;在最高温度时,b 值应大于零。原铁道部颁布的《接触网运行检修规程》规定,补偿器 a、b 值的最小值不少于 200mm;在进行接触网设计时,a、b 值不小于 300mm。

② a、b 值的计算及坠砣安装曲线:在不同温度时,补偿器 a、b 值不同,其计算方法如下:

$$a = a_{\min} + nL\alpha(t_x - t_{\min}) \tag{1-4}$$

$$b = b_{\min} + nL\alpha(t_{\max} - t_x) \tag{1-5}$$

式中:$a_{\min}$——设计时规定的最小 a 值,mm;

$b_{\min}$——设计时规定的最小 b 值,mm;

$t_{\min}$——设计时采用的最低气温,℃;

t_x——安装或调整作业时的温度,℃;

$t_{\max}$——设计时采用的最高气温,℃;

n——补偿滑轮传动系数(即传动比的倒数);

L——锚段内中心锚结至补偿器间距离,mm;

α——线索的线胀系数,℃。

为了施工和维修的方便,利用上述公式,根据不同的温度和中心锚结至补偿器间距离,可以计算出多组 a、b 值,如图 1-34～图 1-36 所示各为某型线索的安装曲线。将计算结果标注在图中,通过描点作图绘制出补偿器安装曲线,供施工和维修人员参照调整,准确控制坠砣串的高度。

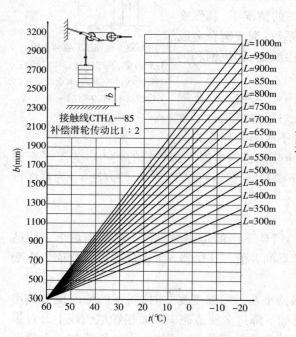

图 1-34 接触线 CTHA—85 传动比 1∶2 安装曲线

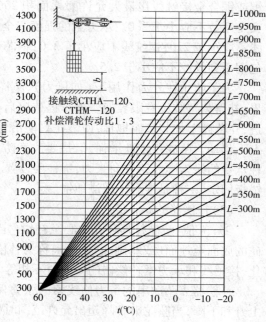

图 1-35 接触线 CTHA—120 传动比 1∶3 安装曲线

新线架设时,接触网线索存在初伸长问题,即线索承受张力后,会蠕变延伸。线索的初伸长会影响到接触网施工时补偿器 b 值。新线考虑线索延伸时,其 a、b 值的计算公式为:

$$a = a_{\min} - n\theta L + nL\alpha(t_x - t_{\min})$$
（1-6）

$$b = b_{\min} + n\theta L + nL\alpha(t_{\max} - t_x)$$
（1-7）

式中:θ——新线延伸率,承力索为 3.0×10^{-4},
接触线取 6.0×10^{-4}。

新线的延伸会影响到补偿装置的安装曲线,安装时考虑线索超拉伸长后,坠砣位置仍应符合设计要求。

2. 棘轮式补偿装置

棘轮装置的棘轮与其他工作轮共为一体,没有连接复杂的滑轮组,安装空间比铝合金滑轮补偿装置小很多,可以解决空间受限时的补偿问题,外形及结构如图 1-37

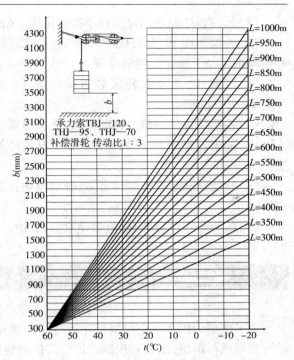

图 1-36 承力索 THJ—120、THJ—95、THJ—70
传动比 1∶3 安装曲线

所示。棘轮本体大轮直径为 566mm,小轮直径为 170mm,传动比为 1∶3,补偿绳为柔性不锈钢丝绳,比普通不锈钢丝绳性能更好,工作荷载有 30kN、36kN 两种,主要优点是具有断线制动功能,正常工作状态下,棘齿与制动卡块之间有一定间隙,棘轮可以自由转动;当线索断裂后,棘轮和坠砣在重力作用下下落,棘轮卡在制动卡块上,从而可以有效地缩小事故范围,防止坠砣下落侵入限界。

棘轮装置具有转动灵活、传动效率高(与铝合金滑轮补偿装置相当)、防腐性能好、使用寿命长等优点,但价格较高。由于棘轮本体形状复杂、轮径大、薄壁部位多,因而制造上对设备的要求更高,同时对铸造技术水平的要求也更高。

3. 检修标准

(1)补偿装置坠砣块,要安放整齐,坠砣块缺口互成 180°放置,坠砣总质量符合标准,相差不超过 2.5%,限制、制动部件要作用良好。

(2)运行中,补偿装置的值要符合设计要求。在最高温度下,b 值应保持在 200 ~ 800mm 范围内;在最低温度下,b 值应不小于 200mm。

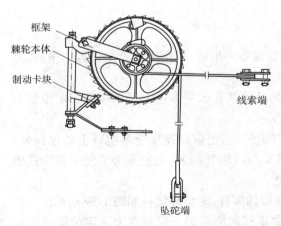

图 1-37 棘轮装置外形及结构

(3)承力索坠砣侧的定滑轮不得有卡滞、摩擦现象。

(4)补偿绳用19股的GJ—50型镀锌钢绞线,钢绞线应无断股、接头、修饰,有防腐油层,补偿绳不得与下锚拉线接触摩擦。

(5)接触线、承力索补偿装置的限界架,要安装正确,距轨面连接线的高度分别为2000mm和2400mm。

(6)补偿装置的滑轮要转动灵活,无卡滞现象,滑轮内要保持有润滑油。

(7)补偿装置中,滑轮的调整应根据补偿器的安装曲线进行,并考虑伸长的影响,允许施工误差为±200mm。

(8)断线制动装置应制动可靠,制动角块在温度变化时,能在制动框架的导管内上下自由移动。

(9)各部分零件受力良好,螺栓紧固、有油。

任务三 接触网定位装置

为了使电力机车受电弓滑板在运行中与接触线良好接触取流,需将接触线按受电弓的运行要求进行定位,这种对接触线进行定位的装置称为定位装置。

定位装置的主要作用是:使接触线始终在受电弓滑板的工作范围内,并且使接触线对受电弓的磨耗均匀,将接触线所产生的水平力传递给腕臂。

定位装置对接触悬挂的工作性能及机车受电弓的工作状态有很大影响,因此,对定位装置的要求是:

(1)定位装置应保证将接触线固定在要求的位置上。

(2)当温度变化时,定位管不影响接触线沿线路方向的移动。

(3)定位点弹性良好,当机车受电弓通过时,能使接触线均匀升高,不形成硬点,且不能与该装置发生碰撞。

一、定位装置的结构

定位装置是由定位管、定位器、定位线夹及连接零件组成,根据支柱设立位置的不同,其结构也有不同。

(1)定位管。定位管的作用是固定定位器并且使其在水平方向上便于调节。定位管有普通定位管和T形定位管两种类型,如图1-38所示。

普通定位管用镀锌钢管加工制成,尾部焊有定位钩,定位钩连接于斜腕臂上的定位环。T形定位管由25.4mm(1in)钢管加焊38.1mm(1.5in)钢管制成,主要是为了便于和棒式绝缘子配合使用。一般用于隧道、多线路腕臂等处。

定位管定位环固定于相应管材上,用于连接带钩零件,定位环结构如图1-39所示。

(2)定位器。定位器的作用是将接触线按要求横向固定到一定位置上。定位器的型号分为直管定位器、T形定位器、软定位器,如图1-40、图1-41所示。

在隧道内及非绝缘腕臂支柱上的定位装置,是由T形定位管、支持器和棒式绝缘子构成

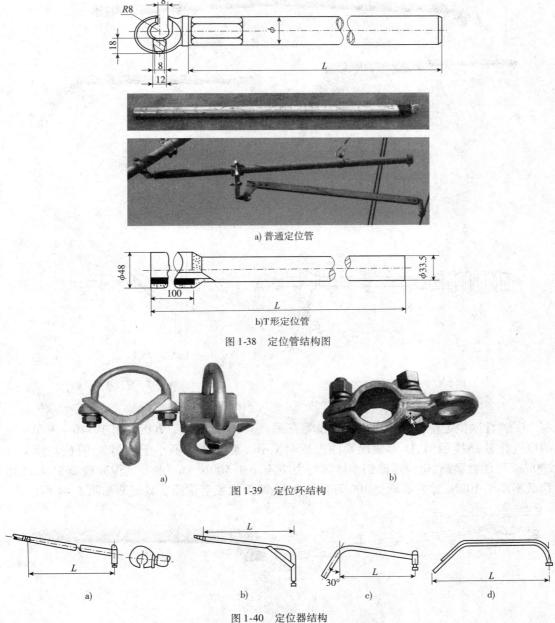

图 1-38　定位管结构图

图 1-39　定位环结构

图 1-40　定位器结构
a) 直管定位器；b) T形定位器；c) 软定位器；d) T形软定位器

的，棒式绝缘子直接安装在支柱肩架或隧道埋入杆上，如图 1-42 所示。

为了避免定位器碰撞运行中的电力机车受电弓，特别是在曲线区段，由于电力机车车身随线路外轨超高而向内轨倾斜，机车的受电弓也呈倾斜状，为防止定位器碰撞受电弓，要求定位器安装后应有一定的倾斜度（定位坡度），即定位器的根部在安装后要抬高一些，倾斜度要求为 1∶5～1∶10 之间，如图 1-43 所示。安装坡度为 $a/b = 1:5 \sim 1:10$。

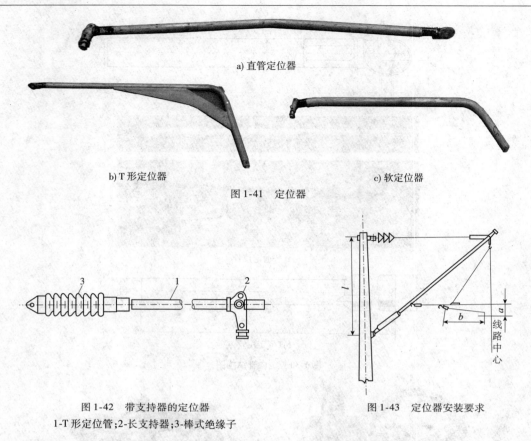

图 1-41 定位器
a) 直管定位器 b) T 形定位器 c) 软定位器

图 1-42 带支持器的定位器
1-T 形定位管;2-长支持器;3-棒式绝缘子

图 1-43 定位器安装要求

①弹性限位定位器。弹性限位定位器三种规格:800、1000、1200 适用于 140～300km/h 的电气化铁路接触网,U 形螺栓紧固力矩 44N·m,滑动荷载不小于 4.9kN,限位高度 0～200mm 可任意调整,定位器槽铝本体抗弯力矩不小于 500N·m,水平工作荷载 2.5kN,破坏荷载不小于 10kN,并能够承受 200 万次振动及 50 万次疲劳试验。其安装如图 1-44 所示。

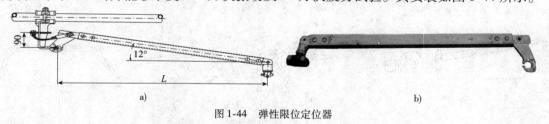

图 1-44 弹性限位定位器

②软横跨限位定位器。软横跨限位定位器安装前需进行外观检查,在确认无伤痕、丝扣无损伤、镀层完好、零件备齐后,方可安装。螺栓采用力矩扳手安装,紧固力矩按 M10、M12 分别为 25N·m 和 44N·m。其安装如图 1-45 所示。

二、定位方式

根据支柱的不同,即支柱是设在直线上还是曲线上,是曲线内侧还是曲线外侧,是在锚段中还是在锚段关节处等,所采取的定位也不同。

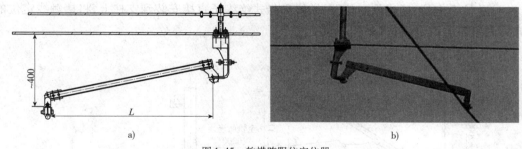

图1-45 软横跨限位定位器

(1)正定位:通过定位管和定位器将接触线拉向支柱侧的定位方式称为正定位,如图1-46所示。

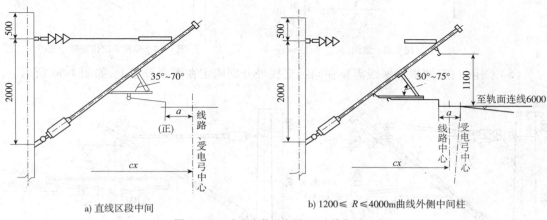

图1-46 正定位安装示意图(尺寸单位:mm)

(2)反定位:通过定位管和定位器将接触线拉向支柱反侧的定位方式称为反定位,如图1-47所示。

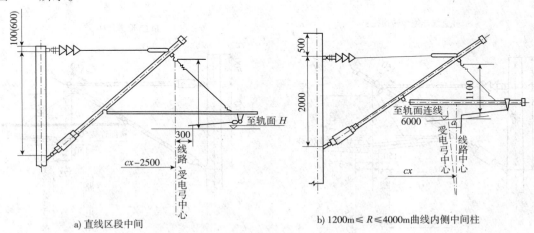

图1-47 反定位安装示意图(尺寸单位:mm)

(3)软定位:通过铁线和软定位器将接触线定位的方式称为软定位。这属于正定位,用于小半径曲线外侧的支柱上,如图1-48所示。

(4) 单拉手定位：通过软定位器、铁线和悬式绝缘子直接安装到支柱上，将接触线定位的方式称为单拉手定位，如图1-49所示。

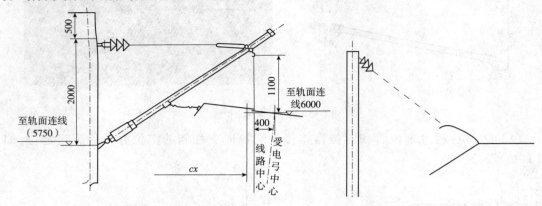

图1-48　软定位安装示意图(尺寸单位：mm)　　　　图1-49　单拉手定位安装示意图

(5) 双定位：有两根接触线需要在同一支柱处分别固定在需要位置上，如图1-50所示。

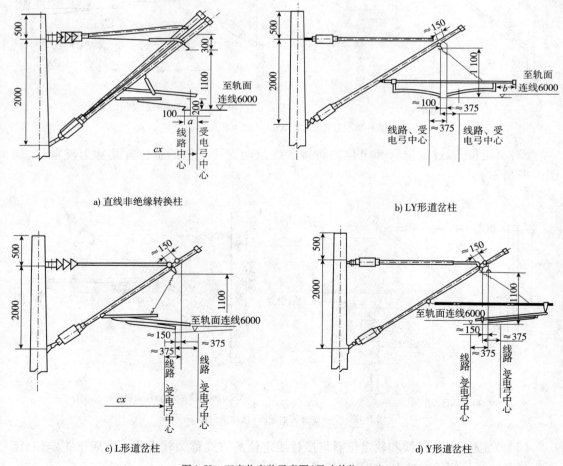

a) 直线非绝缘转换柱　　　　b) LY形道岔柱

c) L形道岔柱　　　　d) Y形道岔柱

图1-50　双定位安装示意图(尺寸单位：mm)

(6)简单定位:简单定位的定位器是直接与腕臂连接的,这种方式运用较少,多用于锚段关节中。

各种定位方式实物图如图 1-51 所示。

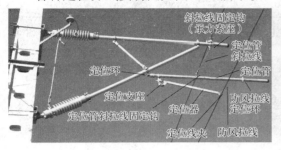
a) 中间柱正定位方式

b) 带定位管支撑、防风拉线的正定位方式

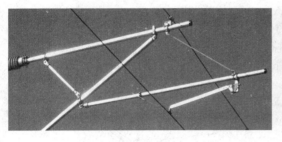
c) 中间柱反定位方式

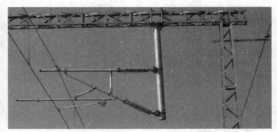
d) 硬横梁中正定位方式

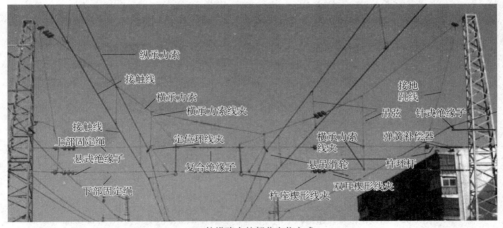
e) 软横跨中的部分定位方式

图 1-51 各种定位方式实物图

三、拉出值

为了使受电弓摩擦均匀和使接触线不超出受电弓的工作范围,在定位点处接触线至电力机车受电弓滑板中心有一个距离,这个距离在直线区段叫"之"字值,在曲线区段叫"拉出值",它的作用是使受电弓滑板工作面磨耗均匀,保持悬挂稳定性,为防止发生受电弓脱弓和刮弓事故拉出值不可过大,表 1-5 为曲线半径和拉出值的对应表。

拉出值对应表 表1-5

曲线半径(m)	300~1200	1201~1799	≥1800	直线上
拉出值(mm)	400	250	150	±300

在曲线区段,为解决列车在圆周运动中产生的离心力问题,将曲线外轨抬高,称为外轨超高。

外轨超高值由线路上列车可能通过的最大速度和线路曲线半径而定。

$$h = \frac{7.6 v_{max}^2}{R} \tag{1-8}$$

式中：h——外轨超高,mm;

R——线路曲线半径,m;

v_{max}——最大行车速度,km/h。

曲线上,由于外轨超高,使机车向内轨方向倾斜,机车受电弓中心线与线路中心线有一偏移值。接触网施工中在对接触线按拉出值进行定位时,需要以线路中心为依据。所以,应先计算出受电弓中心偏移线路中心的距离后,再确定接触线定位点距线路中心的距离。其分析如图1-52所示。

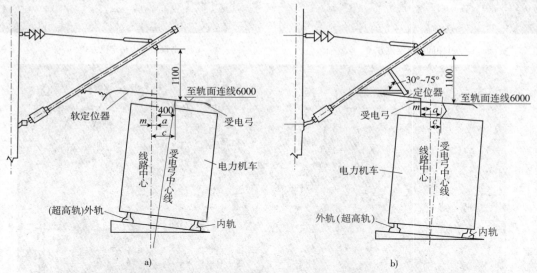

图1-52 曲线区段外轨超高对受电弓位置的影响及 a、m、c 的关系(尺寸单位:mm)

受电弓中心对线路中心的偏移可由式(1-9)计算：

$$c = \frac{hH}{L} \tag{1-9}$$

式中：c——线路中心线距受电弓中心的偏移值,mm;

h——外轨超高,mm;

H——接触线到轨面高度,mm;

L——两轨条中心之间的距离(一般取1500mm)。

接触线对线路中心的距离可由式(1-10)计算：

$$m = a - c \tag{1-10}$$

式中:m——定位点处接触线距线路中心的距离,mm;
a——定位点处接触线距受电弓中心的水平距离,mm。

当 m 值为正时,说明接触线的位置在线路中心至外轨间;当 m 为负时,说明接触线位置在线路中心至内轨间。拉出值可参考表1-6。

拉出值参考表   表1-6

曲线半径(m)	300~1200	1201~1799	≥1800	直线上
拉出值(mm)	400	250	150	±300

我国的铁路直线区段轨距为1435mm,称为标准轨距,在曲线上考虑机车车辆转弯,轨距需加宽,曲线区段轨距情况如表1-7所示。

曲线区段轨距   表1-7

曲线半径 R(m)	651以上或直线	650~451	450~351	350以下
轨距 L(mm)	1435	1440	1445	1450

曲线拉出值的施工与检调过程:

①确定计算条件。a 值为设计标准值,一般可以在接触网平面图中查到,如果图纸没有标注,可以参考表1-6。

②计算标准 m 值($m_{标}$)。

$$m_{标} = a - c \tag{1-11}$$

③利用 $m_{标}$ 指导施工、检调,确定接触线的水平位置。

检调时,$m_{标}$ 和现场实际测得的 m 值($m_{实}$)相比较,如果 $m_{标}$ 和 $m_{实}$ 误差小于 ±30mm 时,可以不检调(规程规定接触线拉出值允许误差 ±30mm);误差大于 ±30mm 时,应该进行检调。

$$\Delta m = m_{标} - m_{实} \tag{1-12}$$

式中:Δm——定位点实际位置和标准位置的差值。

在拉出值检调中,将定位点向曲线外侧移动,称为拉;将定位点向曲线的内侧移动,称为放。当 Δm 为正值时,需要将定位点向曲线外拉 $|\Delta m|$,当 Δm 为负值时,需要将定位点向曲线内放 $|\Delta m|$,现场简称为"正拉、负放、零不动"。在检调过程中,特别注意的是 $m_{实}$、$m_{标}$ 的符号,当接触线定位点垂直投影在线路中心线至外轨间时,m 为正值,在线路中心线至内轨间时,m 为负值。代入式(1-12)计算时,要带符号进行运算。

【例题1-2】 某区间接触网定位点处接触线高度(导高)$H = 6000$mm,所处区段为曲线,曲线半径 $R = 600$m,外轨超高为 $h = 60$mm,设计拉出值 $a = 400$mm,求该定位处接触线的位置。若现场实测该定位处接触线投影在线路中心线和外轨间,距线路中心线距离为100mm时,是否应该调整?

解 求定位点处接触线的位置就是求该处接触线相对线路中心线的位置,也就是求 $m_{标}$ 值。

①已知:$H = 6000$mm,$R = 600$m,$h = 60$mm,$a = 400$mm,根据 R 查表1-7得:$L = 1440$mm。

$$c = \frac{hH}{L} = \frac{60 \times 6000}{1440} = 250\text{mm}$$

由式(1-11)得:

$$m_{标} = a - c = 400 - 250 = 150\text{mm}$$

即该定位点处接触线的位置应在中心线至外轨之间且距中心线距离为150mm处。

②现场实际定位处接触线投影在线路中心线和外轨间且线路中心线为100mm,即 $m_{实} = 100\text{mm}$。

$$\Delta m = m_{标} - m_{实} = 150 - 100 = 50\text{mm}$$

所以应使定位处接触线位置向外轨侧"拉"50mm,才能符合设计定位要求。

任务四 接触网支持装置

一、腕臂的分类

腕臂安装在支柱上部,一般使用圆形钢管或用槽钢、角钢加工制成,用以支持接触悬挂,并起传递负荷的作用。

腕臂按其与支柱之间是否绝缘分为,绝缘腕臂和非绝缘腕臂两类。

1. 绝缘腕臂

目前,我国的接触网上普遍采用绝缘腕臂,安装结构如图1-53所示。它用外径48mm或60mm圆形热镀锌钢管经加工而成,其根部通过棒式绝缘子与安设在支柱上的腕臂底座相连。

绝缘腕臂优点在于结构灵巧简单,技术性能好,施工维修和安装方便,由于绝缘子安装在靠支柱侧,减少了对支柱容量和高度的要求,从而降低了成本;同时,它不易被污染,从而减少了清扫和维护绝缘子的工作。因腕臂与接触悬挂处于同等电位,现场开展带电作业时和接地部分有足够的安全距离。腕臂末端管口可配用管帽,防止管内生锈。

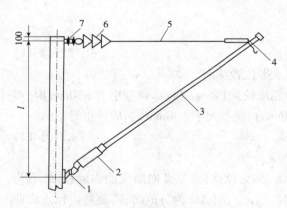

图1-53 绝缘腕臂安装结构(尺寸单位:mm)

1-旋转腕臂底座;2-棒式绝缘子;3-绝缘腕臂;4-套管铰环;5-水平拉杆;6-悬式绝缘子;7-拉杆底座

京沪线与胶济线均采用旋转绝缘平腕臂装配形式,平腕臂与斜腕臂加装腕臂支撑,这种三角形的结构稳定性好,能够承受较大的压力和拉力。

2. 非绝缘腕臂

这种腕臂结构中,通过悬吊在腕臂上的绝缘子串来悬挂承力索。腕臂和支柱间不绝缘,因此称为非绝缘腕臂。非绝缘腕臂结构笨重,要求支柱高度和支柱容量大,安装维修困难,绝缘子容易脏污,不便开展带电作业,应尽量减少使用。目前,多存在于2~3股道受限不能为每条线路单独布置支柱时使用(也称为跨线腕臂),结构如图1-54所示。

按照不同的分类标准,腕臂有多种形式。如按腕臂结构可分为,带拉杆的水平腕臂、带斜撑的平腕臂、带拉杆(或压管)的斜腕臂等;按腕臂在支柱上的固定方法分为,固定腕臂、半固定(或半旋转)腕臂、旋转腕臂等;按照腕臂跨越的股道数分为,单线路腕臂、多线路腕臂等。

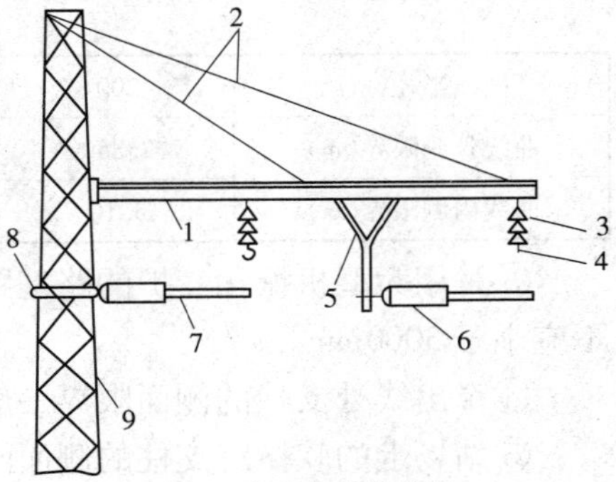

二、腕臂装配

1. 影响腕臂支柱装配的参数

影响腕臂支柱装配的参数有:导高、支柱侧面限界、结构高度等。

图1-54 非绝缘跨线腕臂
1-直腕臂;2-斜拉杆;3-悬式绝缘子;4-承力索;5-定位支架;6-棒式绝缘子;7-定位器;8-定位肩架;9-钢柱

(1)导高。导高是接触线悬挂点高度的简称,是指接触线无弛度时,定位点处(或悬挂点处)接触线距轨面的垂直高度,一般用 H 表示。

接触线的最高高度,是根据受电弓的最大工作高度确定的。考虑到接触线可能出现负弛度及保证受电弓接触线工作压力的需要,接触线距轨面的最高高度不应大于6500mm。

接触线最低高度的确定,是考虑了带电体对接地体之间的空气绝缘距离及通过超限货物的要求。接触线高度的允许施工偏差为±30mm。对于行车速度在160~200km/h之间时,对施工误差要求更加严格:定位点两侧第一吊弦处接触线高度应等高,相对该定位点的接触线高度的施工偏差为±10mm,但不得出现 V 字形;两相邻悬挂点导高相对差不得大于20mm;同一跨内相邻吊弦处的导高差应符合设计预留弛度的要求,施工偏差不得大于5mm。

最低点高度应符合下列规定:

①站场和区间(含隧道)接触线距轨面的高度宜取一致,其最低高度不应小于5700mm;编组站、区段站等配有调车组的线、站,正常情况时可不小于6200mm,确有困难时不应小于5700mm。

②既有隧道内(包括按规定降低高度的隧道口外及跨线建筑物范围内)正常情况不应小于5700mm;困难情况时不应小于5650mm;特殊情况时不应小于5330mm。

开行双层集装箱列车的线路,接触线距轨面的最低高度应根据双层集装箱的高度和绝缘距离计算确定。一般采用6450mm导高。对于客运专线,应不存在超限货物列车通过问题,为了提高接触悬挂稳定性,导高较低,一般采用5000~5500mm。

(2)支柱侧面限界。支柱侧面限界是指轨平面处,支柱内缘至线路中心的距离,一般用 cx 表示。电气化铁路接触网是沿铁路架设的,接触网支柱的安装必须符合相关标准的要求。为了确保行车安全,要求接触网支柱及其他电气装置的建筑不得侵入相关标准规定的铁路建筑限界。为了安全起见,支柱侧面限界的设计取值比建筑限界规定值要大。

①直线区段,支柱侧面限界在通过超限货物列车的正线或站线时,必须大于2440mm;不通行超限货物列车的站线(如机车走行线)时,必须大于2150mm。

②曲线区段,受外轨超高的影响,上述距离应按现行国家规标准《标准轨距铁路建筑限界》的规定加宽。此时,支柱的侧面限界选用如表1-8所示。

支柱的侧面限界选用表 　　　　表1-8

曲线半径(m)	200	300~599	600~1000	>1000	∞
曲线外侧限界(m)	2.850	2.70	2.60	2.60	2.50
曲线内侧限界(m)	3.10	3.10	2.80	2.70	—

③采用大型机械化养护的路基路段,接触网支柱侧面限界应满足大型机械作业的需要,不应小于3000mm。

④牵出线处支柱的侧面限界一般不应小于3500mm,困难情况下不应小于3100mm。

⑤站场上的软横跨支柱的侧面限界一般为3000mm,基本站台上的软横跨支柱的侧面限界为5000mm。软横跨支柱的侧面限界较大的原因是为了照顾站台的美观及客流行人的方便。中间站台上支柱的内缘距站台边缘应有不小于1500mm的轻型车通道。

⑥桥墩台上的支柱,其设置条件受桥墩台的制约,桥墩台上支柱的侧面限界,一般按照表1-9选用。

桥墩台上支柱的侧面限界选用表 　　　　表1-9

线路条件(m)	曲线外侧		曲线内侧		
曲线半径(m)	250~1500	>1500	250~1500	>1500	2000~4000
曲线内侧限界(m)	2.90	2.70	3.00	2.90	2.80

(3)结构高度。链形悬挂的结构高度是指接触网悬挂点处承力索和接触线的铅垂距离,用符号 h 表示。在确定一个技术经济合理的结构高度时,一般应考虑以下几个方面的因素:

①最短吊弦长度不要过小,在极限温度时,其顺线路方向的偏角不超过30°。

②在条件许可时,尽可能减少支柱高度。

③选择适当的悬挂类型,全补偿比半补偿的结构高度低。

④便于调整和维修。

设计中所指的结构高度是指接触线无弛度时,在悬挂点处承力索至接触线的垂直距离,一般取1100~1700mm,目前多采用1400mm。高速电气化铁路中,为了改善定位点接触线弹性,结构高度一般取值比1400mm大。结构高度可由式(1-13)表示:

$$h = F_0 + C_{\min} \tag{1-13}$$

式中:h——结构高度,mm;

F_0——接触线无弛度时承力索弛度,mm;

$C_{\min}$——最短吊弦长度,mm。

由式(1-13)可知,结构高度与承力索的弛度有关。最小的结构高度必须满足最短吊弦(一般不小于500mm)。在最高温度时,其顺线路方向的偏角不超过30°(全补偿链形悬挂不超过20°),最短吊弦的计算是以选择最长锚段为依据的,在满足上述条件的情况下,结构高度的取值以偏大为好。

隧道内的结构高度一般为450~550mm,不得低于300mm。结构高度过小,会在吊弦处形成硬点,甚至在受电弓通过时,在跨中处使接触线与承力索相碰撞。同时,结构高度偏低,欲改善悬挂工作状态,必然会增加滑动吊弦的使用数量。因此,在条件许可时,增大结构高度会相应改善悬挂的运营条件。

2. 常见腕臂支柱装配

在我国电气化铁路中,最广泛采用的是旋转绝缘腕臂,根据它在线路中的作用和性质,分为中间柱、非绝缘转换柱、绝缘转换柱、中心柱、锚柱和道岔柱等。

(1)中间柱腕臂装配。在中间支柱上,只安装一个腕臂,悬吊一支接触悬挂,并把承力索和接触线定位在所要求的位置上,这种支持装置称为中间柱支持装置。区间中,除锚段关节处的支柱外,其余均为中间柱,所以中间柱支持装置是用量最大的支持结构形式。在线路的直线区段,支柱一般立于线路的同一侧,但是接触线需要按"之"字形布置,其拉出值一般在支柱点处要变换方向,所以定位为一正一反。

正定位是指拉出值拉向支柱一侧,此时定位器受拉,拉力产生的弯矩使定位器有向上的趋势,当机车受电弓通过定位点时,该点向上抬升,这样的弹性较好。反定位是指拉出值拉向支柱的对侧,仍使定位器受拉,以产生与上述正定位同样的效果。在线路的曲线区段,支柱应尽量设于曲线外侧,使定位器处于受拉状态,在较小曲线半径区段,一般采用软定位器结构。在大曲线半径区段,全部采用正定器形式。当支柱必须设于曲线内侧时,则采用与直线上类似的方法,仍使定位器受拉,这时应采用反定位器结构。中间支柱的各种定位形式,如图1-55~图1-60所示。

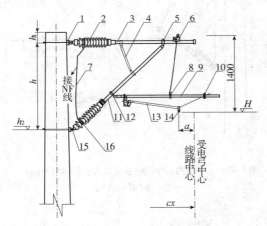

图1-55 直线区段中间柱正定位装配图(尺寸单位:mm)
1-单上底座;2-棒式绝缘子;3-平腕臂;4-腕臂支撑;5-套管双耳;6-承力索座;7-接地跳线;8-定位管上定位钩悬吊拉线;9-定位管;10-防风拉线;11-斜腕臂;12-定位环;13-组合定位器;14-定位线夹;15-单下底座;16-跳线卡箍

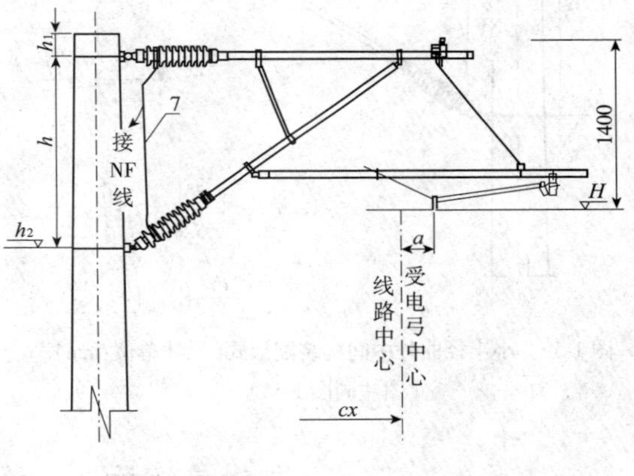

图1-56 直线区段中间柱反定位装配形式(尺寸单位:mm)
(图注同图1-55)

(2)非绝缘转换柱装配:对于三个跨距的非绝缘锚段关节,中间的两根支柱称为转换柱,各悬吊两支接触悬挂,其中一支为工作支,另一支为非工作支。工作支的接触线与受电弓接触;非工作支的接触线抬高约200mm,不与受电弓接触,通过转换柱拉向锚柱抬高下锚。因此,转换柱需要安装两组定位器。两支接触悬挂的接触线在平面上平行,水平距离保持100mm,两支接触悬挂在电气上是连通的,在靠近锚柱一侧用电连接线连接起来。非绝缘转换支柱装配,如图1-61所示。

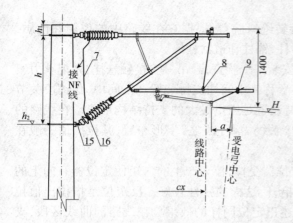

图1-57 大半径曲外中间柱装配形式(尺寸单位:mm)
(图注同图1-55)

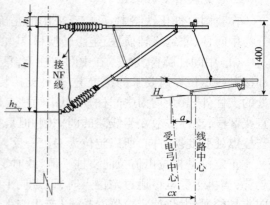

图1-58 大半径曲内中间柱装配形式(尺寸单位:mm)
(图注同图1-55)

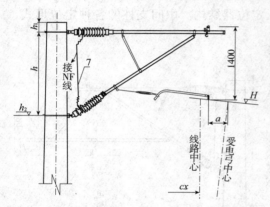

图1-59 小半径曲外中间柱装配形式(尺寸单位:mm)
(图注同图1-55)

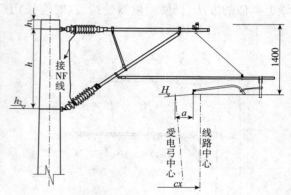

图1-60 小半径曲内中间柱装配形式(尺寸单位:mm)
(图注同图1-55)

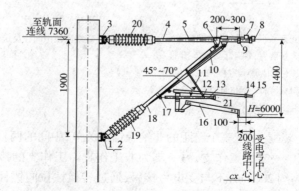

图1-61 非绝缘转换支柱装配图(尺寸单位:mm)
1-双底座槽钢;2-旋转腕臂底座;3-双底管底座;4、5-腕臂;6-套管双耳;7、9-承力索座;8、21-管帽;10、18-支撑腕臂;
11-定位管支撑;12-定位管卡子;13、15-定位管;14-长支持器;16-限位定位器;17-定位环;19、20-棒式绝缘子

· 36 ·

(3)绝缘转换柱装配:在四跨绝缘锚段关节处,也有两个转换支柱,各悬吊两支接触悬挂,一支为工作支,另一支为非工作支。工作支的接触线与受电弓接触;非工作支的接触线抬高约500mm,不与受电弓接触,通过转换柱拉向锚柱抬高下锚。两支悬挂的接触线在平面图上平行,空气间隙为500mm,电气上能互相分开。转换柱上设有一台隔离开关,以实现相衔接的两个锚段在电气上连接或断开。绝缘转换支柱装配,如图1-62所示。

绝缘转换支柱的装配应能满足被衔接的两个锚段,在电气上应是互相绝缘的,所以工作支和非工作支的接触线之间、承力索之间在垂直方向和水平方向的投影都必须保持500mm的绝缘距离,以保证在风力作用下以及导线振动、摆动情况下,均不得小于最小的绝缘空气间隙。

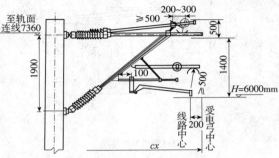

图1-62 绝缘转换支柱装配图(尺寸单位:mm)

(4)中心柱的支持装置。位于四跨绝缘锚段关节的两转换柱之间的支柱,称为中心柱。在中心柱上同样要安装两套支持装置,悬吊的两支接触悬挂均为工作支,两根接触线等高、平行,空气间隙为500mm,电气上能互相分开。当受电弓通过,同时接触两根接触线,使之平稳过渡。两支悬挂的接触线在中心柱两侧均经转换支柱向锚支柱下锚。中心柱其他电气方面的绝缘要求与绝缘转换柱相同。

(5)道岔柱和定位柱的装配。在站场道岔处按技术要求设立道岔柱,该定位点处两接触线均为工作支,根据接触线位置及拉出值方向的不同,道岔柱有三种装配结构,如图1-63所示。

图1-63a)为拉型结构,即L形装配,其两条接触线的拉出值方向都是拉向支柱,定位管呈受拉状态。

图1-63b)为压型结构,即Y形装配,图中两条接触线拉出值方向为支柱的对侧,定位管呈受压状态。

图1-63c)称拉压型结构,即LY形装配,即两条接触线在道岔定位处的拉出值方向相反,主定位管一端受拉而另一端受压。

三、绝缘子

绝缘子是接触悬挂的主要部件之一,用于电气绝缘以隔离带电体和非带电体,使接触悬挂对地保持电气绝缘。绝缘子在接触悬挂当中,不仅起着电气绝缘的作用,而且还承受着一定的机械负荷。因此,要求绝缘子不仅要有一定的电气绝缘性能,而且还要有一定的机械强度。

1. 绝缘子的分类及构造

绝缘子按材质分为有机绝缘子和无机绝缘子;按绝缘子表面长度还可以分为普通型和防污型两类。按结构来分为悬式绝缘子、针式绝缘子、棒式绝缘子。

(1)悬式绝缘子。悬式绝缘子常用在线索下锚处,拉杆、软横跨、隧道内、馈电线、并联线、捷接线、锚段关节等处,它由数个连接在一起的绝缘子串组成,以保证对地有足够的绝缘距离。根据悬式瓷绝缘子的连接件形状分为普通型、钟罩形、草帽形、伞形,结构如图1-64所示。

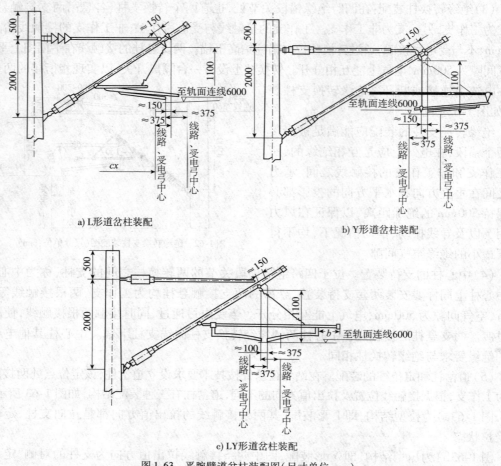

图 1-63 平腕臂道岔柱装配图(尺寸单位:mm)

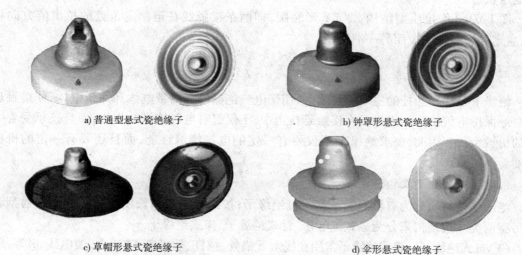

图 1-64 悬式绝缘子结构

有些区段采用的钢化玻璃悬式绝缘子,外形和瓷制的相同,这种绝缘子机械强度高(为瓷制绝缘子的2~3倍)、电气性能好、自洁性好、不易老化,当绝缘子失去绝缘性能或机械过负荷时,伞裙就会自动破裂脱落,便于发现及时更换。实物如图1-65所示。

(2)针式绝缘子,如图1-66所示。

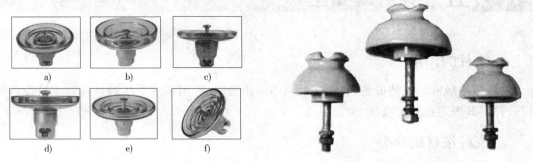

图1-65　悬式绝缘子　　　　　　　　图1-66　针式绝缘子

(3)棒式绝缘子。棒式绝缘子常用于绝缘腕臂、定位柱及隧道内等处,其实物如图1-67所示。

P—10T型针式绝缘子多用于回流线、保护线及接地跳线,它承受以上线索不同方向的负荷,对地起电气绝缘作用。

近年来,我国还使用了硅橡胶棒式绝缘子等一些新型绝缘子,复合式绝缘子如图1-68所示。

图1-67　棒式绝缘子　　　　　　　　图1-68　复合式绝缘子

2. 绝缘子特性

绝缘子的性能主要包括力学性能和电气性能两个方面。

(1)力学性能。力学性能是指它所承受机械负荷的能力。绝缘子除起电气绝缘作用外,还承受一定的机械负荷,因此要求绝缘子有一定的安全系数,一般绝缘子的安全系数规定为2.5~3。

(2)电气性能。绝缘子的电气性能常用干闪电压、湿闪电压、击穿电压、绝缘泄露距离等参数表示。

①干闪电压:在绝缘子表面清洁和干燥的情况下,在其两端施加工频电压直至绝缘子表面闪络所能达到的最低电压值,它只对室内绝缘子才有意义。

②湿闪电压:指在下雨时,雨水下落方向与水平面呈45°角淋于表面清洁的绝缘子上,再在绝缘子两端加工频电压直至绝缘子表面闪络所能达到的最低电压值。

③击穿电压:指在绝缘子两端加工频电压直至绝缘子性能遭到破坏所能达到的最低电压值,一旦击穿必须更换。

④绝缘泄露距离:是指绝缘元件表面的曲线长度,即两电极间绝缘表面的爬电距离,俗称"爬距",泄露距离是反映绝缘子绝缘水平的重要参数。

任务五 接触网支柱

一、支柱的作用

支柱是接触网的支持设备,它在接触网中应用最广泛,用来承受接触悬挂和支持设备的负荷,并将其固定在规定高度上。

二、支柱按材质分类

支柱按材料分类可分为预应力钢筋混凝土支柱和钢柱两种。

1. 预应力钢筋混凝土支柱

预应力钢筋混凝土支柱采用高强度的钢筋和高强度等级的混凝土,在制造时,对钢筋先加一定的拉力后再浇筑混凝土,其具有比普通钢筋混凝土支柱在同等容量下节省钢材、强度大、支柱轻等优点,不需要浇制基础,从而加快了施工进度。它使用寿命长,但不耐碰撞,应在运输中小心谨慎。

预应力钢筋混凝土支柱从外形上分为横腹杆式、等径圆支柱两种。横腹杆式支柱截面为 H 形,采用带腹孔的横腹结构。这种结构便于上下攀登,利于维修和检查。同时,针对接触网负载的方向性(一般垂直于线路方向承受一定弯矩),在支柱受拉一侧配筋多,提高了钢筋的利用率。矩形横腹杆式预应力混凝土支柱是我国电气化铁路使用最为广泛的支柱类型,如图 1-69 所示。

a) b)

图 1-69 预应力钢筋混凝土支柱

预应力钢筋混凝土支柱用符号 H 表示,如 $H\dfrac{38}{8.7+2.6}$,其中 H 表示钢筋混凝土支柱;38 表示垂直线路方向的支柱容量(kN·m);8.7 表示支柱露出地面的高度(m);2.6 表示支柱埋入地下的高度(m)。

用于下锚的预应力钢筋混凝土支柱，其符号表示如：$H\dfrac{48-25}{8.7+3}$，其中：48 表示垂直线路方向的支柱容量(kN·m)；25 表示顺线路方向(下锚方向)的支柱容量(kN·m)。

在选择钢筋混凝土支柱时，要根据使用场合而定，不能盲目而定，例如腕臂支柱不具有顺线路方向的容量，就不能代替锚柱。

2. 钢柱

钢柱是用工字钢、槽钢或角钢焊接制成的，我国采用的钢柱是用角钢焊成桁架结构，铁路上有等径圆钢柱和 H 形钢柱。优点：质量轻、容量大、耐碰撞、运输及安装方便等。缺点：用钢量大、造价高、耐腐蚀性能差，需定期进行除锈、涂漆防腐，且有维修不便等。

(1) 用途。钢柱主要用于跨越股道比较多、需要支柱高度较高、容量较大的软横跨柱，其次用作桥梁墩台上安装的支柱。现在作为软横跨钢柱的高度有 13m 和 15m 两种。钢柱需要用基础固定在地面上。

(2) 型号。$G\dfrac{50}{9.5}$，其中：G 表示钢柱；50 表示支柱垂直于线路方向的支柱容量(kN·m)；9.5 表示钢柱本身的高度(m)。

用于下锚的钢柱，其符号表示如：$G\dfrac{250-250}{15}$，其中第一个 250 表示支柱垂直于线路方向的支柱容量(kN·m)；第二个 250 表示支柱顺线路方向的支柱容量(kN·m)；15 表示钢柱本身的高度(m)。

常见的等径圆支柱型号。其符号为：$\dfrac{60}{11+3}\phi400$，其中 $\phi400$ 表示支柱直径(mm)；其他部分含义同前。

软横跨支柱一般采用横腹杆式预应力钢筋混凝土支柱、格构式镀锌钢柱，支柱高度一般为 13~15m，但当跨越股道较小、容量许可时，应优先选用横腹杆式预应力钢筋混凝土支柱。

桥钢柱可视具体情况采用镀锌直腿钢柱、斜腿钢柱或带支架的直腿钢柱。5 股道以上的软横跨支柱及桥上支柱采用钢柱，钢柱是通过地脚螺栓固定在混凝土基础上的。格构式、H 形钢柱，如图 1-70 所示。

三、支柱按用途分类

接触网支柱按用途可分为中间支柱、转换柱、中心柱、锚柱、定位柱、道岔柱、软横跨支柱和硬横梁支柱，各种支柱布置位置如图 1-71 所示。

(1) 中间柱：区间和站场上广泛使用，布置于两相邻锚段关节之间。支持一支接触悬挂，它承受一支工作支接触悬挂的重力及风作用于悬挂上的水平分力，中间支柱所承受的力矩比较小。

(2) 锚柱：在接触网锚段关节处或其他接触网下锚的地方需设锚柱，锚柱承受两个方向的负荷，在垂直线路方向起中间支柱的作用，在顺线路方向，承受接触悬挂下锚的全部拉力。锚柱分为带下锚拉线和不带下锚拉线两种，分腿式钢柱用作锚柱时可不带拉线，其余支柱用作下锚时均带拉线。

a) 格构式钢柱　　　　　b) H形钢柱

图1-70　钢柱

（3）转换柱：在接触网锚段关节处的两锚柱之间。它同时支持两支接触悬挂，其中一支为工作支，另一支为下锚支（简称非支），电力机车受电弓在两转换支柱间进行两个锚段线索的转换。它要承受接触悬挂下锚支和工作支线索的重力和水平力。

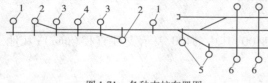

图1-71　各种支柱布置图

1-中间柱；2-锚柱；3-转换柱；4-中心柱；5-定位柱；6-软横跨支柱

（4）中心支柱：在四跨锚段关节转换柱之间，电力机车受电弓在此柱实现锚段转换。它同时承受两组工作支接触悬挂的重力和水平力，两工作支接触线在此柱定位点处等高，且使两支接触线线间距离符合技术要求。

（5）定位支柱：当接触线由于某些原因对受电弓中心偏移过大时，为确保电力机车受电弓正常接触取流且不发生脱弓事故，而专门设立定位支柱。它通常仅承受接触线水平分力而不承受接触悬挂的垂直分力，一般多设于站场道岔后曲线处。由于受力较小可采用中间柱。

（6）道岔柱：在站场两端道岔处，为使接触线线岔符合技术要求所规定的位置，该处往往需设立道岔支柱，根据支柱容量计算选择支柱类型。

（7）软横跨支柱：软横跨支柱一般用于跨越多股道的站场上，由于受力较大，多选用容量较大的支柱，跨越5股道及以下的软横跨柱可用钢筋混凝土支柱，5股道以上软横跨则采用钢柱。

（8）硬横梁支柱：硬横跨亦称为硬横梁，多用于全补偿链形悬挂的站场上，一般是为固定承力索中心锚结绳而设立的。在某些特殊地段，如站场伸入高架桥梁上时，用双线路腕臂支柱或软横跨都不方便时，可考虑采用硬横跨，硬横跨支柱多为钢柱和等径圆混凝土支柱。

四、软横跨与硬横跨

在站场中,接触网不能采用单线路腕臂的架设方式,这样站场中支柱过多会影响行车及车站工作人员信号瞭望;股道间距较小难以满足设立支柱要求,所以多采用软横跨或硬横跨形式。多股道接触悬挂通过横向线索悬挂在线路两侧的支柱上的装配方式称为软横跨。接触悬挂通过金属桁架架设在线路两侧支柱顶上的装配方式称为硬横跨。

1. 软横跨

软横跨由站场线路两侧支柱和悬挂在支柱上的横向承力索、上下部固定绳、软横跨直吊弦及支持和连接它们的零件组成。

横向承力索是软横跨的主要构件,承受各股道纵向接触悬挂的全部垂直负载。由于横向承力索承重较大,因而选用 GJ—70 镀锌钢绞线,在股道数较多(大于 5 股道)或负载较大时,采用两根 GJ—70 钢绞线,称为双横承力索。

在横向承力索下方布置有上下部固定绳。上部固定绳的作用是固定各股道的纵向承力索,并将纵向承力索的水平负载传递给支柱。下部固定绳作用是固定定位器,以便对接触线按技术要求定位,并将接触线水平负载传递给支柱。由于上下部固定绳只承受水平力,负载不大,故上下部固定绳多用 GJ—50 镀锌钢绞线。

横向承力索和上部固定绳间,通过两股 $\phi 4.0$ 镀锌铁线拧成的直吊弦连接起来,上下部固定绳间,通过两股 $\phi 4.0$ 镀锌铁线拧成的斜吊弦将鞍子或悬吊滑轮与定位环线夹连接起来。

软横跨按照其横承力索和支柱间是否绝缘分为绝缘软横跨和非绝缘软横跨两种。

(1)绝缘软横跨的横向承力索与上下部固定绳均对地绝缘,是我国目前采用的主要形式,如图 1-72 所示。由于软横跨上下行股道间横向电分段绝缘子串起上下行电分段作用,在实行 V 形天窗作业区段,横向电分段绝缘子串,经常起接地侧绝缘子的作用。另外,当某一方向接触网设备故障时,它还将另一方向正常接触网设备在站场隔离开来,起缩小事故范围的作用。因此,为了保证在实行 V 形天窗时,作业人员的人身、设备安全和缩小事故范围,软横跨上下行股道间横向电分段绝缘子串采用 4 片形式,使绝缘子泄漏距离达到 1200~1600mm。

软横跨绝缘子,不管是接地侧绝缘子,还是上下行股道间的横向电分段绝缘子,它们一方面起绝缘作用,另一方面起连接作用。因此,对于软横跨绝缘子,在力学性能和绝缘性能上要求都比较高,在安装、检修时,要严格检查软横跨两侧及中间绝缘子串,特别是绝缘子串中各绝缘子的连接情况,防止弹簧销脱落和丢失,确保安全供电。

在有中间站台的车站,为保证车站工作人员和旅客的人身和财产安全,软横跨下部固定绳在跨越中间站台时,要形成一个中性区,即下部固定绳在跨越中间站台的两端用绝缘子隔开,形成一个不带电的区域。

(2)非绝缘软横跨在我国的哈大线各站场使用,其示意如图 1-73 所示。和绝缘软横跨相比,其结构复杂,绝缘子用量大、易污染,因此并没有在我国大量推广使用。

2. 硬横跨

硬横跨从结构上分为吊柱硬横跨和定位索硬横跨。

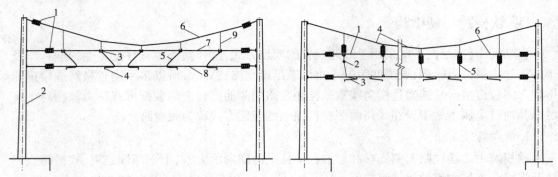

图1-72 软横跨结构示意图
1-绝缘子;2-支柱;3-承力索;4-定位器;5-斜拉线;
6-横承力索;7-上部固定绳;8-下部固定绳;9-直吊弦

图1-73 非绝缘软横跨示意图
1-带电上部固定绳;2-承力索支持装置;3-定位器;4-横承力索;
5-直吊弦;6-接地上部固定绳

（1）吊柱硬横跨主要由硬横梁和吊柱组成，接触悬挂通过腕臂装置固定在吊柱上，如图1-74所示。

（2）定位索硬横跨主要由硬横梁和上下部定位绳组成，如图1-75所示。

在站场中使用硬横梁的主要优点为：采用硬横跨可以提高接触网的稳定性，减少列车高速通过时接触网振动对相邻线路的接触悬挂的干扰，明显改善弓网的受流质量；硬横跨便于工厂化预制，提高了施工效率、减少了调整工作量；硬横跨结构可以降低对支柱高度、弯矩和基础承载能力的要求；在大型客站采用硬横跨结构，比软横跨整齐、美观。其主要缺点为，投资较大、结构较笨重、钢结构防锈成本高，横向跨距不宜过大。

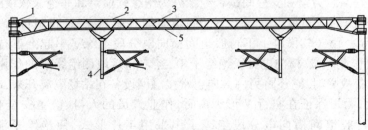

图1-74 吊柱式硬横跨
1-抱箍;2-上弦杆;3-斜腹杆;4-吊柱;5-下弦杆

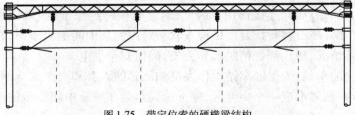

图1-75 带定位索的硬横梁结构

硬横梁一般使用格构式结构（跨距较小时，也可以使用实腹结构），主要有由角钢制成的矩形（截面为矩形）格构式硬横梁和钢管制成的三角形（截面为三角形）格构式硬横梁。我国吊柱一般为Y形，吊柱的两柱脚间距一般为1300mm，采用大柱脚间距可以减少吊柱对硬横梁产生的次应力，吊柱通过固定杆连接在硬横跨的下弦杆上。

任务 六　锚段关节、中心锚结及线岔

一、锚段

在区间站场上，根据供电和机械方面的要求，将接触网分成许多独立的分段，这种独立的分段称为锚段。

1. 锚段的作用

（1）缩小事故范围。当发生断线或支柱折断等事故时，由于接触网是分段的，从而使事故限制在一个锚段内，不致波及相邻锚段。

（2）便于加设张力补偿装置。分段后，在承力索和接触线两端加设张力补偿装置，使其下锚处与中心锚结处的张力基本保持不变，提高了供电质量。

（3）缩小因检修而停电的范围。在进行接触网检修时，可以打开绝缘锚段关节的隔离开关，使停电范围缩小，保证非检修锚段的正常供电。

（4）锚段便于设供电分相。通过绝缘锚段关节可以将不同段的异相电分开，以满足供电方式的需要。

2. 锚段长度确定

接触网的每一个锚段包括若干跨距，在确定接触网锚段长度时，主要考虑以下几个方面的因素：

（1）发生事故时，使事故范围尽量缩小，因此锚段长度不宜过长。

（2）在温度变化时，由于线索的伸缩而引起的吊弦、定位器及腕臂等处的偏移不得超过允许值。同时，考虑到锚段两端补偿器坠砣在极限温度下不致过低（坠砣底面触及地面或基础面）或过高（碰触定滑轮），必须限制锚段长度。

（3）在极限温度下，承力索和接触线在补偿器处与在中心锚结处的张力差不能超过允许值，并以此来确定锚段长度。对于半补偿链形悬挂，接触线在中心锚结处张力和在补偿器处的张力差，不能超过补偿器处接触线额定张力的15%；对于全补偿链形悬挂，除考虑接触线张力差外，还要考虑承力索的张力差，不能超过补偿器处承力索额定张力的10%。

锚段长度一般为：

半补偿链形悬挂：直线区段一般为1600m，困难时1800m；曲线区段直、曲各一半一般为1300m；曲线70%及以上时1100m。

全补偿链形悬挂：直线区段一般为1800m，困难时2000m；曲线70%及以上时不超过1500m。

在长大隧道内，全补偿和半补偿链形悬挂锚段长度与隧道外是一样的。长度不超过2000m的隧道内，尽量避免设锚段关节；长度超过2000m时，应在隧道内下锚。

二、锚段关节

两个相邻锚段的衔接部分称为锚段关节。锚段关节按用途分为绝缘锚段关节和非绝缘锚段关节。绝缘锚段关节不仅起机械分段作用，同时起同相电分段作用。非绝缘锚段

只起机械分段作用。

在锚段关节处,两锚段的接触悬挂是并排架设的。对它的基本要求是,当机车通过时,应保证受电弓能平滑地由一个锚段过渡到另一个锚段。

根据锚段关节所含跨距数可分为二跨、三跨、四跨、五跨、七跨及九跨式锚段关节。所谓三跨式锚段关节,就是锚段关节内含有三个跨距,其余类推。

1. 三跨非绝缘锚段关节

三跨非绝缘锚段关节是仅用作接触悬挂在机械方面的分段,电气方面仍然相连接。此时,用电连接线将工作支和非工作支连接起来,保证电流通过。在这种锚段关节内,其承力索和接触线在两转换支柱之间的跨距中心处过渡,如图 1-76 所示。在图中,z 表示直线区段;F 表示非绝缘锚段关节。

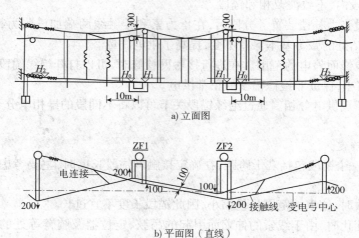

图 1-76 三跨非绝缘锚段关节结构(尺寸单位:mm)

三跨非绝缘锚段关节的技术要求如下:

(1) 锚段关节内,两转换柱间的两条接触线在水平面上的投影应平行,线间的距离为 100mm。在立面图中,两接触线的交叉点应在该跨距中心处,即两接触线在跨距中心处等高。

(2) 转换支柱处,非工作支接触线比工作支接触线抬高 200~250mm。下锚处非工作支比工作支抬高 500mm。

(3) 两转换柱与锚柱间,在距转换柱 10m 应安装电连接线。

(4) 电不分段锚段关节转换柱处,两接触线间垂直、水平距离允许误差 ±20mm。

2. 四跨绝缘锚段关节

绝缘锚段关节除机械分段外,可以实现同相电分段,多用于站场和区间的衔接处。电分段锚段关节,一般由四个跨距配合一台隔离开关组成,其接触线、承力索在垂直方向和水平方向都彼此相距 500mm,以保持其电气绝缘。它包括两根锚柱、两根转换柱和一根中心支柱,最终形成四个跨距,所以又称四跨绝缘锚段关节。电力机车受电弓在中心支柱处实现两锚段的转换和过渡,两锚段靠安装在转换支柱上的隔离开关实现电气连接。四跨绝缘锚段关节结构,如图 1-77 所示。

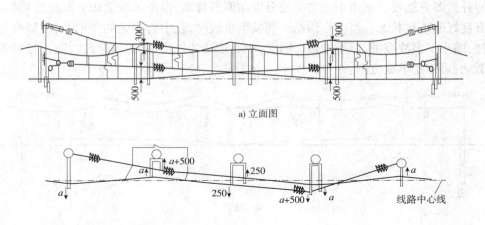

a) 立面图

b) 平面图

图 1-77 四跨绝缘锚段关节结构(尺寸单位:mm)

无论是三跨或四跨绝缘锚段关节,其结构特点和技术要求基本相同。

(1)在两转换柱间,两接触线的投影应保持平行,线间距离为500mm,误差±50mm。

(2)在转换柱处,非工作支接触线比工作支接触线抬高500mm,允许误差±500mm。

(3)四跨绝缘锚段关节在中心柱处两接触线距轨面等高,允许误差±10mm;三跨绝缘锚段关节在两转换柱跨距中间处两接触线距轨面等高(为受电弓转换点)。

(4)非工作支接触线和下锚支承力索在转换柱靠中心柱处加装一串(4片)绝缘子。

(5)在两转换柱与锚柱间距转换柱10m,设电连接线各一组。

(6)两个锚段的电路连通或断开由隔离开关控制。

在四跨绝缘锚段关节中,中心支柱需装设双腕臂,在曲线区段中心支柱和两棵转换支柱均设置双腕臂。

3. 跨绝缘锚段关节

五跨绝缘锚段关节是指锚段关节中含有五个跨距,主要在高速电气化铁路中应用。因为四跨锚段关节在受电弓由一个锚段过渡到另一个锚段时,是在中心支柱处转换的,在此处,虽然可以控制并实现两支接触线等高,但由于在定位点处有两个定位器,其弹性性能明显变差,不仅会加大接触线的磨损,而且影响受流。所以在速度为160km/h以上的电气化线路上,绝缘锚段关节都用五跨绝缘锚段关节,其技术要求和四跨绝缘锚段关节相同,两组悬挂的接触线之间和承力索之间必须保持500mm的绝缘距离。很明显,其两组悬挂的转换点在中间跨距的中心,这样就可以保证弹性良好、过渡平稳,如图1-78所示。

三、中心锚结

在两端装有补偿器的锚段里,必须加设中心锚结。在锚段中部,接触线对承力索、承力索对锚柱进行锚固的方式称为中心锚结。

1. 中心锚结的作用及布置原则

安设中心锚结后,由于接触线和承力索在锚段中部进行了锚固,因此温度变化时,锚段两端的补偿器只能使线索由中心锚结处分别向两侧移动,保证了线索张力及弛度均匀,使接触线有良好的工作状态。当中心锚结一侧发生事故时,在中心锚结的作用下,不影响另一侧的悬挂,缩小了事故范围,便于抢修。因此,中心锚结的作用是:两端补偿时防止接触悬挂向一侧滑动,可缩小事故范围。

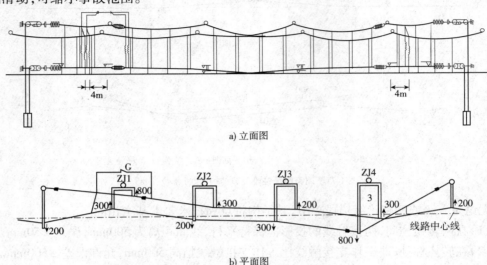

图 1-78 五跨绝缘锚段关节直线平面图(尺寸单位:mm)

中心锚结布置的原则是:使中心锚结两边线索的张力尽量相等。直线区段一般设在锚段中间处;曲线区段一般设在曲线多、半径小的一侧。

2. 中心锚结的结构

(1)半补偿链形悬挂中心锚结,是指接触线在锚段中间通过中锚线夹和辅助绳固定到承力索上。半补偿链形悬挂中心锚结的结构及中心锚结线夹,如图 1-79、图 1-80 所示。

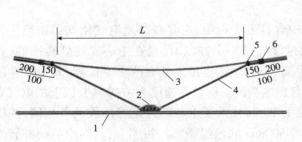

图 1-79 半补偿链形悬挂中心锚结(尺寸单位:mm)
1-接触线;2-中心锚结线夹;3-承力索;4-辅助绳;5-钢线卡子;6-绑扎线段

图 1-80 中心锚结线夹

中心锚结辅助绳采用 GJ—50 镀锌钢绞线(19 股)制成,在线索张力大时,锚结绳根据需要选择 GJ—70 等线索。辅助绳中间用中心锚结线夹与接触线固定,辅助绳两端分别用两个相互倒置的钢线卡子紧固在承力索上。当一侧接触线断线后,另一侧接触线在中心锚结辅助绳的拉力下不发生松动现象,起到了缩小事故范围的作用。中心锚结绳的长度为所在跨距中心处接触线与承力索间距的 20 倍,但不应小于 15m。

（2）全补偿中心锚结。全补偿链形悬挂除接触线设中心锚结外,承力索也必须设中心锚结。接触线中锚辅助绳利用钢线卡子固定到承力索上,承力索上的辅助绳锚固到两侧支柱上。全补偿链形悬挂的接触线中心锚结与半补偿链形悬挂相同,承力索中心锚结采用GJ—70钢绞线作为锚结绳,一般由三跨组成,如图1-81所示。

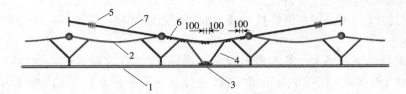

图1-81　全补偿中心锚结构图(尺寸单位:mm)
1-接触线;2-承力索;3-中心锚结线夹;4-GJ—50辅助绳;5-绝缘子串;6-钢线卡子;7-GJ—70承力索辅助绳

承力索中心锚结绳在两悬挂点中间位置,用承力索中心锚结线夹固定,悬挂点的两侧分别在距悬挂点200mm处用两个钢线卡子与承力索固定,锚结绳的两端通过绝缘子串硬锚到锚柱上。

（3）站场防串中心锚结。站场全补偿链形悬挂中心锚结安装形式有两种,一种是与区间全补偿链形悬挂中心锚结形式相同,即将承力索中心锚结绳锚固到支柱上;另一种是将中心锚结绳在悬挂点处与承力索固定,依靠上部固定绳对承力索起到锚结作用。其优点是结构简单、安装方便;缺点是不防断线事故。该种形式称为防串不防断中心锚结,简称防串中心锚结,如图1-82所示。

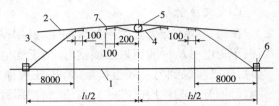

图1-82　站场防串中心锚段(尺寸单位:mm)
1-接触线;2-承力索;3-GJ—50钢绞线;4-GJ—70钢绞绳;5-悬吊滑轮;6-中心锚结线夹;7-钢线卡子

承力索中心锚结绳用GJ—70钢绞线在悬挂点处通过钢线卡子与承力索固定,在两侧的跨距中心位置安装接触线中心锚结线夹,并将锚结绳向承力索中心锚结方向通过钢线卡子与承力索固定。

（4）简单悬挂中心锚结。锚段两侧安装补偿装置的简单悬挂,其中部也应设中心锚结。简单悬挂中心锚结需加设一跨(直线区段)中心锚结辅助索(GJ—50),通过一串悬式绝缘子硬锚到所在跨距两侧支柱上(即等于在该跨中增加了一段承力索),接触线中心锚结固定到辅助绳上。该支柱为锚柱,应打拉线以保持受力平衡,如图1-83所示。

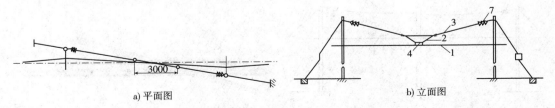

图1-83　直线简单悬挂中心锚结(尺寸单位:mm)
1-接触线;2-钢丝绳;3-中心锚结辅助绳;4-中心锚结线夹

在曲线区段时,其中心锚结设置不同于直线区段,其结构看上去像一个倒装的中心锚结,分布在相邻的两跨中,其结构如图1-84所示。

曲线上中心锚结绳也采用GJ—50制成,其中间通过平直腕臂并用线夹固定在腕臂上。钢丝绳两端各用一个中心锚结线夹固定在接触线上。曲线区段,中心锚结辅助索较长,其中部与中心锚结辅助绳固定在腕臂上,两侧各通过一串悬式绝缘子硬锚于相邻的支柱上。这两根支柱应打拉线。中心锚结绳在接触线上的固定点距悬挂定位点6m,中心锚结结构高度一般为0.5m。

采用简单悬挂的站场上一般不需另设中心锚结,而是在应设置中心锚结处把定位吊索放置在钩头鞍子中紧固,代替中心锚结结构(悬挂点一般将吊索放在悬吊滑轮中)。当发生断线事故时,接触线不致过于松动,以起到中心锚结的作用。

四、线岔

在站场上,站线、侧线、渡线、到发线总是并入正线。如果线路设一个道岔,接触网就必须设一个线岔(也称架空转辙器)。线岔的作用是保证电力机车受电弓安全平滑地由一条接触线过渡至另一条接触线,达到转换线路的目的。

1. 交叉线岔

在两接触线交叉处用限制管固定,并限制两相交接触线位置的设备,称为接触网线岔。当机车受电弓从一股道通过线岔时,由于受电弓有一固定宽度,因此在未运行到两导线交叉点时,即已接触到另一股道接触线,该处被称为线岔始触点。在接触瞬间,本股道接触线因受电弓抬升力的作用已有一升高值,而相邻股道接触线仍保持原有高度,此时会出现两导线不等高现象,为保持两导线在始触点基本等高,使受电弓在始触点处不发生刮弓和钻弓事故,两导线交叉点处应安装一个限制管。

(1)线岔的结构。

接触网线岔是由两相交接触线、一根限制管和固定限制管的定位线夹、螺栓组成的。限制管两端,用定位线夹固定在下面的接触线上,通过限制管将两相交接触线互相贴近,当上面接触线升高时,可利用限制管带动下面的接触线同时升高,以消除始触点两导线的高差。

限制管用镀锌钢管加工制成,两端扁平有圆孔,用以固定定位线夹。其长度根据所安装接触线处至中心锚结的距离确定。线岔结构如图1-85所示,限制管参考尺寸如表1-10所示。

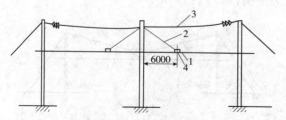

图1-84 曲线简单悬挂中心锚结(尺寸单位:mm)
1-接触线;2-中心锚结绳;3-辅助索;4-中心锚结线夹

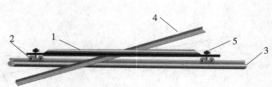

图1-85 线岔结构
1-限制管;2-定位线夹;3-正线接触线;4-侧线接触线;5-螺栓

限制管参考尺寸　　　　　　　　　　　　　　　　表 1-10

线岔至中心锚结的距离(m)	500 以下	500 以上
限制管长度(mm)	1300	1550

如在平均温度安装时,限制管中心重合于接触线交叉点;安装温度高于平均温度时,应略偏于下锚方向;低于平均温度时,应略偏于中心锚结方向。有必要进行精确定位时,可以通过线索线膨胀公式计算出限制管的准确安装位置。

(2)线岔的定位。线岔定位是指两导线交叉点的投影点在道岔导曲线两内轨间的位置,其位置与道岔类型有关。

①单开道岔:此时,线岔处接触线的定位有两种形式,即标准定位和非标准定位。

a. 标准定位,是指其交点处于最合理位置。对于单开道岔,标准定位时,两接触线相交于道岔导曲线两内轨距的 745mm 处。标准定位的合理位置是由定位支柱决定的,而定位支柱应设在距接触线交点 1000~1500mm 处,最好是在道岔导曲线两内轨距为 835mm 处,即线路中心距离为 600mm 处的位置上。处于标准定位时,接触线在支柱处的拉出值在 350~400mm 之间,通常取其平均值为 375mm。

b. 非标准定位,定位支柱位于道岔导曲线两内轨距为 735~935mm 处,即两线路中心距为 500~700mm 的范围内。

对于单开道岔的标准定位,两接触线相交于道岔导曲线两内轨轨距(即岔心轨距)630~760mm 的横向中间位置处,其对横向中心线(即辙叉角平分线)误差不得超过 50mm,标准定位时,道岔柱中心位置应在道岔导曲线外轨外缘至基本轨内缘为 600mm 处的延长线上,如图 1-86 所示。

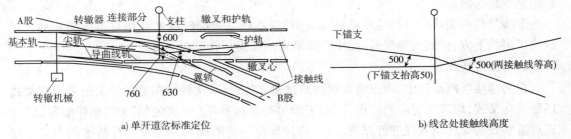

图 1-86　单开道岔线岔定位(尺寸单位:mm)

因受条件限制无法实现标准定位时,可考虑非标准定位,非标准定位两导线交叉处的投影点,应在道岔导曲线两内轨轨距 735~935mm 的横向中心位置处。车站正线道岔均应设标准定位。

②对称和复式交分式道岔:单开道岔是铁路中应用最多也是基本的形式,线岔也是这样。对于对称(双开)及复式交分道岔,其线岔的布置形式类似单开道岔,复式交分道岔标准定位接触线应相交于道岔对称中心轴的上方。

③交叉渡线:相邻的两条正线或主要站线用专设渡线连接起来,称为交叉渡线。它由两条线和四组单开道岔组成。对于接触悬挂,则设五组线岔,如图 1-87 的 a、b、c、d、e 所示。

对于常速道岔的要求是:首先要使限制管嵌住的接触线能自由伸缩、纵向移动;其次是考虑到温度变化,在调整时,以平均温度计算,侧线接触线应在限制管中间;最后要考虑到限制管、线夹以及双悬挂的集中质量,两接触线应相交于两渡线中心线的正上方,且侧线接触线高出正线(或较重要线)的接触线10~20mm;非工作支要按照设计要求抬高。

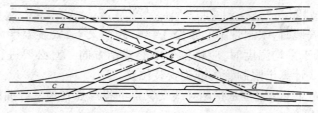

图1-87 交叉渡线的线岔定位

(3) 单开线岔技术要求。

①道岔定位柱的拉出值应为375mm,最大不得超过450mm,提速线路最大不得超过400mm。岔区腕臂顺线路偏移量应符合设计要求,施工允许偏差为±20mm。两支承力索垂直间隙不应小于60mm。

②标准定位时,线岔处两接触线交叉点的垂直投影,应位于道岔导曲线两内轨轨距630~760mm范围内的横向中点处,相对中点处的误差不超过50mm。非标准定位时,两相交接触线的投影位置,应在导曲线两内轨轨距735~935mm横向中点处,且应尽量靠近标准定位。

③线岔一侧两导线均为工作支时,在两接触线相距500mm处,为受电弓始触点,要求此点两导线对轨面等高,误差为±10mm。线岔的另一侧,当两接触线有一条是非工作支时,在线间距500mm处,非工作支接触线比工作支接触线抬高不小于50mm,如图1-82b)所示。

④凡是安装线岔的地方,均应安设电连接线,电连接线安装在距线岔1.5~2m处,以保证始触点处等电位。

⑤线岔处两组接触悬挂应自然相交,接触线在线岔里能随温度变化自由纵向移动。正线位于侧线下方,如同为侧线时,距中心锚结近的那组悬挂应在下面。

2. 高速交叉线岔

在高速接触网设计中,由于道岔侧向通过速度的提高,接触网在道岔处无论采用交叉式还是无交叉式,均有了更高的要求,因而不能再简单地利用"标准定位"和"非标准定位"方式对道岔处的支柱和悬挂进行布置,而应通过确定一些明确的概念来进行精确的布置。在设计中,应该明确接触线、悬挂支持装置与受电弓的几何位置,从而保证受电弓在岔区安全、平滑、无障碍地通过。

(1) 设置无线夹区。受电弓在道岔区域短时间内同时与两条接触线接触,侧线接触线和正线接触线在受电弓的一个侧面上运行。由于动态抬升作用可能引起滑板与任何倾斜安装的线夹发生剧烈冲撞,并诱发事故,因此在考虑受电弓的动态抬升及车辆的横向运动等因素的基础上建立无线夹区,如图1-88所示。在距线路中心线两侧600~1050mm的阴影区域为无线夹区。

要注意,在垂直于轨面的线路中心线左边和右边的无线夹区域内,不得安装馈线线夹、接触线线夹、接触线接头线夹、弹性吊弦线夹和绝缘子,并考虑风力引起的偏移量。当受电弓一侧的无线夹区内存在接触线工作支时,受电弓中心的另一侧不应同时存在接触线工作支。接触线在无线夹区内的长度不超过本跨距内最大吊弦间距。

(2)交叉吊弦。在线岔交点两端,直股(正线)接触线和侧股(渡线)线路中心线距、侧股接触线和直股线路中心线距均在 550~600mm 之间,分别设置两组交叉吊弦,即将侧股接触悬挂的承力索悬吊直股接触悬挂的接触线,而直股接触悬挂的承力索悬吊侧股接触悬挂的接触线,如图 1-89 所示。机车受电弓将正(站)线接触线抬升时,通过交叉吊弦的作用可将站(正)线的接触线同步抬升。

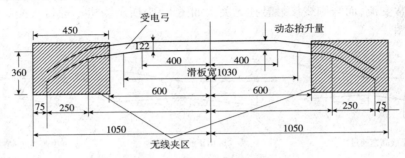

图 1-88 交叉线岔无线夹区(尺寸单位:mm)

交叉吊弦在承力索端采用滑动吊弦线夹,以保证温度变化时,交叉吊弦顺线路方向不会发生偏斜。安装时应保证在极限温度下,两交叉吊弦不相互碰撞。

3. 无交叉线岔

无交叉线岔,就是在道岔处正线和侧线两组接触悬挂无相交点。我国逐渐在高速线路的正线道岔中使用无交叉线岔。无交叉线岔的优点是,正线和侧线两组接触线既不相交、不接触,又没有线岔设施,故既不会产生刮弓事故,也没有因线岔形成的硬点,因此提高了接触悬挂的弹性均匀性,从而保证了在高速行车时,消除打弓、钻弓及刮弓的可能性。无交叉线岔应达到以下两点要求:

①机车受电弓沿正线高速行驶通过线岔时,不与渡线(即侧线)接触线接触,因而不受渡线接触悬挂的影响。

②机车从正线驶入渡线时(或从渡线驶入正线),要使受电弓平稳过渡,不出现钻弓和打弓现象,且接触良好。

(1)无交叉线岔的结构。无交叉线岔的道岔布置如图 1-90 所示。无交叉线岔的道岔柱位于正线和侧线的两线间距为 660mm 的延长线上,正线拉出值约为 330mm,侧线相对于正线的线路中心 999mm,距侧线线路中心 333mm,侧线接触线在过线岔后抬高下锚。

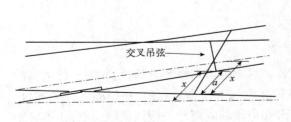

图 1-89 交叉吊弦

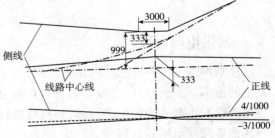

图 1-90 无交叉线岔的道岔布置(尺寸单位:mm)

（2）无交叉线岔的工作原理。无交叉线岔的最大优点是，可以保证机车能从正线高速通过，在平面布置时，应使侧线接触线位于正线线路中心以外 999mm 处，机车受电弓一半宽度为 673mm，电弓左右摆动最大值不大于 300mm，即运行机车受电弓在侧线侧可能触及的尺寸限界为 673 + 200 + 100 = 973mm，其值小于 999mm；如果受电弓向侧线反向摆动 300mm，则 673 - 300 = 373mm。其值大于定位点拉出值 333mm，因此机车从正线通过岔区时，与区间接触网一样正常受流，而与侧线接触悬挂无关。如图 1-91 所示为机车通过无交叉线岔时的过渡状态示意图。

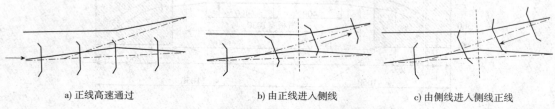

a）正线高速通过　　　　b）由正线进入侧线　　　　c）由侧线进入侧线正线

图 1-91　机车通过无交叉线岔时过渡状态示意图

①在悬挂布置时，已充分考虑了受电弓工作长度和摆动量，因此在机车正线通过时，可以保证侧线接触线与正线线路中心线间距离始终大于受电弓的工作宽度之一半加上受电弓的横向摆动量。因而，正线高速行车时，受电弓滑板不可能接触到侧线接触线，从而保证了正线高速行车的绝对安全，并且在道岔处不存在相对硬点，如图 1-91a）所示。

②在机车由正线向侧线过渡开始时，因侧线接触线比正线接触线有较大的抬高，受电弓不会接触侧线接触线而从正线接触线上受流。随着机车的前进，由于在定位点处受电弓中心与正线接触线之间的距离较小，受电弓经过等高区后逐渐滑离正线接触线，而此时侧线接触线逐渐降低至正常高度。因而，受电弓可以顺利过渡到倒线接触悬挂，如图 1-91b）所示。

③当机车从侧线进入正线时，由于侧线低于正线，所以仍由侧线供电，受电弓进入正线接触悬挂的始触区，受电弓滑板的侧面与正线接触线开始接触。经过等高区以后，由于侧线接触线比正线接触线抬高，随着机车的继续前进，受电弓将逐步脱离侧线接触悬挂而平滑地过渡到正线接触悬挂，如图 1-91c）所示。

任务七　分段、分相绝缘装置

一、供电与分段

接触网是一种特殊形式的供电线路，为了保证供电的可靠性和灵活性，并缩小停电事故发生的范围，要进行电气分段。被分段的接触网在电气方面是独立的，并用隔离开关连接。当某区段发生事故或停电进行检修时，可以打开相应段的隔离开关使该区段无电，而不致影响其他各段接触网的运行。

接触网分段有横向分段和纵向分段两种形式。

1. 横向分段

接触网线路（或线群）之间所进行的分段称为横向分段。如站场内因各股道的作用不同进行的分段。

在复线和多线路区段上，不论是区间或者站场，其正线间总是分开的，其分段的方式方法视股道的具体情况而定。如果正线间有道岔，则往往是在此处进行分段。图 1-92 所示为复线区段有牵引变电所的车站站场分段与供电方式。

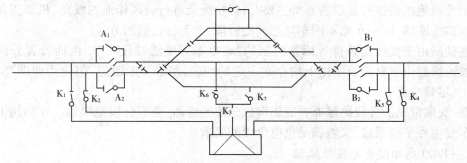

图 1-92　复线区段车站站场分段与供电方式

在有几个电化车场的大站上，应将每一个车场单独分段。装卸线、旅客列车整备线、检查电力机车上部设备的线路均应分段，并在该处安装带接地刀闸的隔离开关。每条库线应当单独分开，且用带接地刀闸的隔离开关连接。为保证检修工作的安全，还应在适当位置上装设隔离开关开闭位置的灯光指示器。

大型车场上的电分段应特别注意其灵活性。在各个线群之间有分段时，应能打开任意一网组（或车场）而不影响其他网组的接发列车。

在有牵引变电所的站场上，站场和区间皆应有单独的供电线路，此时连接站场与区间接触网的隔离开关应是常开的。对站场的供电线路应做到既能向站场供电，也可作为区间供电线的后备。在选择供电线的截面时，应保证有向站场和区间同时供电的可能性。在复线区段上，区间每条正线都应有单独的供电线路，如图 1-92 中的 K_1 与 K_4 和 K_2 与 K_5 供电线均应通过隔离开关而与站场或区间相连接。设置隔离开关的原则是既要保证供电的可靠性，又要保证供电的灵活性；还应保证既可以向整个站场供电，也可以分别向站场各网组供电。

选择隔离开关的安设地点时，应注意操作方便和便于实现远距离控制，连接跳线应简单和安全。在绝缘锚段关节处，开关一般设在靠近车站的转换支柱上。

横向分段采用分段绝缘器的方法实现。

2. 纵向分段

接触网沿线路方向所进行的分段称为纵向分段，如在站场和区间衔接处所进行的分段。站场和区间的接触网应是各自独立的，因此在它们的连接处必须进行分段。区间接触网一般不进行电分段，但遇有大型人工建筑物（长大隧道及长大下承桥）时，应将这些建筑物的接触网单独分段。

在交流电气化铁路区段同相电之间，是靠绝缘锚段关节或分段绝缘器实现电分段的，而不同相电则采用分相绝缘器，它们都是接触网上的重要电气设备。如在变电所附近安装电分相设备，在两变电所的中间位置安装电分相设备。

二、分段绝缘器

分段绝缘器又称分区绝缘器,是接触网电气分段的常用设备。它安装在各车站装卸线、机车整备线、电力机车库线、专用线等处。在正常情况下,机车受电弓带电滑行通过。当某一侧接触网发生故障或因检修需要停电时,可打开分段绝缘器处的隔离开关,将该部分接触网断电,而其他部分接触网仍能正常供电,从而提高了接触网运行的可靠性和灵活性。

利用分段绝缘器进行分段的处所主要有:货物线及进行装卸作业的线路、机车整备线或有备用水鹤的线路、同一车站不同车场之间的分段、上下行之间的分区。

这些处所由于受线路条件等因素的制约,难以布置绝缘锚段关节,因而设置分段绝缘器。分段绝缘器由于材质及结构上均存在一定的问题,虽经不断改进,但仍为薄弱环节,应合理使用,尽量少设。

目前,我国常见的分段绝缘器有高铝陶瓷分段绝缘器、菱形分段绝缘器。在结构上既能保证机车受电弓平滑通过,又能满足供电分段的要求。

1. C—1200 高铝陶瓷分段绝缘器

高铝陶瓷分段绝缘器结构,如图 1-93 所示。

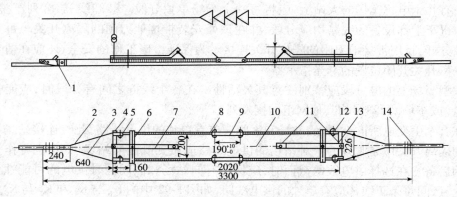

图 1-93 高铝陶瓷分段绝缘器结构

1-钢钻接触线接头线夹;2-导流框架Ⅰ;3-导流框架Ⅱ;4-销钉;5-接头;6-横撑架;7-角钢支架 8-绝缘元件;9-辅助滑道;10-导流角隙;11、14-螺栓;12-圆头销钉;13-横撑管

其中,绝缘元件为高铝陶瓷绝缘棒,它由高强度玻璃纤维芯棒、高铝陶瓷护套、密封垫圈、灌封层和金属接头组成,长度为 600mm,每侧用两根棒串接起来,总泄漏距离是 1200mm。高强度玻璃纤维芯棒采用聚酯树脂或环氧树脂为胶粘剂的棒材,其抗拉强度超过 45 号钢,直径为 12mm。

高铝陶瓷护套为 75 号氧化铝瓷,表面涂硅脂,有优异的耐磨和抗老化性能。密封垫圈起密封和缓冲作用,采用石棉垫和硅橡胶两种垫圈。硅橡胶垫圈在耐老化、抗漏电及工艺方面都优于石棉垫圈。

C—1200 型高铝陶瓷分段绝缘器具有以下特点:

(1)采用高铝陶瓷护套克服了材质老化问题。

(2)绝缘件比滑道高 15mm,工作时不与受电弓滑板接触,改善了绝缘件工作条件。

(3)绝缘件泄漏距离为1200mm,提高了绝缘性能和防污染能力,增强了工作的可靠性。

(4)受电弓通过导流角隙时,利用拉弧工作原理,使导流角隙起导流和灭弧作用,并在此设置辅助滑道,保证机械平稳过渡。

(5)可满足70km/h行车速度的要求。

这种型号的分段绝缘器的缺点为:高铝陶瓷管容易受到受电弓冲击而破碎,受电弓滑板通过导流间隙易拉弧。不适合在通行速度较高的线路上使用。

2. 滑道式菱形分段绝缘器

滑道式菱形分段绝缘器结构,如图1-94所示。

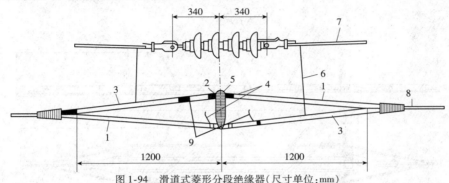

图1-94 滑道式菱形分段绝缘器(尺寸单位:mm)

1-玻璃纤维树脂绝缘板;2-桥绝缘子安装座;3-导流板;4-防闪络间隙;5-硅胶桥绝缘子;6-吊弦;7-承力索;8-接触线;9-防闪络角形件

受电弓通过分段绝缘器时,受电弓滑板与导流板和绝缘件同时接触。分段绝缘器绝缘件采用玻璃纤维树脂绝缘棒,具有较高的机械强度、绝缘强度和耐磨性。导流板用磷青铜制成,具有较好的导电性和耐磨性。桥绝缘子一般采用加强型玻璃纤维并覆盖硅橡胶或聚四氟乙烯护套,结构上起支撑和绝缘作用。受电弓通过桥绝缘子下方时,为防止在两导流板转换时拉弧,特设防闪络角隙,以保护桥绝缘子,角隙为220mm,采用不锈钢制成。绝缘泄漏距离1200mm,当用于钢铝接触线时总长度为3058mm,用于铜接触线时,因接头线夹不同总长度为2812mm。滑道式菱形分段绝缘器具有结构简单、质量轻、便于安装维护、防护性能好的特点,可适应160km/h的行车速度,目前应用较广泛。

3. 高速消弧分段绝缘器

随着我国电气化铁路运行速度的加快和复线电气化干线的发展,需要灭弧效率高、运行速度高、寿命长、方便维护的分段绝缘装置。其他分段绝缘器如图1-95所示。

三、电分相及分相绝缘装置

在单相交流牵引供电系统中,电力机车是由单相电供电的,为了平衡电力系统的U、V、W各相负荷,一般要实行U、V相轮流供电。所以U、V相之间要进行分开,这称为电分相。电分相通常由分相绝缘器实现。在变电所出口处及两牵引变电所之间(供电臂末端)必须设电分相装置。

电分相装置包括分相绝缘装置和相应的线路标志。分相绝缘装置根据其实现方法分为分相绝缘器电分相和锚段关节式电分相。

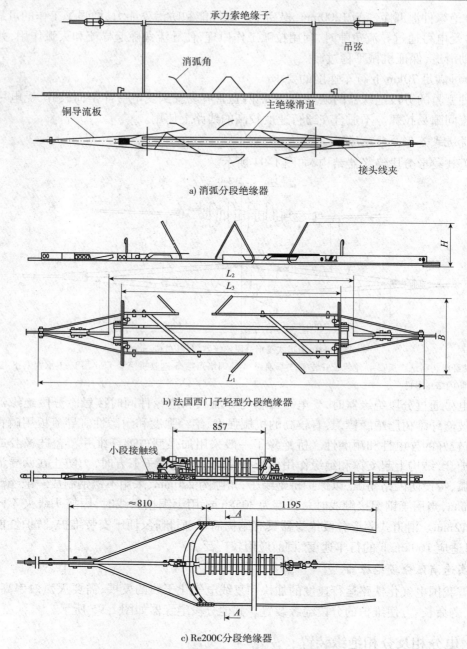

图1-95 其他分段绝缘器举例(尺寸单位:mm)

1. 分相绝缘器电分相

分相绝缘器电分相在接触悬挂中串入分相绝缘器,实现两侧接触悬挂的电气分段。电分相两侧机械上不分段。

分相绝缘器一般由三块(或四块)相同的环氧树脂玻璃层压布(俗称玻璃钢)绝缘件组成,每块玻璃钢绝缘件长1.8m、宽25mm、高60mm,底面做成斜槽,以增加表面泄漏距离,其结构如图 1-96 所示。对其要求是,接触线和绝缘件连接平滑可靠,不得形成硬点,应保持接触线原有张力,保证机车受电弓平滑通过。

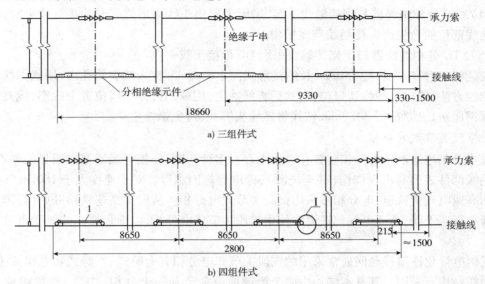

图 1-96 分相绝缘器电分相(尺寸单位:mm)

两端部绝缘元件之间的不带电区段称为中性区段,电力机车通过中性区段时为断电惰行通过;电分相绝缘器两端的接触网为不同相供电,它应保证列车安全通过而不发生短接事故。因此,中性区段不宜过长,其长度以电力机车升起双弓时不短接不同相接触线为限。电分相绝缘器上方的承力索通过与绝缘元件相对应的 3 串悬式绝缘子(每串为 4 片)断开。分相绝缘器的设置应注意避开线路的大坡道,以利于电力机车惰行,同时还要考虑信号显示、调车作业、供电线径路及维修管理方面等条件。

图 1-97 为 XTK 电分相绝缘器,它不仅是一块绝缘元件,而且在结构上增加消弧角,具有一定消弧功能,是一种新型接触网电分相设备。

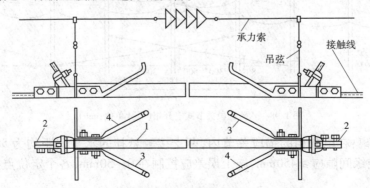

图 1-97 XTK 消弧分段绝缘器

分相绝缘器安装后应达到以下标准:
(1)绝缘元件安装正确。与接触线连接处的工作面应光滑没有扭曲和硬弯,无碰弓、打弓现象。

(2)主绝缘件清洁无裂纹、烧伤痕迹。

(3)接头线夹应紧固,无裂纹和偏磨现象。

(4)XTK分相绝缘器与铜接触线连接,采用T形接头线夹形式。安装接头线夹时,须使线夹夹线部位的齿尖嵌入接触线燕尾槽中。

(5)XTK分相绝缘器与钢铝接触线采用GL形接头线夹。

安装线夹时,应先将约150mm长的接触线向上弯曲45°穿入线夹斜孔内,用紧固线夹顶部螺栓的方法,确定接触线切口位置,然后将线抽出,用扁铲去掉切口位置上的铝,线夹螺栓应压紧钢面防止抽脱,用φ4.0mm铁线将螺栓头绑扎,避免螺栓松动。

2. 锚段关节式电分相

采用分相绝缘器的电分相装置在应用中存在多种问题:分相绝缘器存在明显的硬点;绝缘器绝缘部件表面易出现烧伤(甚至烧断),停电检修困难等。对于速度大于160km/h的准高速和高速电气化铁道,电分相多采用锚段关节式电分相。从广深高速铁路开始,我国近年来逐渐在提速干线、高速电气化铁道中使用锚段关节式电分相,以满足在高速时受电弓平稳通过。

我国电气化铁道接触网通常采用的锚段关节式电分相有七跨式、八跨式和九跨式三种,在不同线路均有采用。其基本结构由两个绝缘锚段关节和一个分相(中性)锚段组成。绝缘锚段关节可以采用四跨结构或五跨结构(四跨结构简单,但五跨结构接触线坡度较小),两绝缘锚段关节重叠区域有一跨和两跨两种情况(重叠区域的多少会影响到电分相的中性区的长短),因此形成了不同类型的锚段关节式电分相。在中性区和列车行进方向的锚段间设有隔离开关,在机车停于无电区且和来车方向锚段间满足绝缘条件时,通过闭合隔离开关,可使机车恢复供电,开出无电区。中性锚段不带电,也不接地,列车通过时起到过渡作用。

以八跨锚段关节电分相为例,说明锚段关节式电分相的结构特点,如图1-98所示。

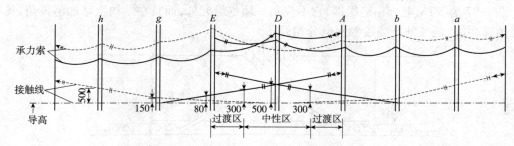

图1-98 八跨锚段关节式电分相(尺寸单位:mm)

(1)绝缘距离:在电分相的锚段关节内,两支接触悬挂的水平间距均为500mm,两支接触悬挂间空气绝缘间隙应≥450mm,施工误差应控制在0~50mm,各个定位点抬高允许误差±20mm;

(2)中性区:如图1-98所示的中性区长度为35m,机车惰行通过中性区,其长度应大于单台机车升双弓取流时的受电弓间距(一般不大于26m)。为了满足重联机车通过要求,35m中性区长度不足时,可以采用九跨式电分相(两个绝缘锚段关节间只重叠一跨),中性段(包括中性区加两个过渡区)的长度应符合设计要求,施工允许偏差为0~500mm。

（3）接触线坡度：采用五跨绝缘锚段关节的八跨电分相接触线抬高有更大的过渡距离（和采用四跨绝缘锚段关节的七跨电分相比较），可以满足接触线坡度<4‰的要求。

（4）为了减轻接触悬挂中的集中负载，非工作支中绝缘子易采用合成绝缘子，绝缘锚段关节电分段绝缘子串安装位置应符合设计要求，施工允许偏差为±50mm；承力索、接触线两绝缘子串中心应对齐，施工允许偏差为±50mm。

（5）接触线高度：五跨绝缘锚段关节转换跨内两接触线等高处，行车速度为160km/h路段，接触线高度比正常高度应高出30mm，施工允许偏差为±10mm；行车速度为200km/h路段，接触线高度比正常高度应高出40mm，施工允许偏差为±10mm。

锚段关节式电分相在使用中存在如下缺点：结构复杂、检修工作量大，一旦发生故障，抢修难度大；中性区长，对列车运行速度影响大，在坡道设置时，对牵引吨数和线路坡度会有严格的限制，分相区越长，对地形的适应性越差；两个空气间隙的存在要求重联机车牵引的受电弓间距必须有限制，否则，可能造成相间短路；受电弓在中性锚段和带电锚段过渡时，由于电位差的存在，会产生电弧，影响到过渡区内的接触线寿命。

3. 高速铁路电分相

在高速列车运行区段，接触网分相装置宜采用带中性段的空气间隙绝缘的锚段关节形式，胶济、京沪线采用的七跨关节式电分相平面、立面示意图，无电区、中性区示意图，电分相断、合标位置图，如图1-99~图1-102所示。行车速度为120km/h以下的线路以及困难区段可采用器件式分相装置。当电力机车采用自动过分相时，宜采用机车断电自动过分相方式。

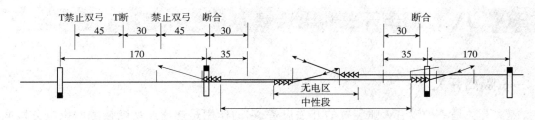

图1-99 七跨锚段关节式电分相平面图

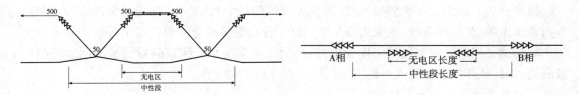

图1-100 七跨锚段关节式电分相立面图　　图1-101 七跨锚段关节式电分相无电区、中性区示意图

在相邻两牵引变电所供电的电分相处应设联络开关，当需要时可以实现越区供电。不同电力系统供电的接触网分相装置区段，应加强绝缘，严禁将两个电力系统接通。当采用带中性段的空气间隙绝缘的锚段关节式分相装置时，宜在列车前进方向侧装设常开隔离开关，需要时宜实行远动控制。

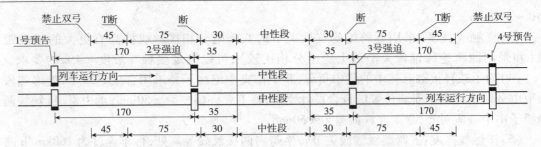

图1-102　七跨锚段关节式电分相断、合标位置图(尺寸单位:m)

锚段关节式电分相设计应满足多机多弓运输组织的需要,当列车编组采用多弓运行时,若多弓有高压母线连接,任意两受电弓间的距离 L 必须小于电分相无电区的长度 D_1,如图1-103所示;若多弓无高压母线连接,任意两受电弓之间的距离 L 应小于无电区的长度 D_1 或大于中性段长度 D_2,如图1-104所示。

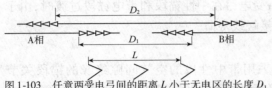

图1-103　任意两受电弓间的距离 L 小于无电区的长度 D_1
D_1-无电区长度,指靠近中性段中心的两绝缘转换柱绝缘子外侧间的距离;D_2-中性段长度,指远离中性段中心的两绝缘转换柱绝缘子内侧间的距离

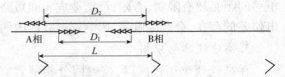

图1-104　任意两受电弓间的距离 L 大于中性段的长度 D_2

任务八　隔离开关和电连接

一、隔离开关

隔离开关是一种没有灭弧装置的开关设备,它的作用是连通或切断接触网供电分段间的电路,增加供电的灵活性,以满足检修和不同供电方式运行的需要。

隔离开关一般装设在大型建筑物(如长大隧道和长大桥梁)两端、车站装卸线、专用线、电力机车库线、机车整备线、绝缘锚段关节、分区、分相绝缘器等需要进行电分段的地方。它的主要用途是当需要接触网停电作业检修时,用它来实现与正线或到发线接触网线路的可靠隔离,以保证作业及检修人员的安全和运行部分的正常工作。

1. 隔离开关基本知识

隔离开关按安装地点可分为户内型和户外型;按触头运动方式分为水平回转式、垂直回转式、伸缩式和直线移动式;按有无接地刀闸,可分为有接地刀闸和无接地刀闸隔离开关;按隔离开关的级数,可分为单级和三级隔离开关;按隔离开关的操作机构,有手动和电动两种。户内型一般采用手动操作机构。对改变运行方式的隔离开关一般采用电动操作机构,以便实现远距离控制。接触网采用电力系统中的35kV单级隔离开关和电气化铁路专用单级耐污型单级隔离开关,隔离开关结构如图 1-105 所示。

(1)隔离开关按用途分为带接地刀闸和不带接地刀闸两种。

其型号为 GW$_4$—35、GW$_4$—35D、GW$_4$—25/630T、GW$_4$—25/630TD。

符号的意义:G——隔离开关;W——户外型;4——产品序号;35、25——额定电压为 35kV、25kV;D——带接地刀闸;T——铁路专用;630——额定电流(A)。

(2)隔离开关按操作次数多少分为经常操作和不经常操作两种。经常操作的隔离开关安装在车站货物装卸线、机车整备线和库线等处,选用带接地刀闸的 GW$_4$—35D 或 GW$_4$—25/630TD 型开关。当开关打开的同时,接地刀闸将接通停电侧刀闸,以保证装卸货物和检修机车人员的安全。不经常操作的隔离开关安装在绝缘锚段关节、分相电分段和馈线等处,采用不带接地刀闸的 GW$_4$—35、GW$_4$—25/630T 型开关。

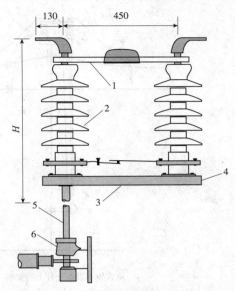

图 1-105　隔离开关结构(单位尺寸:mm)
1-导电刀闸;2-瓷柱;3-交叉连杆;4-底座;
5-传动杆;6-操动机构

(3)上述四种开关的主体结构基本相同,只是带接地刀闸的开关多了一套接地刀闸和联动装置。它由金属底座、绝缘瓷柱、导电刀闸、接地刀闸和操动机构组成,开关的分合过程是操作手动机构,经转动杆转动主轴上的瓷柱,并带动导电刀闸水平转动 90°,转动同时又通过交叉连杆使另一个瓷柱和导电刀闸转动 90°。

隔离开关安装时,腕臂柱安装在支柱顶部,软横跨柱安装在支柱的 1/2 高度处,导电刀闸通过电连接线与接触网连接,如图 1-106 所示。

GW$_4$—25/630T 与 GW$_4$—25/630TD 为电气化铁路专用耐污型隔离开关,额定电压为 25kV,额定电流 630A,其主要特点是瓷柱采用了耐污型支持绝缘子。

2. 隔离开关的操作

从事隔离开关倒闸作业的人员,其安全等级应不低于三级。由于隔离开关触头外露,作业人员可以清楚地观察到它的开闭状态,检修后应恢复原状。

凡接触网及电力作业人员进行隔离开关倒闸时,都必须有电力调度的命令。对车站、机务段、厂矿等有权操作隔离开关的单位,在向电力调度申请倒闸命令之前,要令人应向单位主管负责人办理倒闸手续。对遇有危及人身或设备安全的紧急情况,可以不经电力调度批准,先行断开断路器或有条件断开的隔离开关,并立即报告电力调度,但在闭合时必须有电力调度员的命令。

在进行隔离开关倒闸作业时,先由操作人向电力调度提出申请,经电力调度审查后发布倒闸作业命令,操作人受令复诵,电力调度员确认无误后,方可给命令编号和批准时间。倒闸人员必须戴好安全帽和绝缘手套,接到倒闸命令后,要迅速准确地进行倒闸,一次开闭到位,中途不得停留和发生冲击。

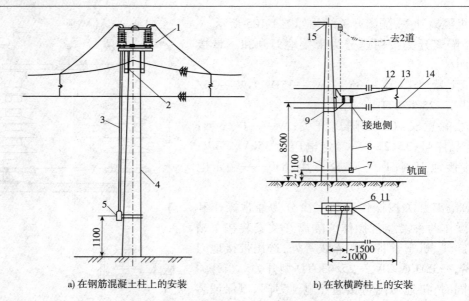

a) 在钢筋混凝土柱上的安装　　　　b) 在软横跨柱上的安装

图 1-106　隔离开关安装图(尺寸单位:mm)

1-隔离开关;2-隔离开关托架;3-传动杆;4-支柱;5-手动操动机构;6-隔离开关;7-手动操动机构;8-传动杆;9-开关支架;10-操动机构支架;11-钢铝过渡线夹;12-电连接线;13-电连接线夹;14-铜铝接触线电连接线夹;15-跳线肩架

3. 隔离开关检调标准和常见故障

(1)检调标准。隔离开关检调时,首先要确定编号及分合闸位置,检调后应恢复原状,经常操作的隔离开关,检修周期为3～6个月;不经常操作的隔离开关,检修周期为9～10个月,检调标准如下:

①各部分零件连接牢固,铁件无锈蚀,操作机构灵活可靠。

②开关瓷柱转动灵活,水平转角90°,误差为1°。合闸时,刀闸触头接触紧密良好,呈水平状态,两闸刀中心线为一直线,止动间隙1～3mm。

③触头入槽后,用0.05×10mm的塞尺检查,对于线接触,塞尺应塞不进去;对于面接触,接触表面宽度为50mm以下时,塞进深度不超过4mm,接触表面宽度为60mm及以上时,塞进深度不应超过6mm。

④绝缘瓷柱应清洁,无裂纹和放电痕迹,破损面不大于300mm^2,用2500kV兆欧表测绝缘电阻与前一次比较不应有明显降低,测接地电阻不得大于10Ω。

⑤开关引线距绝缘子和接地体不小于300mm,引线张力不大于500N,跨越相邻承力索时,间距应大于400mm,带接地闸刀的开关,接地闸刀与两主闸刀在同时运行过程中,空气间隙之和不小于400m,带接地闸刀的隔离开关,主闸刀与接地闸刀分别操作者,其机械联锁必须可靠。

⑥开关应加锁,锁头无锈蚀,开闭方便。

⑦除铜件外的金属部件,应除锈涂漆,铜件应涂工业凡士林油。

(2)隔离开关常见故障。

①当隔离开关绝缘子破损、脏污,会造成绝缘子闪络或击穿事故。

②电连接引线与开关设备上的设备线夹和接触线上的电连接线夹接触不良,则引起接触线、承力索、电连接线、吊弦的烧损事故。

③开关引线弛度小拉力大,会使设备线夹或支持绝缘子折断。
④开关主刀闸闭合不良,造成触头长期发热而烧损。
⑤开关长期不用,又未及时检修,使传动轴锈蚀造成开关无法正常使用。
⑥在有负载的线路上操作隔离开关,引起电弧烧损开关或支持绝缘子爆炸。

(3)操作隔离开关注意事项。

进行维护和检修时,需要对隔离开关进行操作。操作时,必须规范,遵从一定的要求,否则会造成严重的后果。

①隔离开关开闭作业时,必须使用绝缘棒,有两人在场,一人操作一人监护。操作人员、监护人员必须有供电段发给的隔离开关操作合格证。

②操作前,操作人员必须穿戴规定的绝缘鞋和绝缘手套,使用前进行简略漏气试验,并确认开关及其传动装置正常,接地线良好,方准按规程操作。

③操作要准确、迅速,一次开闭到底,中途不得停留和发生冲突。操作过程中人体各部不得与支柱及其构件相接触。当雷电来临和雷电时间,禁止操作隔离开关。

④当发现隔离开关及其传动装置状态不良时,车站值班员应立即要求电力调度派人检修,如危及人身、行车安全时,在修好之前不得进行操作,并严禁擅自攀登支柱自行维修。

⑤绝缘鞋、绝缘手套和绝缘棒,要存放于阴凉干燥、不落灰尘的容器内,每6个月由各站、段送供电段检查并试验一次,每次使用后用干布擦净。

二、电连接

电连接的作用是将接触悬挂各分段供电间的电路连接起来,保证电路的畅通,通过电连接可实现并联供电,减小了电阻、电能损耗,提高了末端电压、供电质量。在电气设备与接触网之间,用电连接线进行可靠的连接,使设备充分发挥作用,避免出现烧损事故,完成各种供电方式和检修的需要。

电连接线用导电性能好的材料制成,在铜接触线区段采用铜绞线 TJ—95。在钢铝接触线区段,采用 LJ—150 多股铝绞线。为减少电连接线与接触线连接处的硬点,保持接触网弹性,要求电连接线做成螺旋弹簧状,当电连接线在连接处意外烧损时,还可放开几圈继续使用,以便节约材料。

1. 电连接的分类

电连接按使用位置不同,分为横向电连接和纵向电连接。

(1)横向电连接。在载流承力索区段,每隔 200~250m 在承力索与接触线间安装一组电连接线,将承力索和接触线连接起来。其主要作用是:能实现并联供电、减小电压损失、减少损耗、提高载流能力,它使承力索上的电流通过接触线流向受电弓,如图 1-107、图 1-108 所示。

当隧道内为简单悬挂、隧道外为链形悬挂时,应在隧道口承力索与接触线间安装电连接线,这样可以避免承力索电流经吊弦流向接触线,防止吊弦烧损。为满足站场上电力机车起动时所需的大电流,在各股道间安装股道电连接线,实现几股道接触网并联供电,可减少能耗并提供较大电流。

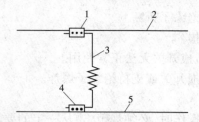 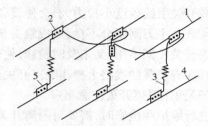

图 1-107　横向电连接图　　　　　　　图 1-108　股道电连接图
1-电连接线夹；2-承力索；3-电连接线；　　1-承力索；2-电连接线夹；3-电连接线
4-接触线电连接线夹；5-接触线　　　　　　4-接触线；5-接触线电连接线夹

（2）纵向电连接。在三跨非绝缘和三跨、四跨绝缘锚段，两组接触悬挂在电的方面并非直接接通，甚至是完全分开的。因此必须安装纵向电连接，以使两组接触网紧密相连，具有良好的导电性。因此可知，纵向电连接的作用是：使供电分段或机械分段处两侧接触悬挂实现电的连通，在检修和事故处理时，可通过隔离开关达到电分段的目的。如绝缘锚段关节和非绝缘锚段关节，转换柱靠锚柱侧安装的电连接线，电分段处隔离开关与接触悬挂间的电连接线，线岔处的电连接线等都称为纵向电连接。

2. 电连接检修技术标准

（1）安装检修标准。

①电连接应装在设计规定的位置，施工偏差为 ±500mm；电连接线夹与导线接触面应平整、光洁；电连接线载流截面应与被连接导线载流截面相当，并应完好，无松散、断股等现象；铜接触线与铝连接线连接时，应采用铜铝过渡措施。

②电连接线与导线连接应符合下列规定：不同材质承力索、接触线与电连接线夹连接时，导线与线夹接触面均用细钢丝刷清除表面氧化膜，并用汽油清洗，清洗长度不应少于连接长度的 1.2 倍，导线接触面涂电力复合脂；钢铝接触线与铝电连接线夹连接时，线夹型号与接触线型号相符；接触线与电连接线夹及楔子的接触面，均用细钢丝刷清除表面氧化膜，并用油清洗，清洗长度不应少于连接长度的 1.2 倍，接触面涂一层电力复合脂；楔子要安紧，岔头劈开；电连接线夹螺栓受力均匀，安装时逐个拧紧，其螺栓的紧固力矩符合设计要求。

③电连接长度应根据实测或以设计要求确定，股道间的电连接应为弧形，预留因温度变化而产生的位移长度。

④承力索和接触线间的横向电连接应做成弹簧形状，弹簧圈铝电连接线可绕 3 圈，铜电连接线可绕 2 圈，弹簧圈的内径为 80mm，其底圈于接触线的距离为 200~300mm，承力索与承力索间的电连接线做成弹簧形状，弹簧圈可绕 3~4 圈，弹簧圈的内径为 80mm，弹簧圈应设置在承力索中间，预留两承力索随温度变化时，不同方向产生的相对位移长度。

⑤多股道的电连接在平均温度时，应垂直于正线，如无正线时，应垂直于较重要的一条线路；任意温度安装电连接时，全补偿链形悬挂承力索与接触线采用同材质应垂直安装，不同材质应按吊弦计算偏移值安装或按设计提供的吊弦安装曲线安装；半补偿链形悬挂同吊弦安装。

⑥隔离开关电连接线距瓷裙的间距不得小于 150mm，与接地部分的间距不得小于 400mm。引线跨带电导线的高度不小于 400mm。

（2）电连接的检调。

①按检修标准检查，紧固螺栓并涂油，整理电连接弹簧圈。对损伤处进行局部绑扎、补强，严重时予以更换。

②检修线夹时，应用钢丝刷子或砂纸除去污垢和氧化物，对烧痕进行打磨处理。安装后，线夹表面涂工业凡士林油，承力索与线夹连接处涂导电膏。注意，检修时，应对涂油部分的电连接进行检查，防止油层的下面出现散股、接触不良、生锈等，造成导电不良，发生过热，影响受流，甚至造成强度降低而断线。

③电连接线截面积应符合要求，其额定载流量不小于被连接接触悬挂和馈电线的额定载流量。否则，会造成过热而烧断。

（3）电连接常见故障。

电连接设备故障，将直接影响供电质量，严重时造成停电、刮弓、机车车辆损坏等事故。

①电连接线夹接触不良，引起局部发热烧断电连接线、接触线和承力索。

②因电连接线载流量不够或接触不良，使附近吊弦因分流被烧坏。

③接触线电连接线夹安装位置不正，造成导线偏磨或出现刮弓事故。

④电连接线夹安装处的导线，因弹性较差造成硬点，使导线磨耗严重应注意检查。

⑤电连接线最下方弹簧圈距导线间距太小，当气温高、电连接线松弛时，造成碰弓和刮弓事故。

复习思考题

1. 电气化铁路"三大元件"指的是什么？
2. 受电弓的静态接触压力为多少？压力过大或过小有哪些危害？
3. 接触网有哪几部分组成？各起什么作用？包括哪些主要元件？
4. 接触悬挂按照结构可以分为哪几种类型？
5. 接触悬挂按照线索锚定方式可以分为哪几种类型？
6. 接触网供电方式有哪几种？简要说明。
7. 常见的接触线有哪几种？
8. 简述下列几种接触线型号的含义：TCG—100、GLCA$\frac{100}{215}$、CTHA—110。
9. 某区间锚段采用：TCG—110 型接触线，用卡尺测量各点后发现接触线平均直径为 10.49mm，请利用磨耗换算表求出平均磨耗面积是多少？是否应大修更换？
10. 常见的承力索有哪几种？比较其优缺点。
11. 吊弦的作用是什么？根据作用分吊弦有几种类型？
12. 吊弦分为哪几类？吊弦间距一般为多少？
13. 整体吊弦的优点是什么？
14. 简述补偿装置的作用，常见的补偿装置有哪些类型？
15. 滑轮补偿装置由哪几部分组成的？什么是滑轮补偿装置的传动比？
16. 常见的坠砣有哪两种？对坠砣有什么技术要求？

17. 什么是补偿装置的 a、b 值?

18. (1) 在一直线区段,采用 GJ-70 + GLCB80/173 半补偿链形悬挂,$L=800\text{m}$,$\alpha = 1.70 \times 10^{-5} ℃^{-1}$,$t_{max}=30℃$,$t_{min}=-30℃$,$n=2$,计算安装温度为 10℃ 时的 a 和 b。

(2) 在一直线区段,采用 GJ-70 + GLCA100/215 全补偿链形悬挂,$L=800\text{m}$,$\alpha = 1.74 \times 10^{-5} ℃^{-1}$,$t_{max}=40℃$,$t_{min}=-20℃$,$n=2$,计算安装温度为 10℃ 时的 a 和 b。

19. 棘轮补偿装置的优点是什么?

20. 定位装置由哪些部分组成?其作用是什么?

21. 定位器的作用是什么?常见的定位器有哪几种?

22. 常见的定位方式有哪些?各用于什么场合?

23. 接触线为什么要设之字值或拉出值?有何技术要求?

24. 接触线之字值或拉出值是如何确定的?

25. 某支柱定位点接触线高度为 6000mm,所处曲线半径为 350m,设计拉出值为 400mm,外轨超高 30mm,两条轨中心距为 1440mm。计算该定位点接触线距线路中心的距离。若实际测量定位点投影在线路中心与外轨之间距在线路中心 200mm,请问要不要调整?应如何调整?

26. 在确定曲线出接触线定位时,用到的符号 a、m、c 各表示什么含义?m 的正负表示了什么含义?

27. 腕臂的作用是什么?有什么要求?

28. 比较绝缘腕臂和非绝缘腕臂的优缺点,我国多采用哪种形式腕臂?

29. 简述接触线的导高、支柱侧面限界、结构高度的含义及符号。

30. 软定位和反定位装配结构用于什么场合?

31. 常见的道岔装配结构有哪三种?它们在装配上有什么不同?

32. 电气化铁道用绝缘子按照结构分为哪些类型?

33. 电气化铁道用绝缘子按照材质分为哪些类型?比较其优缺点。

34. 钢化玻璃绝缘子的优点有哪些?

35. 复合绝缘子的优点有哪些?

36. 表征绝缘子的电气性能的参数有哪些?

37. 接触网支柱按材质分为哪几种?举例说明各种支柱符号意义。

38. 比较常见接触网支柱的优缺点。

39. 支柱按用途分为哪几种?

40. 简述锚段的作用,锚段长度的确定受到哪些因素影响?

41. 什么是锚段关节?三跨、四跨锚段关节的作用与技术要求是什么?

42. 画出直线三跨非绝缘锚段关节和直线四跨绝缘锚段关节的立面图、平面图,说明其技术要求。

43. 为什么要在转换柱处将非工作支抬高?不抬高会发生什么事故?

44. 中心锚结的作用是什么?中心锚结应安设在什么地方?

45. 画出常见的两种全补偿链形悬挂中心锚结结构。

46. 线岔的作用是什么?交叉线岔由哪些零件组成?

47. 交叉线岔的标准定位、非标准定位指的是什么？
48. 什么是高速交叉线岔的技术特点？
49. 什么是无交叉线岔的技术特点？
50. 简述软横跨基本结构、软横跨各部绳索的材质。
51. 简述常见的硬横跨有哪些类型？
52. 常用的分段绝缘器有哪些类型？在什么地方安装分段绝缘器？
53. 为什么机车通过分相时要切断主断路器？分相区段长度要考虑什么因素？
54. 为什么高速电气化铁道适用锚段关节式电分相？
55. 隔离开关的作用是什么？应如何选择 GW-35 和 GW-35D 开关？
56. 说明隔离开关的操作过程。
57. 电连接线有哪些类型？电连接线的技术标准是什么？

项目二　接触网基本技能

教学目标：

掌握接触网简单测量计算方法；学会识别接触网平面图、安装图；学会识别接触网供电示意图；认知常用接触网零部件；掌握接触网常用工具及仪器的使用方法；熟悉外部环境对接触网的影响及接触网绝缘部件清扫方法；熟悉接触网设备常见问题与处理方法。

教学要求：

知识与能力目标	1. 能够对接触网进行简单测量计算； 2. 能够识别接触网平面图、安装图；识别接触网供电示意图； 3. 能够认知常用接触网零部件； 4. 能够熟练使用接触网常用工具及仪器仪表； 5. 能够分析外部环境对接触网的影响并对设备常见问题进行处理
教学材料	1. 接触网专用工具、仪器、仪表； 2. 计算机、投影仪、接触网零部件实物、视频、演示文档、指导作业文件、图纸、任务书、工作记录单、评价表
训练内容	1. 进行接触网简单测量计算； 2. 接触网平面图、安装图；接触网供电示意图识别； 3. 接触网零部件认知； 4. 接触网常用工具及仪器仪表使用； 5. 常见问题进行处理
教学场所	1. 接触网技能训练一体化室； 2. 接触网演练场
建议学时	18 学时

任务一　接触网简单测量计算

一、坡度测量

测量相临悬挂点(定位点或吊弦悬挂点)的接触线高度和水平间距，按式(2-1)进行计算。

$$P = (H_1 - H_2)/L \times 1000‰ \quad (2-1)$$

式中：H_1——第一测量点的接触线高度，mm；

　　　H_2——第二测量点的接触线高度，mm；

　　　L——两测量点水平间距，mm。

二、坡度变化率

$$\Delta P = |P_1 - P_2| \quad (2-2)$$

式中：P_1——测量点左侧的接触线坡度；

　　　P_2——测量点右侧的接触线坡度；

　　　ΔP——接触线坡度变化率。

三、驰度

$$f_x = (H_1 + H_2)/2 - H_{\min} \quad (2-3)$$

式中：$H_{\min}$——本跨距内最小接触线高度。

四、接触线弹性

测量静态情况下接触线在向上的抬升力下，接触线高度变化与抬升力比值的变化量，也就是接触网弹性变化，取跨中点与悬挂点的弹性差与其和之比为弹性不均匀度。

接触线弹性 E：

$$E = \Delta h / F \quad (2-4)$$

式中：Δh——接触线在抬升力 F 作用下的导高变化值；

　　　F——测量点右侧的接触线坡度。

弹性不均匀度 μ：

$$\mu = \frac{E_{\max} - E_{\min}}{E_{\max} + E_{\min}} \times 100\% \quad (2-5)$$

式中：$E_{\max}$——跨中最大弹性值；

　　　$E_{\min}$——跨中最小弹性值。

按上述公式将设计测量值与设计要求值比较，弹性不均匀度小于设计值为超标。应多测几处，查找原因，如导线张力没有问题（即补偿灵活）一般均可达到设计值。因此，先要检查补偿装置是否有卡滞现象，问题解决后再测一次。

任务二　接触网示意图识别

一、接触网平面图识别

接触网平面布置图是接触网主要设计文件之一，它体现了电气化铁道的技术性能、设备安装位置、技术参数等重要内容，是接触网施工和交付运营后进行维修管理的重要依据。因此,作为接触网施工人员或维修管理人员,必须掌握接触网平面布置图的有关知识,能看懂接触网平面布置图。接触网平面布置图采用《电气化铁道 牵引供电系统电气图用图形符号》(TB/T 1679—1997),来示意接触网各种设备和结构的配置情况。

1. 接触网平面布置图结构

(1)接触网平面布置图由接触网布置平面图、表格栏、材料统计表、说明、图标等部分内容组成,平面图一般可分为站场平面布置图、区间平面布置图、隧道内平面布置图。

(2)接触网平面图不仅应明确标出支柱号码、接触网布置走向、锚段长度、跨距长度、拉出值的大小及方向、线路情况等,而且为了便于施工和交付运营后进行维修和管理,在平面布置图的下方(或上方)附有表格栏,在平面布置图的右方附有说明及材料统计表等。

(3)接触网平面图中的说明是对设计方案、设计原则、设计依据、接触网悬挂类型、技术要求、接触线高度、接地要求、选用材料规格及性能以及其他应该特别指出和注意的问题等所进行的补充说明。对于站场,其咽喉区的布置比较复杂,为了清楚地表明接触网走向和定位,一般都应对其绘出局部放大图。

2. 接触网平面布置图内容

(1)接触网平面布置图上应包括:

①全部电化股道(近期及远期)、与接触网架设有关的非电化股道。

②股道编号及线间距(股道编号应与运营部门编号一致)。

③道岔编号、型号及出站道岔的中心里程。

④曲线起讫点、半径和缓和曲线长度及总长。

⑤桥梁名称、中心里程、总长、孔跨式样及结构形式。

⑥隧道名称、起讫里程及总长。

⑦涵管、虹吸管、平交道、地道、天桥、跨线桥、架线渡槽等中心里程及高度、宽度。

⑧站场的名称、中心里程、站台范围及与架设接触网有关的建筑物(如站舍、雨棚及上挡墙等)。

⑨进站信号机的位置及里程。

(2)平面布置图上正图栏内应有的主要内容:

①支柱(钢柱、钢筋混凝土柱)跨距、位置、号码及数量。

②支柱类型及侧面限界。

③锚段号、锚段长度及起讫杆号、下锚方式。

④地质备件、基础及横卧板。

⑤拉出值(拉出方向、拉出值大小)及导线高度。

⑥支持装置及安装图号、软横跨节点。

⑦设备安装及其位置(限界门、避雷器、隔离开关分段分相绝缘器等)。

⑧附加导线的走向、位置,设备及安装图号。

⑨起测点位置及校核点。

(3)说明栏应包括:

①设计依据及现场测量时间、修改说明等。

②采用的悬挂类型,正线股道。
③站场内悬挂点接触线工作支高度(特殊情况应在图中做特殊说明)。
④道岔编号、型号及定位情况。
⑤支柱接地情况(双接地、单接地、是否经火花间隙等)。
⑥图中数字的计量单位。
⑦支柱防护要求。
(4)材料表的内容有:
①接触线类型及长度(站场一般应分两种类型)。
②承力索类型及长度。
③附加导线类型及长度。
④支柱类型及数量(站场包括钢柱类型及数量)。
⑤横卧板类型及数量,站场包括软横跨柱用横卧板类型及数量、基础类型及数量。
⑥隔离开关类型及数量。
⑦避雷器类型及数量。
⑧分相绝缘器数量(站场包括分段绝缘器)。
⑨附加导线的肩架类型及数量。
⑩各种安装图号的统计。

3. 站场接触网平面布置图

站场接触网平面布置图与实际线路状态相符,其比例一般大站为1:1000,小站为1:2000。道岔编号与型号应与实际状况相符,不符的需作出说明,在材料表中应包括软横跨节点的统计。

4. 区间接触网平面布置图

区间接触网平面布置图与站场接触网平面布置图基本相同,区间接触网平面布置要比站场简单,它的比例一般为1:2000。在复线区段,区间平面布置图上应标明上下行区间,在线路并行的情况下,支柱布置可考虑在线路的同一垂直面上。

区间接触网平面布置图应标明区间信号机的位置,在实际施工时注意对信号机位置进行核对。区间接触网支柱一般从站场四跨外第一根支柱算起,其工作量统计从1号柱开始,而接触悬挂长度则应根据锚段长度累计,如图2-1所示。

5. 隧道内接触网平面布置图

隧道内接触网平面布置图是专供隧道内接触悬挂使用的,如图2-2所示。平面图中还应标注的内容有:
(1)悬挂点间跨距。
(2)悬挂点的数量及位置。
(3)安装埋入孔的位置。
(4)定位点的配置。
(5)锚段关节及中心锚结的具体位置。

隧道内接触网平面布置图的说明应包括:所设计区段隧道的净空高度、所采用的悬挂类型、是否需要对隧道进行开挖、开挖的尺寸及位置。

接触网及线路平面	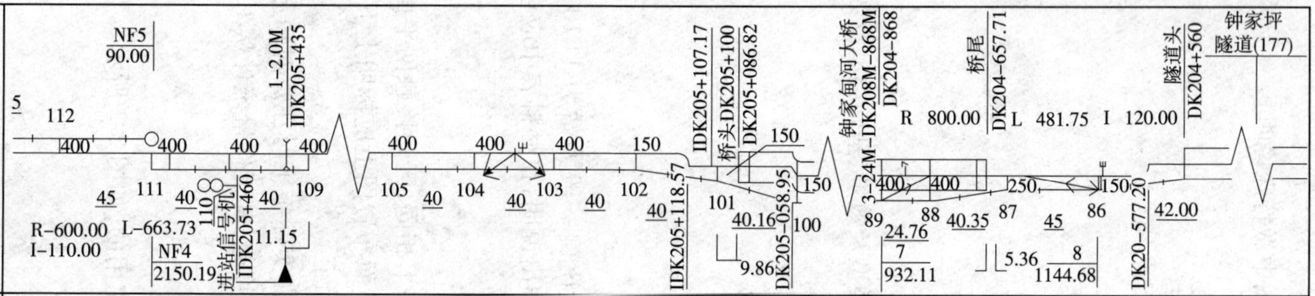
侧面限界	2.7 / 2.7, 3.1 / 3.1 / 3.1 / 3.1 / 3.1 / 3.1 / 3.1 / 2.5 / 3.55 / 3.55 / 3.55 / 2.7 / 2.7
支柱类型	H60/8.7 / H60/8.7, H60/8.7 / H38/8.7 / H38/8.7 / H60/8.7 / H78/8.7 / H78/8.7 / H60/8.7 / H38/8.7 / G100/11 / G450/12 / G100/11 / H60/8.7 / H60/9.2
地质(kPa)	←——→-150+100←→+100 +100←——→+100 +100←→+100
基础类型	1×1 / 1×1+*D*, 1×1+*D* / 2×1 / 2×1 / ∗2×1+*D* / ∗3×1 / ∗3×1 / ∗2×1+*D* / 2×1 / ∗2×1 / ∗2×1+*D*
安装图号	1118–05(1) / 1118–08–2(1) / 1116–08–2(1) / 1118–08–2(1), 1118–08–2(1) / 1118–08–2(1), 1122–11 / 1118–07–2(1) / 1118–06(3) / 1118–03(1) / 004–11–1 / 004–11–1, 1123–07 / 004–11–1 / 1120–26(2) / 1118–04(1), 1122–04
附加导线 肩架/安装高度	H480/6.6 / 7.5, 7.5 / H340/6.6 / H340/6.6 / H480/6.6 / H480/6.6 / H480/6.6 / H480/6.6 / H340/6.6 / H340/5.5 / H340/5.5 / H340/5.5 / H480/5.5 / H480/6.6
附加导线 安装图号	1036–02 / 1036–09, 1036–09 / 1036–02 / 1036–02 / 1036–02 / 1036–02 / 1036–02 / 1036–02 / 1036–02 / 1036–04 / 1036–04 / 1036–04 / 1036–02 / 1036–02
附　注	结构高度*h*=1200　*h*=1100　*h*=1000 导线高度*H*=6000　*H*=5900　*H*=5750

图2-1　区间接触网平面图举例

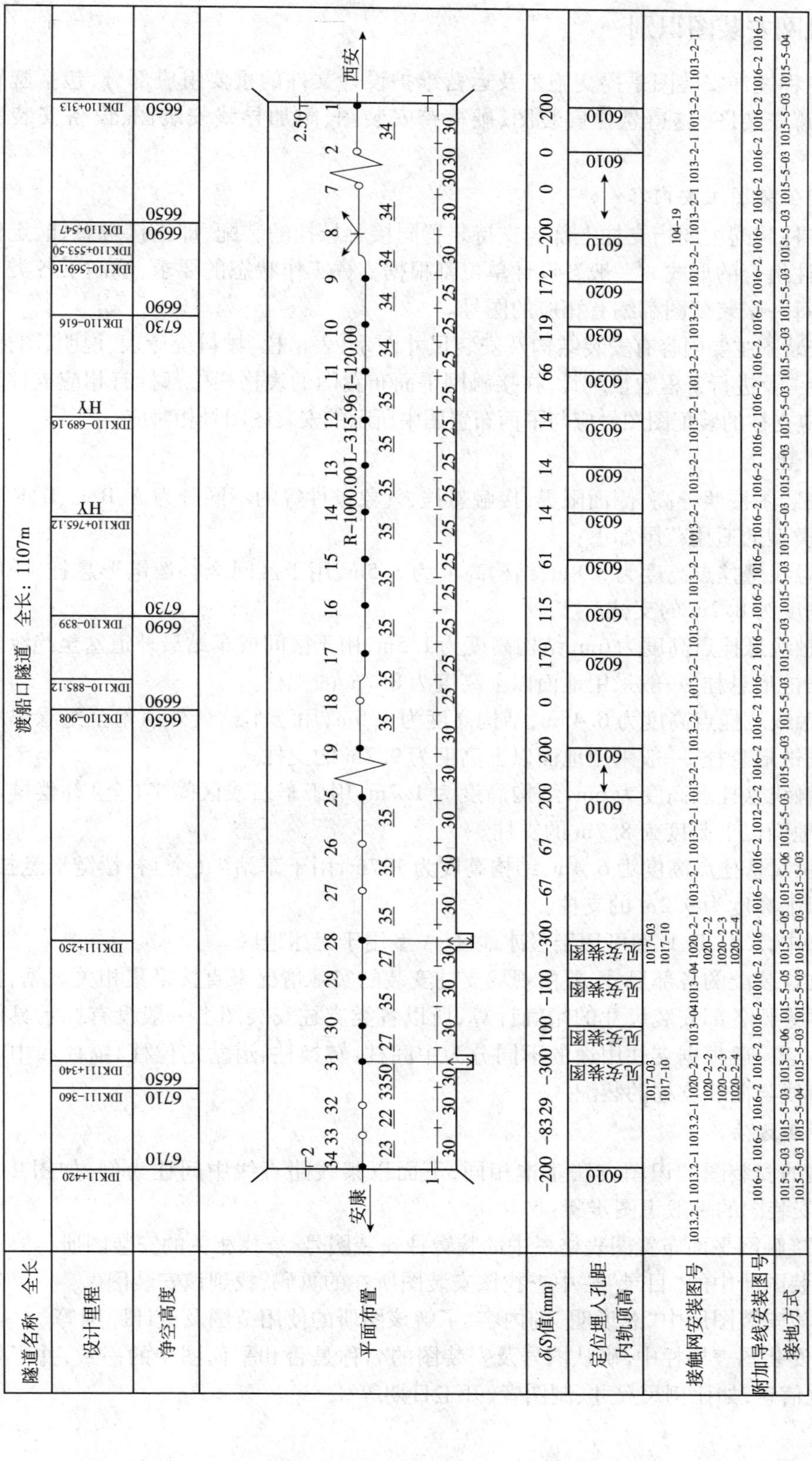

图2-2 隧道接触网平面图举例

二、接触网安装图识别

接触网工程设计安装图是提交施工及运营维护设计文件的重要组成部分,包括腕臂柱安装图、软横跨安装图、隧道悬挂安装图、硬横跨安装图、附加导线安装图、设备安装图等类型。

1.接触网安装图主要内容

接触网支柱装配主要指支柱上部与支持装置同接触悬挂的装配,即指接触悬挂、定位装置、腕臂和支柱组合的形式。一般各设计单位都根据支柱工作状态的要求,绘制了各类支柱装配定型图,每一张装配图都编有相应的图号。

接触网安装图主要内容有安装结构及安装尺寸图示、表格栏、材料统计表、说明、图标等。为便于施工参考及进行工程数量统计,在接触网平面布置图的表格栏中都标有相应支柱装配图的图号,对应支柱的装配图图号应与平面布置图中所示的安装图图号相对应。

2.装配类型

将支柱安装图按照导高、侧面限界、接触悬挂、气象条件等的不同分为A、B、C、D、E等装配类型,每种类型的适用范围如下:

A型:接触线悬挂点高度为5.8m,结构高度为1.5m,用于区间全补偿链形悬挂,一般采用地面以上高度为8.2m的支柱。

B型:接触线悬挂点高度为6m,结构高度为1.5m,用于区间或车站最外道岔至绝缘锚关节处的全补偿链形悬挂,一般采用地面以上高度为8.7m的支柱。

C型:接触线悬挂点高度为6.45m,结构高度为1.5m,用于车站最外道岔至绝缘锚段关节处的全补偿链形悬挂,一般采用地面以上高度为9.2m的支柱。

D型:接触线悬挂点高度为6m,结构高度为1.7m,用于车站或区间半(全)补偿链形悬挂,一般采用地面以上高度为8.7m的支柱。

E型:接触线悬挂点高度为6.4m,结构高度为1.7m,用于车站半(全)补偿链形悬挂,一般采用地面以上高度为9.2m的支柱。

上述类型中,B、C、D、E型可用于覆冰地区,A型用于无冰地区。

接触网支柱装配的各部尺寸,要由现场支柱安装的实际情况来直接采集相关数据,再由相关计算软件进行各部安装尺寸的精确计算,所以各类支柱安装图上一般没有标示具体明确的安装尺寸。一般根据支柱用途的不同分为中间柱、转换柱、道岔定位柱、锚柱和中心柱的装配以及直线与曲线支柱的装配。

3.识图步骤方法

各种类型的安装图的识图方法基本相同,下面以某线路直线中间柱为例,如图2-3所示,介绍支柱安装图的一般识图步骤:

(1)根据接触网平面布置图表格栏中的腕臂柱安装图号,查找相关的安装图册。

(2)从安装图册中的"目录"栏中查找该安装图所在的页码,找到该安装图。

(3)熟悉该安装图册中"总说明"的内容,了解该图册的使用范围及设计原则等。

(4)在该安装图表格栏中,确认图号及安装图的名称是否和平面图中的一致,并了解该安装图的其他信息,如比例尺尺寸、制图者、开工日期等。

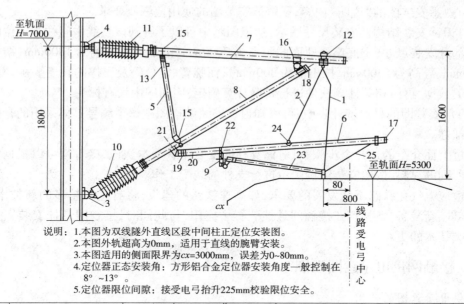

说明：1.本图为双线隧外直线区段中间柱正定位安装图。
2.本图外轨超高为0mm，适用于直线的腕臂安装。
3.本图适用的侧面限界为$cx=3000$mm，误差为0~80mm。
4.定位器正态安装角：方形铝合金定位器安装角度一般控制在8°~13°。
5.定位器限位间隙：接受电弓抬升225mm校验限位安全。

序号	名 称	单位	数量	序号	名 称	单位	数量
1	弹性吊索	套	1	14	套管单耳	套	1
2	定位管吊线	套	1	15	套管单耳	套	1
3	腕臂下底座	套	1	16	双套筒连接器	套	1
4	腕臂上底座	套	1	17	腕臂管帽	套	1
5	腕臂支撑	套	1	18	旋转接头	套	1
6	定位管	套	1	19	定位双耳	套	1
7	水平腕臂	套	1	20	垂直定位环	套	1
8	斜腕臂	套	1	21	限位定位器座	套	1
9	定位器电连接线	套	1	22	矩形铝合金定位器	套	1
10	棒式绝缘子	套	1	23	吊钩定位环	套	1
11	棒式绝缘子	套	1	24	防风拉线	套	1
12	承力索座	套	1	25	水平定位控环	套	1
13	终端挂环	套	1				

主管工程师	××	××集团××工程有限公司 ××铁路客运专线××段电气化公司 隧道外接触网中间柱安装图 直线正定位安装	图号	××地图
项目负责人	××		比例尺	1:25
总工程师	××		开工日期	2012.09
公司负责人	××		竣工日期	2013.10
			制图者	××
监理工程师	××		复核	××

图 2-3　某线路中间柱直线正定位安装图(尺寸单位:mm)

(5)熟悉安装图的"说明"内容,了解该安装图的使用范围及要求。

(6)识读安装结构及安装尺寸图示,从该图示中可以了解到该直线中间柱正定位的安装结构及部分安装尺寸(上底座至轨面的距离为7000mm、上下底座距离为1800mm、结构高度为1600mm、导高为5300mm、拉出值为300mm),而腕臂、定位管及支撑的长度要由现场直接采集相关数据,再由相关计算软件进行精确计算确定,因而图中没有标注。

(7)从安装图的材料统计表中,可以知道该安装结构图中每个编号具体采用的是什么型号的零部件。

通过上面介绍的这几个步骤,可对该支柱的安装图有基本认识,接着就可以根据材料统计表中所列的材料,按照安装结构图示进行支柱的装配工作。

为适应电气化铁路不断发展的要求,如高速铁路的建设,将有越来越多的新技术、新导线、新零件、新装备、新材料在接触网悬挂装置中应用,与此同时,接触网悬挂安装图也应能适应这类技术的更新。

三、接触网供电示意图识别

1.供电示意图的作用

接触网供电示意图是将管辖内的主要设备及其安装位置等信息记录起来,如桥梁、隧道、变电所、分区亭、开闭所、车站等的公里标,馈线情况、电分段布置情况,设备、线路编号,上下行标记等。当某个区段发生事故时,维修班组能从中快速找出事故地点及相应的设备,有助于快速了解事故的基本情况,结合竣工图纸又能快速找出事故所需备料,为抢修争取时间。而供电调度又能根据供电示意图了解正常检修作业时的现场作业地点、作业范围,正确发布调度作业命令,实施正确的跨区供电方案等。如图2-4所示为某车站(线路)局部供电示意图。

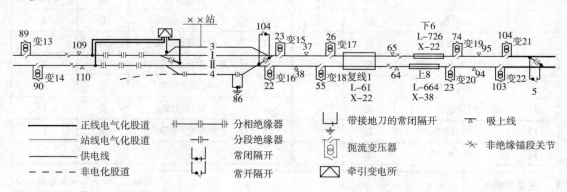

图2-4 某车站局部供电示意图

2.供电示意图标注的内容

(1)供电示意图上的电分段。接触网是一种特殊形式的供电线路,为了保证供电的可靠性和灵活性,并缩小停电事故发生的范围,要进行分段。被分段的接触网在电气方面是独立的,通常用隔离开关连接。当某区段发生事故或停电进行检修时,可以打开相应段的隔离开关使该区段无电,而不致影响其他段接触网的运行。

接触网分段有横向分段和纵向分段两种形式。接触网线路(或线群)之间所进行的分段称为横向分段,如站场内因各股道的作用不同而进行的分段。在复线或者多线路上,其正线之间一般采用分开供电,以保证上下行线路电气方面的独立性。车站两端连接两条正线的渡线中间的分段就属于横向分段。接触网沿线路方向所进行的分段称为纵向分段,如在站场和区间衔接处所进行的分段。站场和区间的接触网应是各自独立的,因此在它们的连接处必须进行分段,如图2-4所示。

（2）牵引变电所。牵引变电所的作用是将由电力系统电网输送来的电能经主变压器降压,并把三相电源转换成两个单相电源,然后通过馈电线分别供电给牵引变电所两侧的接触网。接触网通常在相邻两个牵引变电所的中央是断开的,将两个牵引变电所之间的接触网分成两个不同的供电分区,每个供电分区称为一个供电臂。如图2-4所示,变电所通过馈电线经隔离开关分别向牵引变电所两侧的上下行接触网供电。每个供电臂只从一端的牵引变电所获得电能的方式称为单边供电;若能同时从两个牵引变电所中获得电能,则称为双边供电。

单边和双边供电都是正常的供电状态,还有一种非正常供电状态,称为越区供电。即当牵引变电所由于某种原因不能对供电臂正常供电时,该牵引变电所负担的供电臂通过分区所的有关开关设备,由两侧相邻的牵引变电所提供临时供电。越区供电只能保证客车或重要货车通过,是作为避免中断运输的临时性措施。

（3）分区所。分区所设在两个牵引变电所的供电区中间,其作用是提高接触网末端电压水平、减少能耗以及必要时实现越区供电。分区所原理如图2-5所示,利用分区所可实现并联供电以及对两相邻牵引变电所之间的接触网进行单边供电、双边供电或越区供电。在与其他开关的配合下,分区所内的开关可以通过以下方式实行不同的供电方式。

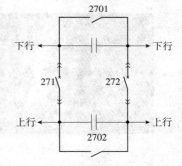

图2-5 分区所接线图

①当实现并联供电时,分区所内同侧上下行接触网间的断路器271、272闭合。

②当采用单边供电时,分区所两侧上下行隔离开关2701、2702打开。

③当采用双边供电时,分区所两侧上下行隔离开关2701、2702闭合。

④当相邻牵引变电所发生故障而不能继续供电时,将故障变电所退出,然后闭合分区所两侧上下行隔离开关2701、2702,由非故障牵引变电所实行越区供电。

（4）开闭所。开闭所也称为辅助分区所,其作用是将长供电臂分段、在发生故障时缩小停电范围,如在复线AT牵引网中,增设在分区所与牵引变电所之间的开闭所;另一作用是扩大馈线数目,起到配电所的作用,如设置在枢纽站、编组场、电力机务段等处的开闭所。

开闭所的主要设备是断路器。电源进线一般设两回路,复线时可由上下行牵引网各引一回路,出线则按需要设置。当出线数量较多时,也可将开闭所母线实行分段。

（5）AT所。自耦变压器站简称AT所,是AT牵引网的重要组成部分,其作用是改善电压水平和防干扰性能。AT所中自耦变压器的两个出线端子(电压为55kV)分别经隔离开关(或断路器)跨接于接触网和正馈线间。其中点经中性线、电流互感器、隔离开关与钢轨、接触网保护线相连。接触网与钢轨间电压仍为 27.5kV。

工频单相交流电气化铁道采用自耦变压器(AT)供电方式时,在沿线需每隔 10~15km 设置一台自耦变压器。自耦变压器设于沿铁路的各站场上。同时,将分区所和开闭所合并,以利于运行管理。

(6)锚段关节式电分相。在牵引变电所出口处和分区所处,一般把两相不同的供电区分开,这称为电分相。对于速度大于 160km/h 和高速电气化铁道,电分相多采用锚段关节式电分相,变电所出口处和分区所处的隔离开关所在的位置就是分相区。

任务三 高速铁路接触网零部件的认知

1. 铝合金承力索座(图 2-6)

(1)性能:水平工作荷载 6.0kN;垂直工作荷载 6.0kN;与腕臂的滑动荷载不小于 6.0kN;与单根承力索的滑动荷载不小于 2.0kN。垂直线路的水平拉伸破坏荷载不小于 18kN;垂直向下破坏荷载不小于 18kN。

(2)用途:安装在承力索前端,用于固定承力索。

a)   b)

图 2-6 铝合金承力索座

2. 铝合金套管座(图 2-7)

(1)性能:水平工作荷载 5.8kN;水平破坏荷载不小于 17.4kN;垂直工作荷载 4.9kN;垂直破坏荷载不小于 14.7kN;滑动荷载不小于 8.7kN。

(2)用途:用于平腕臂和斜腕臂的连接固定。

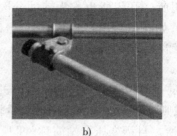

a)   b)

图 2-7 铝合金套管座

3. 铝合金腕臂支撑(图2-8)

(1)性能:零件破坏荷载不小于15kN。

(2)用途:用于平腕臂和斜腕臂之间或斜腕臂和定位管之间的防风支撑管的连接固定。

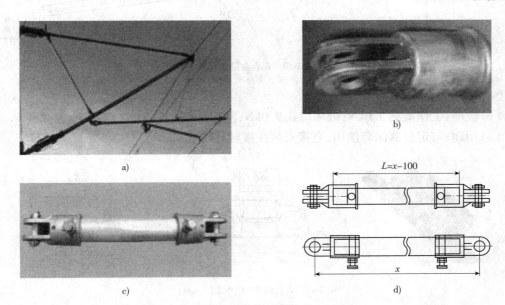

图2-8 铝合金腕臂支撑

4. 铝合金套管单耳(图2-9)

(1)性能:最大水平工作荷载4.5kN;最大垂直工作荷载4.9kN;滑动荷载不小于6.75kN;水平破坏荷载13.5kN;垂直破坏荷载14.7kN。

(2)用途:安装在腕臂或定位管上,用于防风支撑管与腕臂或定位管的连接与固定。

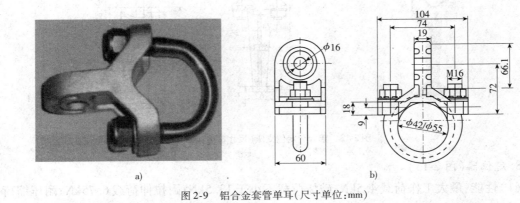

图2-9 铝合金套管单耳(尺寸单位:mm)

5. 矩形管铝合金定位器(图2-10)

(1)性能:最大工作荷载3.0kN;耐拉伸荷载4.5kN;耐压缩荷载3.0kN;最大破坏荷载9.0kN。

(2)用途：安装于定位管上，用于将接触导线定位在工作范围。

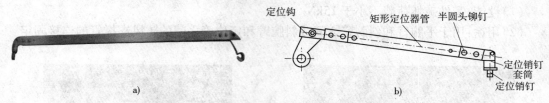

图 2-10　铝合金定位器装

6. 定位线夹（图 2-11）

(1)性能：工作荷载 3.0kN；破坏荷载 9.0kN；滑动荷载 1.5kN。

(2)用途：与定位器配套使用，直接安装在接触导线上。

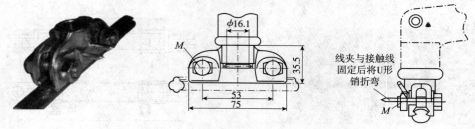

图 2-11　定位线夹（尺寸单位：mm）

7. 铝合金定位支座（图 2-12）

(1)性能：最大工作荷载 3.0kN；滑动荷载不小于 4.5kN；破坏荷载 9.0kN。

(2)用途：安装在定位管上，与定位器配套使用，用于定位器与定位器之间的连接。

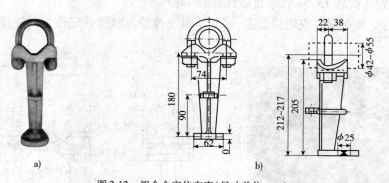

图 2-12　铝合金定位支座（尺寸单位：mm）

8. 定位器（图 2-13）

(1)性能：最大工作荷载 4.5kN；破坏荷载不小于 13.5kN；耐拉伸荷载 6.75kN；耐压缩荷载 4.5kN。

(2)用途：安装在斜腕臂上，用于将定位器固定在一定的高度与工作范围。

9. 拉线定位钩（图 2-14）

(1)性能：工作荷载 1.5kN；最小破坏荷载不小于 4.5kN。

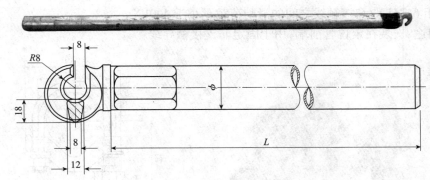

图 2-13　定位管

（2）用途：安装在定位管前段，用于连接和固定斜拉线。

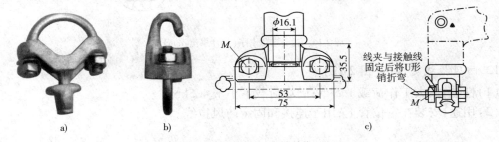

图 2-14　拉线定位钩（尺寸单位：mm）

10. 铝合金定位环（图 2-15）

（1）性能：最大工作荷载（水平）4.5kN，最大垂直工作荷载为 4.9kN，滑动荷载不小于 6.75kN，水平破坏荷载不小于 13.5kN，垂直将定位管固定在合适的高度。

（2）用途：安装在斜腕臂或定位管上，用于将定位管固定在合适的高度。

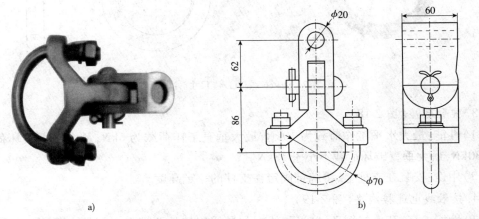

图 2-15　铝合金定位环（尺寸单位：mm）

11. 锚支定位卡子（图 2-16）

（1）性能：最大工作荷载 4.5kN；破坏荷载不小于 13.5kN；本零件与定位管之间的滑动

荷载不小于 6.75kN；与接触线之间的滑动荷载不小于 4.0kN。

（2）用途：安装在定位管前端，用于固定非支接触导线。

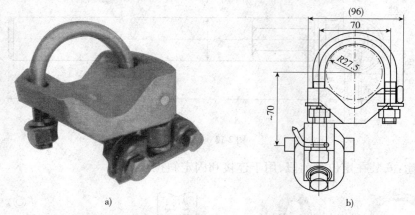

图 2-16　锚支定位卡子（尺寸单位：mm）

12. 防风拉线定位环（图 2-17）

（1）性能：最大工作荷载 1.5kN；破坏荷载不小于 4.5kN。

（2）用途：安装在定位管上，用于连接和固定防风拉线。

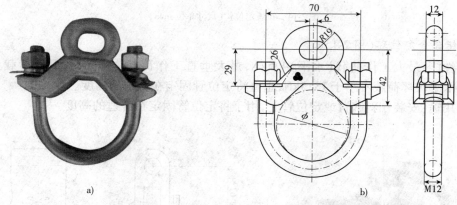

图 2-17　防风拉线定位环（尺寸单位：mm）

13. 腕臂底座（图 2-18）

（1）性能：最大水平工作荷载为 10kN，最大垂直工作荷载为 6kN；最大水平破坏荷载不小于 30kN，最大垂直破坏荷载不小于 18kN。

（2）用途：安装在支柱上，将腕臂固定在支柱的一定高度。

14. 接触线电连接线夹（图 2-19）

（1）性能：过负荷电热循环试验后，线夹与导线连接处两端点之间的电阻不大于同等长度被连接导线的电阻；线夹与导线连接处的温升不大于被连接导线的温升；线夹的载流量应不小于被连接导线的载流量；压接后线夹与接触线的滑动荷载不小于 2.0kN；与电连接线的滑动荷载不小于 2.0kN。

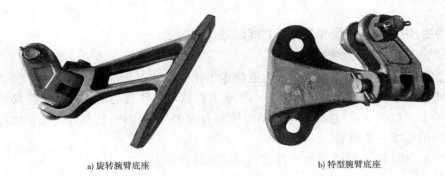

a) 旋转腕臂底座　　　　　b) 特型腕臂底座

图 2-18　腕臂底座

(2) 用途：用于电连接线和接触导线之间的连接和固定。

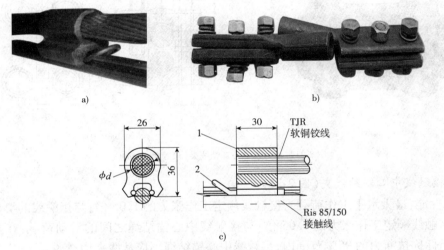

图 2-19　接触线电连接线夹（尺寸单位：mm）

15. 承力索电连接线夹（图 2-20）

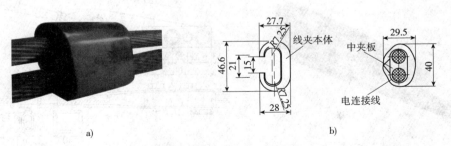

图 2-20　承力索电连接线夹（尺寸单位：mm）

(1) 性能：过负荷电热循环试验后，线夹与导线连接处两端点之间的电阻不大于同等长度被连接导线的电阻；线夹与导线连接处的温升不大于被连接导线的温升；线夹的载流量应不小于被连接导线的载流量；压接后线夹与承力索的滑动荷载不小于 2.0kN；与电连接线夹的滑动荷载不小于 2.0kN；并沟电连接线夹与软铜绞线间的滑动荷载不小于 2.0kN。

（2）用途：用于电连接线和承力索之间的连接和固定。

16. 承力索中心锚结线夹（图 2-21）

（1）性能：最大水平工作荷载为承力索额定工作张力的 1.05 倍；承力索中心锚结线夹与承力索及中心锚结绳间的滑动荷载应不小于承力索额定工作张力的 1.05 倍；与接触线中心锚结绳间的滑动荷载：在接触线中心锚结绳拉断力的 95% 范围内，接触线中心锚结绳不应从承力索中心锚结线夹中滑脱。

（2）用途：用于中心锚结绳和承力索之间的连接和固定。

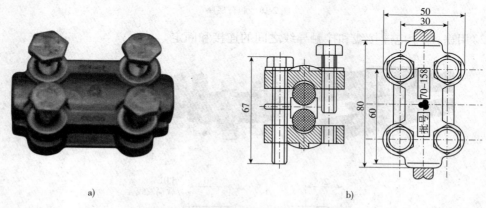

图 2-21　承力索中心锚结线夹（尺寸单位：mm）

17. 接触线中心锚结线夹（图 2-22）

（1）性能：最大水平工作荷载为接触线额定工作张力的 1.05 倍；与接触线的滑动荷载应不小于接触线额定工作张力的 1.05 倍；与接触线中心锚结绳之间的滑动荷载：在接触线中心锚结绳标称拉断力的 95% 范围内，接触线中心锚结绳不应从线夹中滑脱。

（2）用途：用于中心锚结绳和接触导线之间的连接和固定。

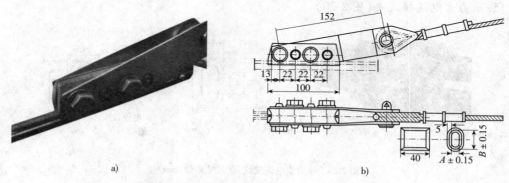

图 2-22　接触线中心锚结线夹（尺寸单位：mm）

18. 棘轮补偿装置（图 2-23）

（1）性能：最大补偿张力 31.5kN；棘轮制动时间不超过 200ms；整体拉伸破坏荷载不小于 94.5kN；安全系数不小于 3.0；浸沥青型补偿钢丝绳的综合拉断力不小于 75.4kN；疲劳试

验2000次后,补偿绳破断值不小于67.86kN;传动效率不小于97%;棘轮整体结构能满足130K温差补偿,并能在-40℃低温正常安全工作;棘轮本体为金属模低压铸造,大小轮带槽;装置采用无油润滑免维护棘轮结构。

(2)用途:用于承力索或接触导线的终端下锚,依靠大小轮不同的直径形成不同的传动比,给接触悬挂施加不同的张力。

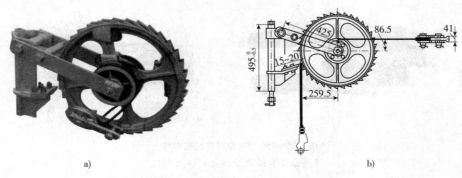

图2-23 棘轮补偿装置(尺寸单位:mm)

19. 滑轮组下锚装置(图2-24)

(1)性能:传动比为1.3。传动效率:坠砣上升时不小于97%,坠砣下降时不小于98%,工作荷载不小于27.5kN;破坏荷载不小于82.5kN;补偿绳两端楔形线夹的拉伸破坏荷重不小于54kN;补偿绳直径为$\phi 9.5mm$;结构为$8 \times 29Fi + PWRC$的浸沥青镀锌复合钢丝绳;接触悬挂锚段长度:2×950 m;补偿温度范围:$-50 \sim 80℃$;滑轮轴螺母的紧固力矩$59 \sim 70N \cdot m$;疲劳次数:20000次。

(2)用途:用于承力索或接触导线的终端下锚,依靠滑轮组的传动比,给接触悬挂施加不同的张力。

20. 弹簧补偿装置(图2-25)

图2-24 滑轮组下锚装置

图2-25 弹簧补偿装置

(1)本装置主要由固定销、连接板、储能组件、锁定装置、钢丝绳、制动装置、刻度牌、渐开线轮等组成。额定工作行程>1300~2000mm,适用最低环境温度-40℃、最高环境温度40℃。

(2)用途:用于承力索或接触导线的终端下锚,依靠弹簧储能机构给接触悬挂施加不同的张力。

21. 正线 150 型接触线终端锚固线夹（图 2-26）

（1）性能：最大工作荷载，被连接导线额定工作张力的 1.05 倍；拉伸破坏荷载，不小于最大工作荷载的 3 倍；滑动荷载，在所连接接触线标称拉断力的 95% 范围内，接触线不应从线夹中滑脱及在线夹内和线夹端口处断线。滑动荷载试验应反复进行 3 次，每次均能满足上述要求。

（2）用途：安装在接触导线端头，用于导线终端下锚和下锚绝缘子或耳环杆的连接。

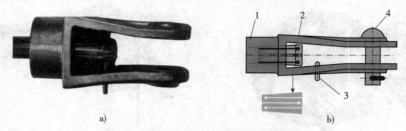

图 2-26　150 型接触线终端锚固线夹
1-螺纹锥套；2-楔子；3-销钉；4-开口销

22. 120 型及 85 型接触线终端锚固线夹（图 2-27）

（1）性能：最大工作荷载是被连接导线额定工作张力的 1.05 倍；拉伸破坏荷载不小于最大工作荷载的 3 倍；滑动荷载，在所连接接触线标称拉断力的 95% 范围内，接触线不应从线夹中滑脱及在线夹内和线夹端口处断线。滑动荷载试验应反复进行 3 次，每次均能满足上述要求。

（2）用途：安装在接触导线端头，用于导线终端下锚和下锚绝缘子或耳环杆的连接。

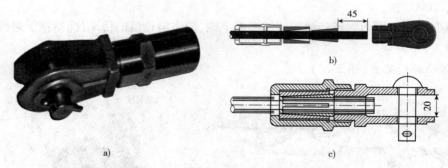

图 2-27　120 型及 85 型接触线终端锚固线夹（尺寸单位：mm）

23. 承力索终端锚固线夹（图 2-28）

（1）性能：最大工作荷载，不小于被连接导线额定工作张力的 1.05 倍；滑动荷载，在所连接绞线标称拉断力的 95% 范围内，绞线不应从线夹中滑脱及在线夹端口内断线。滑动荷载试验应反复进行 3 次，每次均能满足上述要求；拉伸破坏荷载，不小于最大工作荷载的 3 倍。

（2）用途：适用 $120mm^2$、$70mm^2$、$5mm^2$ 铜及铜合金绞线终端锚固处。安装在承力索端头，用于承力索终端下锚和下锚绝缘子或耳环杆的连接。

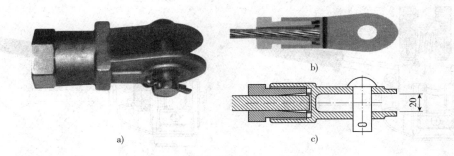

图 2-28 承力索终端锚固线夹(尺寸单位:mm)

24. 弹性吊索装置(图 2-29)

(1)性能:弹性吊索线夹的工作荷载为 3.5kN;弹性吊索线夹的破坏荷载不小于 10.5kN;弹性吊索线夹与弹性吊索及承力索间的滑动荷载不小于 5.25kN。

(2)用途:安装在接触悬挂的承力索上,用于弹性吊索及承力索之间的固定。

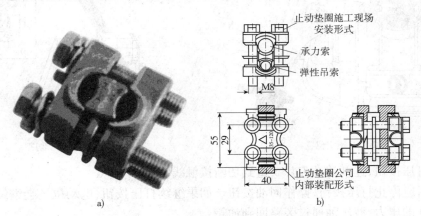

图 2-29 弹性吊索装置(尺寸单位:mm)

任务四 接触网常用工具及仪器

一、充电式液压导线切刀

(1)工具型号:B-TFC2。
(2)适用范围:适用于切割 85~150mm² 接触线,保证切割后切面平整。

1. 使用方法

(1)用于切割接触线的模具:选择适合接触线的模具,模具截面与接触电线截面相匹配。
(2)将模具安装到接触线端部(图 2-30)。将接触线放入模具,使刀片 5 对齐所要切割的点。通过卡销锁死模具,扳动锁定手柄 3 关闭模具(图 2-31),直到自动锁定位置并将接触线完全夹住(图 2-32)。

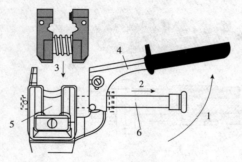 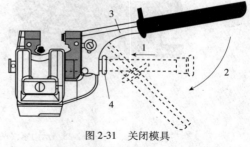

图 2-30　模具安装　　　　　　　　图 2-31　关闭模具
1-手柄释放;2-活塞拉出;3-模具安装;4-手柄;　　1-活塞压入;2-手柄锁定;3-手柄;4-活塞
5-刀片;6-活塞

（3）切割（图 2-33）。

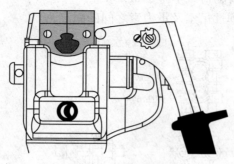 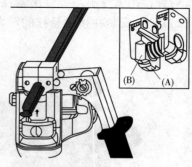

图 2-32　锁定位置　　　　　　　　图 2-33　切割

操作打压按钮，逐渐移动刀片 5 直到切断接触线。

切断后应停止打压按钮，操作回油按钮。如果继续打压按钮，电动机还会继续运转。但不产生额外的压力，液压油通过旁路回到油箱。

（4）拆卸模具和接触线。操作压力释放按钮，使活塞迅速的复位。释放锁定手柄，打开卡销和模具并取出接触线。

2.使用注意事项

（1）在进行切割操作之前，确保卡销完全插入工具头部、锁定手柄，还要在锁定位置固定。

（2）检查刀刃是否对齐在切割点上，如果不在，释放锁定手柄打开模具，重新定位。

（3）不可用于切割硬质物体。

（4）随工具配备的电池组都是未充满电的，在使用时要把电池里的余电用完，再用提供的充电器将电池充满电。

（5）切断接触线后，刀片必须完全复位。

（6）建议不要在工具增压时旋转头部。

3.工具保养方法

（1）灰尘、沙子和污物对于任何液压工具都是很危险的。每天在使用之后，工具必须用一块干净的布清理干净，仔细清除残余的物质，特别是靠近枢轴和刀头部位。

(2)当不用工具时,应把它放在塑料工具箱内储存和运输,以防止工具的损坏。

二、接触线紧固夹具套装

型号:AD—GW + HC—GW 接触线紧固夹具。

1. 工具用途

阻止导线的旋转,形成稳定的操作空间,便于安装接触线连接头。适用范围:适用于 85～150mm^2接触线。接触线紧固夹具整体安装结构如图 2-34 所示。

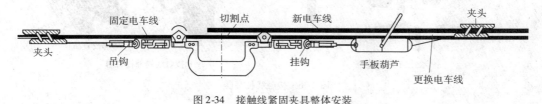

图 2-34 接触线紧固夹具整体安装

2. 使用方法

接触线在紧固的同时进入导向槽,如图 2-35 所示,为线夹的安装提供操作空间,利用拧面器调整接触线线面后安装接触线线夹。

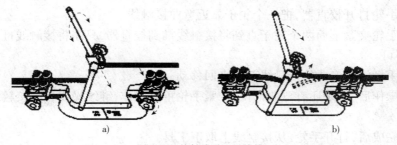

图 2-35 接触线进入导线槽

紧固夹具的导向轮为接触线连接时,有效地保证了两侧接触线对接面的一致,减少了调整对接面的时间。

3. 使用注意事项

(1)使用工具前,请仔细检查所有部件状况,包括链条、钩子及连接零件。当工具严重磨损或有断裂现象,严禁使用。

(2)AD—GW 设备中包含 HC—GW 调节装置。使用过程中,拧面器配合 AD—GW 使用才能达到最佳效果。

(3)使用前,确认接触线的张力,选择合适的紧固夹具套装。

4. 工具保养方法

(1)每次在使用之后,工具必须用一块干净的布清理干净,仔细清除残余的物质。防止使用中的导线轮被卡死。

(2)工具不应放在潮湿的地方,应注意通风效果。要经常检查导链,生锈后注意擦拭。

(3)当不用工具时,应把它放在包装箱内储存和运输,防止工具损坏。

三、接触线校直器

接触线校直器如图2-36所示。

图2-36 接触线校直器

1. 工具用途

用于接触线的校直,不伤及导线,校直后无硬点。对于局部硬弯五轮校直器无法校直的情况,可使用局部校直器进行校直。适用范围:适用于 $85\sim150mm^2$ 接触线。

2. 使用方法

(1)转动手轮打开校直器,把三个轮子靠近弯曲接触线。

(2)转动手轮夹紧下面两个轮子直到将接触线推到校直器,只需将接触线推到可以使轮子方便移动即可。

(3)握住手柄沿着弯曲的接触线部位来回移动。

(4)几次操作后,如果还有弯曲部位,拧紧手轮重复操作,继续操作直到接触线完全校直为止。

(5)操作完成后,打开手轮,从接触线上取下工具。

3. 使用注意事项

(1)不可以校直钢筋或类似的坚硬物体,只能用于铜合金接触线。

(2)使用完工具后,用清洁布擦掉脏污。

(3)定期对手轮和滑槽销用润滑油进行擦拭,注意防锈。

四、充电式液压钳

充电式液压钳如图2-37所示,型号:B135—UC。

1. 工具用途

用于普通铜铝端子的压接。适用范围:$10\sim400mm^2$ 铜铝端子及中间接续管。

2. 使用方法

(1)准备。将电池正确装入机体,将手带或肩带挂在机体环上,可以方便携带,根据不同的端子规格来选择对应的模具。

(2)压接。按下操作按钮(图2-38 按键10),激活电动机,使压模前行。直到两个压模相互接触,在压接中可以随时停止,当听到机体"哒"一声达到压力时,应停止工作。

(3)压模的释放。当压接完成后,通过按压力释放按钮,使压模完全复位。

(4)工具头的旋转。为了操作方便,工具头可以旋转180°,方便操作者找到最佳操作位置。

 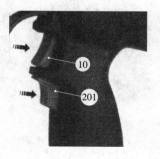

图2-37　充电式液压钳　　　　　　图2-38　操作按钮

3.使用注意事项

(1)液压钳没有装模具情况下请勿工作,这样会导致机头和活塞的损坏。

(2)确保压模在需要压接的压接点处定位准确,否则打开压模并重新定位端子。

(3)当电池电量几乎用完时,建议及时充电,这时不会造成电池寿命的减少。

(4)最初的第2、3次给新电池充电时要特别小心,以确定最大可供电量。

(5)连续充电之间,应使充电器休息至少15min。在充电之后,使电池温度降至与周围环境相同的温度。

(6)每次使用后要确保活塞部位完全复位。

4.工具保养方法

(1)电池要放在干燥的地方,不易放在潮湿的地方保存。

(2)灰尘、沙和土对任何液压设施都是一种危险。每天及每次使用之后,必须用干净的布将工具擦干净,小心取出任何残余,特别是要清洁靠近活塞和活动部分处。

(3)要保证充电式液压钳在不受系统压力的情况下存放。

(4)不用时,工具应放在金属箱中进行储存和运输,以防止损坏。

五、电连接压接套装

电连接压接套装,如图2-39所示。型号:9.03.20。

1.工具用途

用于电连接线夹的压接和破除。适用范围:95~150mm^{2}电连接。

2.使用方法

(1)电连接DB2(E型、C型)线夹压接、切断模具(图2-40)的选择:

(2)电连接DB3(E型、C型)线夹压接、切断模具(图2-41)的选择:

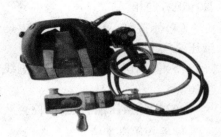

图2-39　电连接压接套装

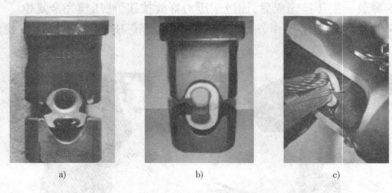

图 2-40　电连接 DB2（E 型、C 型）线夹压接、切断模具

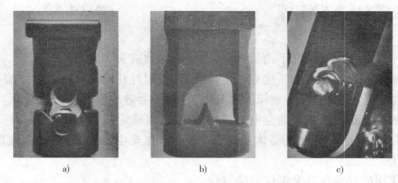

图 2-41　电连接 DB3（E 型、C 型）线夹压接、切模具

3. 使用注意事项

（1）液压钳头和液压泵根据公母接头进行相连接，连接时要一定要卡死、牢固。

（2）压接完成后，一定要使液压钳头的模具完全复位后才能将油管和线控手柄收好装入工具包内。

（3）安装前应区分模具的上下模，将下模安装到位，保证上模与下模安装方向统一（模具标识方向相同）。

（4）压接时，首先判断压接模是否按要求合模，然后使液压泵到达压力后终止此压接，将液压泵安全回油。

（5）使用切断模时，注意切割线夹应以线夹切断为止，线夹切断后应立即回油，避免继续上压。

（6）拆除液压油管前，应检查液压油管中是否存在压力，避免无法进行再次连接。

4. 工具保养方法

（1）电池要放在干燥的地方，不宜放在潮湿的地方保存。

（2）灰尘、沙和土对任何液压设施都是一种危险。每天及每次使用之后，必须用干净的布将工具擦干净，小心取出任何残余，特别是要清洁靠近活塞和活动部分处。

（3）要保证充电式液压钳在不受系统压力的情况下存放。

（4）不用时，工具应放在金属箱中进行储存和运输，以防止损坏。

六、充电式吊弦压接钳

充电式吊弦压接钳,如图2-42所示。型号:B62。

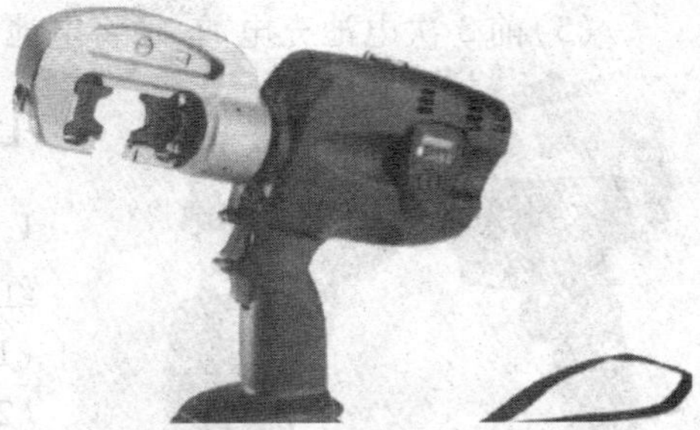

1.工具用途

用于吊弦端子、斜拉线终端的压接。适用范围:各种吊弦、吊索。

2.使用方法

(1)吊弦和斜拉线的六角模具和椭圆模具不同,应选择符合要求的压接模具、接线端子、鸡心环和椭圆管。

(2)按所需的长度截取线索,在线索一端套入椭圆管和接线端子。安装选好模具,将接线端子或椭圆管放入压接钳内,开动压接钳。

压接模具与成品如图2-43所示。

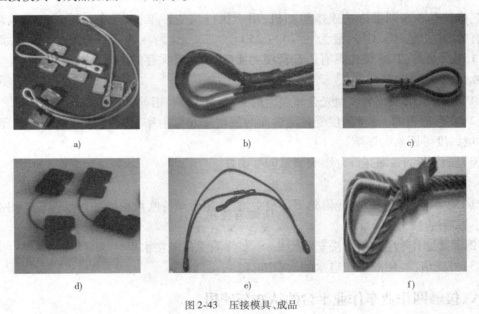

图2-42 充电式吊弦压接钳

a) b) c)

d) e) f)

图2-43 压接模具、成品

3.注意事项

(1)模具的安装要遵循先装上模后装下模、先卸下模后卸上模的原则。
(2)吊弦模具的压接,六角模具压吊弦的端子部位、椭圆模具压吊弦的铜椭圆管部位。
(3)斜拉线模具的压接,六角模具压斜拉线的端子部位、椭圆模压钢套管部位。

4.工具保养方法

(1)灰尘、沙和土对任何液压设施都是一种危险。每天及每次使用之后,必须用干净的布将工具擦干净,小心取出任何残余,特别是要清洁靠近活塞和活动部分处。
(2)要保证充电式液压钳在不受系统压力的情况下存放。
(3)不用时,工具应放在金属箱中进行储存以防止损坏。工具箱适合储存工具和附件。
(4)电池要放在干燥的地方保存,长时间不用应保证电池内存有电量。

(5)前3次电池充电前,须将电池内剩余电量用尽。前3次电池充满电需充12h以上。

七、红外热像仪

1. 热像仪用途

图2-44 红外热像仪

红外热像仪如图2-44所示。

(1)仪器用途:可以对主导电回路进行非接触温度测量。

(2)适用范围:热灵敏度高达0.10℃,红外图像清晰无噪声。

(3)工作时间:连续工作2h,可显示电池容量。

(4)操作环境温度:-15~45℃(+5~113 °F)。

(5)储存温度:-40~70℃(-40~158 °F)。

2. 热像仪功能

热像仪是一系列手持式成像照相机,用于执行预防性维护、设备故障诊断及验证等任务。有效测量范围:Ti10型为-20~250℃、Ti25型为-20~350℃。有效检测距离0.6~15m。另外,Ti25型还具有语音录制功能,用于为已保存的图像添加附注。

3. 使用注意事项

(1)建议不用于光亮或抛光金属表面的丈量(不锈钢、铝等)。

(2)实际测量时,测量精度受被测表面的发射率和反射率、背景辐射、大气衰减、测量距离、环境温度等因素的影响。

(3)蒸汽、尘土、烟雾等会影响测量的准确性。

4. 工具保养方法

(1)用柔滑毛轻刷刷去残留碎屑。镜头清洗:用干净冷吹风机吹掉松散颗粒。用潮湿棉花球小心擦洗。

(2)注意:不要用溶剂清洗塑料镜头,不要将测温仪浸在水里。

(3)外壳清洗:用蘸有肥皂水的软布进行。

八、接触网作业车作业平台的认知与使用

1. 接触网作业车平台的使用方法

作业平台设有两套操纵装置:一套设在平台上控制箱内(图2-45),主要是为方便作业施工人员操纵;另一套设在平台下的控制阀件柜上(图2-46),其主要作用是当上部操纵失灵时可操纵平台复位。作业平台的升降和旋转设有互锁和转换装置,可由平台上和平台下工作人员分别操作。

升降回转作业平台的操纵程序如下所示:

(1)闭合电源总开关,起动发动机,在发动机怠速下运行稳定后,适当提升柴油机转速,将操纵面板上的换向开关置"中间"位。

(2)将操纵台上的作业取力开关置"取力"位(右侧45°位置),液压泵"取力指示灯"亮,带动作业油泵工作。调整柴油机转速至1000~1600r/min之间。

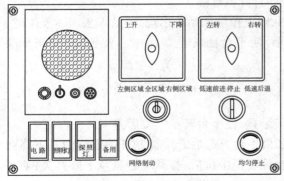 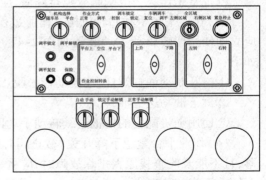

图 2-45　作业平台上控制面板　　　　　图 2-46　作业平台下控制面板

（3）将阀件柜上控制面板的机构选择开关置"平台"位。

（4）阀件柜上控制面板的作业方式开关选择"正常"或"调平"位。选择"正常"位时，即可进行以下步骤操作；若选择"调平"位时，还需进行车体调平操作，并确认主车架调平后，方可进行以下步骤操作。

（5）将阀件柜上控制面板的作业控制转换开关置"平台上"位。

（6）操纵控制面板上的区域选择钥匙开关置"左侧区域"位，拔出钥匙，则平台只能在车左侧 120°范围内转动；若置于"右侧区域"位，拔出钥匙，则平台只能在车右侧 120°范围内转动；若置于"全区域"位，拔出钥匙，则平台可在车左右侧各 120°范围内转动。

（7）转动升降控制开关至"上升"位，作业平台应平稳上升；当上升到一定高度后需要停止时，应将此开关置于"中间"位，作业平台应停止升降；转动此开关至"下降"位置，作业平台应平稳下降，表明平台升降动作正常。再将作业平台升起，并转动旋转控制开关，检查"左旋"和"右旋"是否正常。若升降动作和旋转动作均正常，说明作业平台升降旋转液压系统工作正常。

（8）作业平台旋转或使用调平装置前，应先将平台升起到离开平台车顶支承装置，再行旋转。

（9）作业完毕，需先将平台旋转到车体中心位置，将区域选择钥匙开关置"全区域"位并拔出钥匙，再使平台下降到车顶支承装置内。

2. 接触网作业车平台的应急操作

（1）作业平台升起后，若因动力原因或液压系统故障造成作业平台不能正常工作时，应及时使用设在液压阀件柜侧面的手油泵，人为使作业机构复位。

（2）平台紧急停止控制装置。

①为防止作业机构控制系统失效，在液压系统中设置了紧急电控卸荷回路，"紧急停止"控制按钮设在平台的上下控制面板上。正常情况下，紧急卸荷回路处于断开状态，系统工作不受影响。若升降、回转开关已转至中位后平台不能停止动作，应立即按下控制面板上的"紧急停止"按钮，平台即会停止运动。之后应及时查明原因，排除故障，待故障消除后，按照该按钮箭头所指方向旋转使该按钮复位。注意：此按钮未复位，平台不能正常动作。

②为防止紧急卸荷回路出现故障，在紧急卸荷电磁阀后又增设一球阀（KHP—10），其作用是当电磁阀发生故障，液压系统无压力时，可关闭球阀切断紧急卸荷回路，从而保证液压

系统以正常工作。当电磁阀故障排除后,应立即打开该球阀。

（3）作业平台手动回转机构。作业过程中,因电控液压系统出现故障,无法回转复位时,应立即使用回转驱动手动装置如图 2-47 所示,使平台回转至车体中心位置,其操作步骤如下：

①松开制动油缸螺杆,使制动带松脱。

②拆下油马达上油管。

③使用随机配置的摇把连续转动手动回转装置,使平台转至中位后停下。

（4）作业平台紧急下降开关（截止阀）。如果平台升起后升降控制开关不能使其下降回落,且不能及时查找原因排除故障时,应将平台回转至中位后,打开平台紧急下降开关,使平台回落至初始位置。

该开关设在平台回转马达旁（图 2-48）,操作时只需逐步开启截止阀把手,即可使平台缓慢下降。

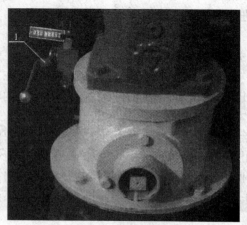

图 2-47　平台回转驱动手动置
1-平台紧急下降开关

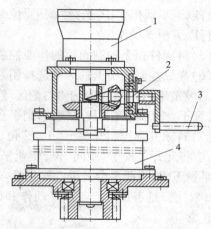

图 2-48　平台紧急下降开关
1-油马达;2-回转手动装置;3-摇把;4-减速机

（5）电磁换向阀应急手动按钮。当电气系统出现故障不能向阀件柜内的电磁换向阀提供电源或电磁阀故障时,可通过 3 号或 4 号内六角扳手推动电磁换向阀两端的手动按钮使阀芯换向,也可用圆棒推动按钮使阀芯移动换向,油液通过电磁阀进入作业机构的油缸或马达,保证各机构动作。手动按钮位置如图 2-49 所示（图中为三位四通电磁,换向阀两端带手动按钮；旧型车为两位四通电磁换向阀,只有一端有手动按钮）。

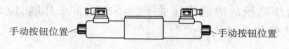

图 2-49　作业平台电磁换向阀示意图

九、卡线器（图 2-50）

1. 型号及用途

（1）型号：30GL0822。工具用途：用于接触线、承力索、坠砣补偿绳调整的抓紧。安全负荷：3t。适用线径：$\phi8 \sim \phi22$mm。

（2）型号：20GL0822。工具用途：用于接触线、承力索、坠砣补偿绳调整的抓紧。安全负

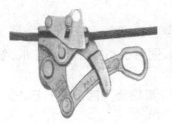 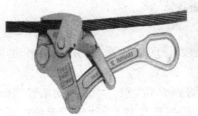 

a)卡线器型号：30GLO822　　　b)卡线器型号：20GL0822　　　c)卡线器型号：40A0822

图 2-50　卡线器

荷：2t。适用线径：$\phi 4 \sim \phi 22$mm。

（3）型号：40A0822。工具用途：用于接触线、承力索、坠砣补偿绳调整的抓紧。安全负荷：4t。适用线径：$\phi 20 \sim \phi 35$mm。

2. 使用方法

（1）打开挡板，将导线放入钳口中。

（2）将钳口的上齿和下齿卡紧导线，用手拉动腕臂使卡线器受力。

（3）闭合挡板使卡线器在导线上不滑、不脱为准。

3. 注意事项

（1）根据不同的导线和导线的张力选择不同的卡线器，确信卡线器在其使用范围内使用。

（2）当卡线器主体部分有断裂、严重破损或变形时，勿使用。

（3）不要把卡线器与超出安全工作荷载的紧线器连在一起工作。

（4）当导线的最大使用负载比卡线器的最大使用负载小的情况下，勿施加大于导线的最大使用负载的力量。

（5）勿对卡线器进行分解、改造或将其用于施工目的以外的场合。

（6）在紧线操作时，应检查导线已经被卡线器主体部分和钳口部分卡住。

4. 保养方法

（1）当长期卡硬质材料和软质材质且对上齿口和下齿口造成磨损或堵塞时，应使用钢刷清除污垢，如齿口已严重磨损或无法清除污垢，请更换新的上齿和下齿。

（2）要放在干燥的地方，不宜放在潮湿的地方保存。

十、合金链条紧线器（图 2-51）

1. 型号及用途

（1）型号：RICKY—3。用于接触线、承力索、坠砣补偿绳调整的紧线。工作能力：1.5t。链条直径：$\phi 5$mm。操作杆长度：230 mm。

图 2-51　铝合金链条紧线器

（2）型号：RICKY—30。用于接触线、承力索、坠砣补偿绳调整的紧线。工作能力：3t。链条直径：$\phi 5$mm。操作杆长度：430mm。

（3）型号：P4000。用于接触线、承力索、坠砣补偿绳调整的紧线。工作能力：4t。链条直径:φ5mm。操作杆长度:430mm。

2. 使用方法

(1)自由挡。将切换棘爪放置于 N 位置上,并放开制动爪,同时手指按住防逆棘爪,然后链条可来回自由拉动。

(2)牵引。将切换棘爪放置到 U 位置上,并将制动爪置到棘轮齿轮处,用手柄进行操作。

(3)卸载。将切换棘爪放置于 D 位置上,并使用手柄进行操作。

3. 注意事项

(1)不要使载重超过紧线器的最大工作负荷。禁止使用加长手柄。

(2)紧线器不可用于提举及装卸货物。

(3)紧线器安装在对象物上之后,应在施加负荷以前在紧线器主体的出口处锁链上安装安全挡块。

(4)使用前应将链条展开,避免打结现象。

(5)制动部分不可润滑,润滑后导致制动滑移,并引起事故。

(6)链条在五个链节全长应在 77.7mm 以下,如果有拉长现象或链条变形时应禁止使用或更换链条。

(7)如果紧线器有严重磨损或变形应禁止使用。

4. 保养方法

(1)要放在干燥的地方,不宜放在潮湿的地方保存。

(2)链条要经常擦拭,以免生锈。

(3)紧线器不可用力抛丢或以暴力刻意损坏。

十一、线性张力测试仪(图2-52)

1. 工具用途

(1)用于快速精确测定接触网的弹性吊索。

(2)基本构件及参数:硬质钢轮,3个;绳索直径,4~16mm;测量范围,0~500kg;电源电压,9V;误差范围,最大测试范围的 2%~6%。

图2-52 线性张力测试仪

2. 使用方法

(1)连接。把张力测试仪和手持数值放大器用连接线连接起来,注意手持数值放大器必须与单个测试仪进行连接才能使用。

(2)开机。左滑动键滑到 I 位置,LCD 显示器显示数字值,测试仪已经可以进行操作。

(3)校正测试仪。将测试仪放到需要测量的弹性吊索上,注意3个金属轮不要接触到被测量的弹性吊索。左滑键滑到清零键、右键滑到 △ 位置,LCD 显示 000,然后把左键滑到 I 处。把右滑键滑到需要的位置进行测量。

(4)测量。详细阅读张力测试仪的操作指南,测试仪进行测量,LCD 显示器上显示测量的数值。

(5)选择操作模式。通过右滑键可以选择以下操作模式:

①C 位置:显示测量区域的动态数值。

②△位置:显示测量区域的数据峰值。

③H 位置:显示测量区域的数值静止。

3. 操作模式说明

(1)动态值显示:位置 C,显示测量动态值。动态值是 0.5s 内测量值的平均值。这个时间既能保证清楚的读数,又能保证对张力值变化的快速相应。

(2)峰值显示:位置△,显示测量的峰值。峰值是指在测量区域张力最大值的显示,当下一数值大于现有的数值时则认为是最新的测量峰值。

当离开位置△后,系统会对峰值存储复位,然后重新激活,重新存储的峰值又可以在位置△得到。

(3)数值静止:位置 H,显示测量数值静止。数值静止用于恶劣的测量环境,无法在测量同时进行读数,测量值会记录在显示器上,关机或离开 H 模式后,系统会删除。

4. 注意事项

(1)这个设备只适用于测量高速铁路弹性吊索张力。

(2)传感器连接电缆不可以与任何移动物体接触。

(3)不允许对设备结构和安全方面进行改造。

(4)弹性吊索测试仪是精密仪器,使用时要小心,轻拿轻放。

(5)请注意:在满量程下,测量轮的唯一量程仅为 0.1mm。

(6)不要测量未知张力的任何线缆。

5. 保养方法

(1)使用后请将弹性吊索测试仪存放在专用的箱子里。

(2)存放时不要使张紧轮处于受力状态。

(3)存放前请将测试仪用干净的棉布擦净。

十二、弹性吊索安装工具

弹性吊索安装工具,如图 2-53 所示。

1. 工具用途

用于接触网弹性吊索的安装及检修;工作张力,3kN;最大张力,5kN。

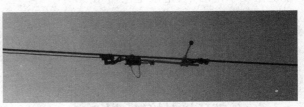

图 2-53 弹性吊索安装工具

2. 使用方法

见项目三"任务七 弹性吊索检修、更换"部分。

3. 注意事项

(1)线夹与线的夹持应牢固可靠,无滑动现象。

(2)螺栓紧固时,应注意受力均衡,紧固过程中不能咬扣、发热。

(3)交替紧固螺栓,并使螺栓的紧固力矩达到 23N·m。

(4)弹性吊索的张力为 3.5kN。

十三、力矩扳手(图 2-54)

图 2-54 力矩扳手

1. 工具用途

用于螺母的紧固;力矩范围,20~100N·m。

2. 使用方法

(1)根据工件所需力矩值要求,确定预设力矩值。

(2)预设力矩值时,将扳手手柄上的锁定环下拉,同时转动手柄,调节标尺主刻度线和微分刻度线数值至所需力矩值。调节好后,松开锁定环并锁定。

(3)在扳手上装上相应规格套筒,并套住紧固件,在手柄上缓慢用力。施加外力时,必须按标明的箭头方向。当拧紧到听到"咔嗒"的一声(已达到预设力矩值),停止加力,一次作业完毕。

(4)大规格力矩扳手使用时,可外加接长套杆以便操作省力。

(5)如长期不用,调节标尺刻线退至力矩最小数值处。

3. 注意事项

(1)拆卸紧固的螺栓或螺母时,力矩扳手的尾端禁止加接套管。

(2)达到预置力矩时,当听到"咔嗒"声响后立即停止施力以保证精度、延长使用寿命;

(3)力矩扳手施力时不应调节正反转。

(4)力矩扳手须专人保管及操作,每年进行校准以保证其精度。

4. 保养方法

(1)要放在干燥的地方,不宜放在潮湿的地方保存。

(2)扳手应避免接触水或尘土,切勿将力矩扳手置于液体中,以免损坏其部件。

十四、角度仪

(1)工具用途:定位器坡度测量,如图 2-55 所示。

(2)使用方法:将角度仪放置在定位器上,注意角度仪的长边与定位器长边保持平行,不得歪斜,然后调整旋钮使水泡居中,记录定位器角度。

图 2-55 角度仪

任务 五 接触网维护

一、外部环境对接触网影响

接触网是露天设备,它受自然条件(风、雨、冰、雾、温度)的影响较大,上跨桥、上跨电力线、危险杆塔、危树等周边环境会影响供电安全。

1. 大风

大风可以增加线索和支柱的机械负荷,而且还会使接触线产生摆动和振动。强劲的大风会使接触线出现大幅度的摆动,低速的风也会使接触线产生低频率、较大幅度的摆动,当风向与接触线垂直时,会交替产生向上和向下的力,对接触线产生周期性的冲击作用,造成导线上下振动,使接触线稳定性变差。在遇有大风、暴雨情况下,铁路线路的危树极易倾倒在线路上,短接接触网,造成接触网断线故障。

2. 覆冰

在冬季,接触网线索上会有积雪和结冰,称为覆冰。覆冰会增加接触悬挂的机械负荷,接触线覆冰严重时会造成电力机车无法运行。

3. 气温变化

温度的变化会使接触线和承力索的弛度发生变化。低温时线索收缩,会出现负弛度,高温时线索变长,弛度增加,造成定位装置、腕臂偏移,补偿装置的 a、b 值发生变化,易造成线索卡滞。在接触网线索立体交叉的处所,当温度变化时,线索长度发生变化,产生弛度,容易形成线索距离缩短,对地距离不足,造成线索互磨或闪络放电。

4. 雨、雪、雾

初春天气干燥,大气中悬浮的污秽物较多,使得每年第一场雨雪特别脏,融雪或雨水的电导率较大,绝缘子容易造成污闪。

在大雾出现时候,大气中悬浮的污秽物不易扩散,绝缘子污秽严重,易造成绝缘子闪络。

雨季实行降雨量警戒制度、添乘检查制度。客运专线路设雨量监控终端,对设施集中监控。根据线路设备状况规定降雨量警戒值,出巡警戒值,日雨量15mm;列车慢行警戒值,日雨量100mm+小时雨量15mm;封锁警戒值:小时雨量30mm。

5. 鸟巢

每年春季,随着天气回暖,大批候鸟北飞、繁殖,鸟类会在供电支柱、硬横梁、腕臂、补偿下锚等部位有鸟类筑巢的现象。因鸟巢造成的接触网停电跳闸故障时有发生。

6. 跨线桥

天桥及跨线桥跨越接触网的地方,应按规定设置安全栅网,距两侧最外股钢轨10m范围内对应的立交桥上设置,防护网状态良好、安装牢固。绝缘护套应在建筑物、构筑物下方的接触网线索上贯通安装且边缘两侧延长5m。

7. 上跨电力线

由于跨越铁路的电力线路维修不到位,容易出现上跨电力线搭在接触网上,造成接触网断线故障。因此要求新建跨越铁路的电力线路电压等级不得低于35kV,既有10kV及以下上跨电力线逐步、分批拆除。

二、绝缘部件清扫

1. 对绝缘件的管理

供电段按设备周围环境和污秽条件划分区域,每3年对绝缘部件周围的污染源进行1次调查,界定污染区域并绘制示意图,统计可能被污染的设备数量,确定绝缘污秽等级。每个污染区应每年抽样进行1次附盐密度测试,以确定污秽程度,指导绝缘清扫的时间和周期。

2. 绝缘清扫周期

一般地区(附盐密度<0.1mg/cm^2,下同)的绝缘清扫周期如下:

(1)分段绝缘器,周期6个月。

(2)瓷质绝缘件,周期2年。

(3)复合绝缘件,周期3年。

3. 绝缘件其他管理要求

(1)污秽地区(附盐密度>0.1mg/cm^2,下同)的绝缘清扫应根据测试数据、天气变化和污秽程度等因素确定周期,适时组织清扫,防止发生污闪。

(2)具备条件的区段,宜在入冬、春融前,组织对绝缘子进行水冲洗。

(3)对复合绝缘部件实行寿命管理。产品有明确规定的,按出厂规定使用年限执行。

三、接触网设备问题处理方法

1. 隔离开关存在的主要问题

(1)传动连杆受阻发生断裂,如图2-56所示。

(2)GK柔性导体断裂,如图2-57所示。

(3)刀头偏,打不到位。如图2-58所示。

(4)双极GK横连杆弯曲,连接轴松旷,如图2-59所示。

图2-56 传动连杆受阻发生断裂

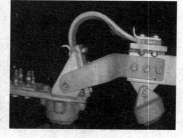
图2-57 GK柔性导体断裂

图2-58 刀头偏,打不到位

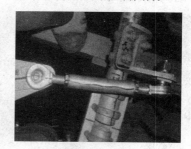
图2-59 连杆弯曲、连接轴松旷

(5)操作电动机脱扣。

(6)隔开操作杆双耳连接器断裂。

解决办法:请生产厂家技术人员来现场分析原因,提出解决办法,现场培训检修人员;送生产骨干人员进厂培训;给供电工区配备开关配件,尤其是易损件。

2. 补偿装置出现的主要问题

(1) 补偿绳在轮上走偏、相互挤压,影响补偿轮转动,如图 2-60 所示。

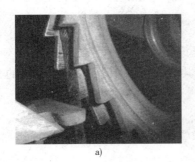 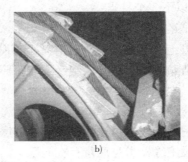

a)　　　　　　　　　　　　　　b)

图 2-60　补偿绳偏磨棘轮壁或齿

(2) 补偿绳与棘轮壁或齿的相互摩擦,以及补偿绳的破损变形如图 2-61～图 2-63 所示。

图 2-61　补偿绳破损变形

　　a)　　　　　　　b)　　　　　　　　　a)　　　　　　　b)

图 2-62　小轮补偿绳与大轮轮齿摩擦　　　图 2-63　大轮补偿绳与自身齿轮摩擦

(3) 坠地砣卡滞,隧道内坠地砣被挡板卡住。

(4) 坠砣导杆上端脱落。

解决办法:组织工程技术人员认真分析原因,开展技术攻关,逐项制定整改办法;建议设计单位、产品生产单位重视产品频繁出现的问题,从产品结构或相互配套方面改进。例如,要解决坠陀导杆上端脱落的问题,只需将 L 形螺栓加长即可。

3. 分段绝缘器磨损严重

2009 年,京津城际各工区巡视过程中,发现北京南站、武清站、天津站中的 9 架渡线分段绝缘器、1 架器件式分相绝缘器迎车方向的消弧棒存在不同程度磨损,其中最高磨损量达到 7mm,如图 2-64、图 2-65 所示。这种情况下,极易造成打弓、钻弓等弓网故障。磨损的分段绝缘器具有以下 3 个特点:

(1)机车运行密度大。
(2)分段绝缘器迎车方向的消弧棒磨损严重。
(3)武清站侧线 2 组分段绝缘器(上下行共计 4 组),其中机车转出侧的分段绝缘器磨损较严重。

原因分析:

(1)弓网架次较多是造成分段绝缘器磨损严重的主要原因。
(2)分段绝缘器本身质量存在问题。
(3)分段绝缘器相关参数不符合标准。

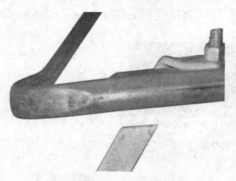

图 2-64 消弧棒磨损状况

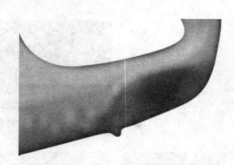

图 2-65 消弧棒磨损量达到 7mm

建议措施:

(1)对所有分段绝缘器进行检查和调整,使各种参数符合要求。
(2)对迎车方向磨损严重的消弧棒进行倒换。
(3)对其余分段绝缘器进行更换。
(4)配备部分分段绝缘器消弧棒,以满足当前更换需要。

4. 27.5kV 电缆、电缆头出现的问题

27.5kV 电缆头安装实景,如图 2-66 所示。

(1)电缆头受力弯曲,如图 2-67 所示。
(2)安装的固定卡箍将电缆压伤,如图 2-68 所示。
(3)电缆头硅橡胶萎缩变形,出现空洞,如图 2-69 所示。
(4)电缆头受力下移,卡在角钢上,绝缘体受破坏,如图 2-70 所示。

5. 防雷击接触网问题

2010 年 6 月 27 日,京津城际亦庄至永乐供电臂跳闸,职工在现场拍摄到的强雷电情况,如图 2-71、图 2-72 所示。

图 2-66　电缆头安装实景图

图 2-67　电缆头受力弯曲

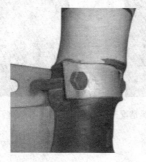
图 2-68　固定卡箍将电缆压伤

图 2-69　电缆头硅橡胶萎缩变形

图 2-70　电缆头受力下移,卡在角钢上

图 2-71　强雷电情况 1

图 2-72　强雷电情况 2

设备损坏情况:2 个馈线绝缘子、1 个平腕臂绝缘子闪络,如图 2-73 所示。

a)
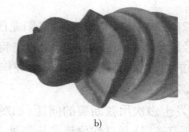
b)

图 2-73　绝缘子闪络

6. 大量的鸟巢直接影响供电安全

对鸟巢应采取的措施:添乘确认车人员加强瞭望检查;工区安排护栏外巡视检查,发现鸟巢则利用天窗时间清除,并做好记录。在经常搭窝处安装惊鸟风车。在无法安装安装惊鸟风车处涂粘鸟剂。图 2-74 为在供电线肩架上筑巢情况,图 2-75 为棘轮补偿框架内筑巢情

况,图 2-76 为在斜腕臂定位环处筑巢情况。安装惊鸟风车如图 2-77 所示。

7. 网上异物造成跳闸及承力索断股问题

2011 年 3 月 10 日,北京南城机场 JJK3 +100 处 01~06 号支柱处,接触网上挂有一个带有金属丝的风筝(电子风筝),造成该处接触网与保护线短接放电,使非支承力索烧伤断 7 股,如图 3-74 所示。

图 2-74 在供电线肩架上筑巢情况

图 2-75 棘轮补偿框架内筑巢情况

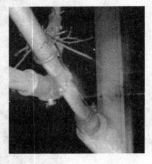
图 2-76 在斜腕臂定位处筑巢情况

图 2-77 安装惊鸟风车

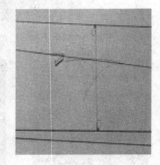
图 2-78 电子风筝造成承力索烧断股

2009 年 9 月 13 日 6 时 14 分,巩义南变电所 211 断路器跳闸,重合成功。原因:大风将农用地膜刮到至巩义南变电所 3131 号上网隔开闸刀处。经处理于 8 时 20 分恢复供电,中断供电 126min。

2010 年 12 月 29 日 12 时 31 分,洛阳龙门变电所 213 跳闸,重合成功。巡视发现,龙门至渑池 0391 号杆东 10m 处一带金属泊的包装纸被大风(当天为 7 级大风)刮到接触网上,短接正馈线和保护线,造成正馈线和保护线烧伤。

8. 高速区段吊弦折断问题

高铁曾经发生多次吊弦断裂的问题,如图 2-79、图 2-80 所示。断裂的吊弦线断口无烧伤痕迹、无磨断痕迹、且断口均位于夹压箍处,断裂的吊弦处于全面检查周期之内。

分析吊弦折断原因:高铁正线通过的动车组弓架次较多,吊弦压箍压接处吊弦线的弹性较差,每次受电弓通过时的抬升量较大,这就造成了吊弦压接处反复受到剪切力作用,对吊弦线造成折伤,直至全部折断。

如不能及时发现吊弦断裂,将会造成弓网故障甚至事故,严重地影响牵引供电设备的安全运行。

图 2-79　吊弦折断现象一

图 2-80　吊弦折断现象二

9. 长打隧道湿气重

长大隧道雨后洞内出现严重的湿气，这会造成零部件、线索氧化严重，如图 2-81、图 2-82 所示。绝缘子易发生闪络。

图 2-81　线索氧化严重

图 2-82　零部件氧化严重

复习思考题

1. 计算坡度时需测量哪些数据？
2. 计算坡度变化率时需测量哪些数据？
3. 计算弛度时需测量哪些数据？
4. 计算弹性时需测量哪些数据？
5. 计算弹性不均度时需要哪些数据？
6. 什么是接触网平面示意图？
7. 平面图有哪几类？
8. 平面图说明栏包括了哪些内容？
9. 隧道内接触网平面布置图标注了哪些专项内容？
10. 各种平面图显示的比例分别是多少？

11. 安装图有哪些种类？
12. 根据支柱用途的不同分为哪几种装配形式？
13. 接触网安装图主要由哪几部分内容组成？
14. 支柱装配图是根据哪些条件划分的装配形式？
15. 各类支柱安装图上为何没有标示具体明确的安装尺寸？
16. 供电示意图中记录了哪些信息？
17. 供电示意图对故障抢修有何作用？
18. 横向分段和纵向分段有何区别？
19. 分区所如何实现并联供电和越区供电？
20. AT所是怎样与接触网串接的？
21. 简述铝合金套管座的性能和用途。
22. 简述接触线电连接线夹的性能。
23. 简述承力索电连接线夹的性能。
24. 简述承力索中心锚结线夹的性能和用途。
25. 简述棘轮补偿装置的性能。
26. 简述充电式液压导线切刀的适用范围。
27. 简述接触线紧固夹具的用途和适用范围。
28. 简述接触线校直器的功用。
29. 充电式吊弦压接错的用途和适用范围有哪些？
30. 如何使用接触网作业车平台紧急下降开关（截止阀）？
31. 如何解决补偿装置出现的问题？
32. 如何解决分段绝缘器磨损严重的问题？
33. 你对接触网防雷电方面有哪些建议？
34. 你对解决鸟巢问题有哪些可行的措施？
35. 试述长大隧道雨后洞内出现严重湿气的解决办法。

项目三 接触网检修调整

教学目标：

掌握接触网检调作业程序；掌握接触悬挂、定位装置检调方法；掌握棘轮补偿装置、弹性补偿装置、整体吊弦、无交叉线岔检调方法；掌握承力索接头制作、弹性吊索检修、更换方法；掌握隔离开关、避雷器及接地线装置检调方法；掌握电连接检修、更换，分段绝缘器安装调整方法。培养学生接触网检修与维护基本能力。

教学要求：

知识与能力目标	1. 能够掌握接触网的检调作业程序； 2. 能够对接触悬挂、定位装置、棘轮补偿装置、弹性补偿装置、整体吊弦、无交叉线岔、隔离开关、电连接、分段绝缘器、避雷器及接地线装置进行检调； 3. 能够制作承力索接头，检修、更换弹性吊索
教学材料	1. 接触网专用工具、仪器、仪表； 2. 计算机、投影仪、接触网零部件实物、视频、演示文档、指导作业文件、图纸、任务书、工作记录单、评价表
训练内容	1. 接触悬挂、定位装置、棘轮补偿装置、弹性补偿装置、整体吊弦、无交叉线岔、隔离开关、电连接、分段绝缘器、避雷器及接地线装置的检调； 2. 承力索接头制作，检修、更换弹性吊索
教学场所	1. 接触网技能训练一体化室； 2. 接触网演练场
建议学时	24 学时

 接触悬挂的检调

一、工具材料

（1）工具：作业车（车梯）1台、接触网多功能检测仪1台、力矩扳手2把、钢卷尺1把、水平尺1把、钢丝套子2套、手扳葫芦1套、小绳1条、电工工具2套、安全带2条。

(2)材料:螺母若干、铁线若干、定位器、定位管、吊弦线、承力索吊弦线夹、接触线吊弦线夹、心形环、压接套管。

二、检查测量内容和方法

(1)制作简易受电弓动态包络线检测尺。

根据受电弓尺寸和最高行车速度要求的抬升量及左右摆动量,制作包络线检测尺,并将受电弓检测尺提前固定在作业车受电弓上。

(2)测量接触网静态几何参数。

测量人员用接触网激光测量仪对接触网静态参数、几何尺寸(导高、拉出值、弛度、接触线坡度等)进行测量,如图3-1所示。

(3)弹性检测。

利用接触网检测车或人工用弹簧秤以100N的向上拉力进行静态弹性检测(图3-2),即进行悬挂点与跨距中部弹性非均匀度检测,记录数据进行综合分析。测量点为跨中、悬挂点、中心锚结线夹、电连接线夹处,逐点测量。

在悬挂点,先用钢尺测量导线静态的高度(可在平台拉杆上横放一块木板),即测木板到导线下缘的距离;再用弹簧秤挂在导线上,用力上提,测量抬高后导线下缘至板面的距离并读取弹簧秤上显示的上抬力值。根据测量结果,计算出弹性不均匀度,并与设计值和标准相比较,验证是否达到设计要求。

 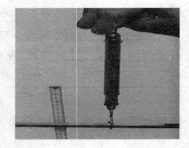

图3-1 接触网激光测量仪图　　　　图3-2 检查接触悬挂弹性装置

(4)受电弓动态包络线检查(图3-3)。

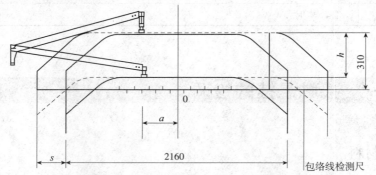

图3-3 受电弓动态包络线检测示意图(尺寸单位:mm)

a-接触线拉出值;h-受电弓最大抬升量;s-受电弓最大摆动量

①检测作业人员上作业平台,先用铁线将定位点接触线抬升至设计动态最大抬升高度,检查定位间隙,做好记录。

②升受电弓至抬升接触线高度,检测定位管、定位器及定位支座等接触网零件是否在包络线检测尺范围以外,并做好记录。

三、接触悬挂调整项目及方法

(1)导线高度不符合标准的调整。

①如因悬挂点高度问题造成导线高度过高或过低,可通过调整双耳套筒在斜腕臂上的高低位置(也就是使腕臂抬头或低头),来达到改变导线高度的目的。

②吊弦的长度问题可能会引起导高超标。吊弦长度不符合要求时,测量后在现场预制,利用作业车安装,用接触网激光仪检测。

(2)拉出值超标。

利用作业车,先用钢尺在定位管定位支座中心测量出精调值,并用标识笔作上标识。

①正定位的调整:调整定位支座在定位管上的固定位置(拉出值小时向定位器根部方向,拉出值大时向定位线夹方向),移至合适位置,将定位支座连接螺栓用力矩扳手拧紧,用接触网激光测量仪检测。

②反定位的调整:调整定位支座在定位管上的固定位置时,应先使定位卸载。其方法为:在腕臂顶端插入一节定位管,挂上铁丝套、大绳滑轮,用绳头绑牢接触线,两人拉绳使其卸载。移至合适位置后,将定位支座连接螺栓紧固。

③拉出值如需调整量过大,则更换定位器或者定位管:根据调整量确定定位器或定位管型号,卸载方法同上,更换定位器或反定位管,将拉出值调整至符合标准。

(3)跨中偏移值调整。

①测量并比较两侧定位点拉出值,选择引起跨中偏移值超标作用因素较大的定位点,即与标准值相差较大的定位点。

②根据跨中偏移值超标数值,计算调整此处定位能否使跨中偏移值符合标准,如不能,同时调整另一定位点拉出值。

③按照调整工艺调整定位点拉出值,至符合标准。

(4)相邻吊弦高差调整。

相邻吊弦高差不应大于5mm,高差超标的吊弦,应在现场测量后预制,利用作业车安装。弹性链形悬挂导高为常数,相邻吊弦高差不得超过5mm,跨内最高和最低吊弦高差不得超过10mm,超标应在现场测量、预制安装。安装后,用接触网激光测量仪检测。

(5)导线坡度超标。

此时,主要调整吊弦处的导线高度,若是悬挂点高度引起的,可采用前述(1)的方法精调。

(6)定位点接触线抬升不到设计弛度(即定位间隙小)时,将定位间隙调整到设计要求值,并用定位间隙检测尺检测。

(7)定位管高度低,定位器开口小(斜度小)。

向上调整定位环在斜腕臂上安装位置,调整时需用绳滑将定位管卸载。调整后,应检查定位管、定位器、定位支座等接触网零件在动态包络线以内。

四、技术标准

(1) 导线高度与拉出值应符合设计要求,施工偏差为±30mm。

(2) 简单链形悬挂跨中预留弛度应符合设计要求,相邻吊弦处导高差不应大于5mm。

(3) 跨中相邻吊弦处导高差不得大于5mm,跨中吊弦处导高最高、最低差不应大于10mm。

(4) 两相邻悬挂点导高差不应大于10mm。如果一个跨距的接触线两悬挂高差大于20mm后,下一跨距不得直接出现相反的坡度。必须是水平过渡一跨或沿一跨的坡度走向,如图3-4所示。悬挂点相邻腕臂之间相连的直线与该悬挂点不得超过±10mm。

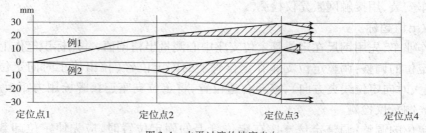

图3-4 水平过渡的坡度走向

(5) 简单链形悬挂的弹性不均匀度$\mu \leq 25\%$,弹性链形悬挂的弹性不均匀度$\mu \leq 10\%$。

(6) 检测受电弓动态包络线时,定位器、定位管、电连接及电连接线夹、线岔、吊弦、分段绝缘器、隔离开关及引线、隧道内吊柱等,均不得侵入受电弓动态包络线范围。

五、注意事项

(1) 严禁踩踏接触线。

(2) 曲线处作业时,作业人员不宜站在线索受力方向的反侧。

(3) 高空作业系好安全带,严禁将安全带系在拆卸的接触网部件上。

(4) 新安装位置的吊弦线夹处,应先清理表面氧化物后再安装。

任务二 定位装置检调

一、工具材料

(1) 工具:作业车1台、多功能接触网检测仪1套、钢丝套子2套、手扳葫芦1套、钢卷尺1把、水平尺1把、扭面器1套、大小绳各1条、梅花扳手1套、力矩扳手1套、螺丝刀2把、电工工具、温度计1个、定位管测尺(150mm/m)1把。

(2) 材料:定位管、定位器、定位线夹、定位支座、定位环、防风拉线、防风拉线环、支持器、定位管卡子、防风支撑、斜拉线、螺栓、螺母、铁线。

二、测量检查内容及方法

(1)定位器偏移。

使用线坠和钢卷尺测量出定位器相对于支柱中心垂直线路方向的偏移值,查出当时的气温和支柱距中心锚结的距离,根据安装曲线确定偏移量是否超标。

(2)定位器坡度。

①用定位坡度角度尺测量定位器坡度:将角度尺靠在定位器上,调整水泡至中心位置,可直接显示定位器坡度,标准值为 $8° \sim 13°$。

②用水平尺测量定位器坡度:将水平尺放在定位器上方,调平同时用钢卷尺测量出高度差,计算出定位器坡度(mm/m)。

$$定位器坡度 = 两点高度差/水平尺长度$$

③用接触网激光测量仪测量定位器坡度:用激光测量仪分别测量出定位器下方两点对轨平面的高度,计算出两点高度差,在激光测量仪的轨道尺上计算出两点的距离差。计算定位器坡度:

$$坡度(mm/m) = 两点高度差/两点距离差$$

(3)限位间隙。

在接触网高度符合标准的前提下,用异径塞钉测量限位间隙是否符合标准。

(4)定位器、定位线夹状态。

检查定位器有无弯曲、损坏。检查定位线夹有无裂纹、损伤、倾斜,受力面安装是否正确、是否完全入槽。

(5)斜拉线、防风支撑有无锈蚀、损坏。

(6)检查弹性支座安装高度是否符合标准。

(7)各部件螺栓紧固及受力状态。

三、调整项目及方法

(1)定位器偏移值不符合标准。如腕臂偏移不正确,则松开承力索支座线夹螺栓,推动腕臂移到标准位置。如定位器偏移超标,则松动定位线夹螺栓,将定位器调至标准位置,按标准力矩紧固。

(2)定位器坡度不符合标准的调整,如图3-5所示。

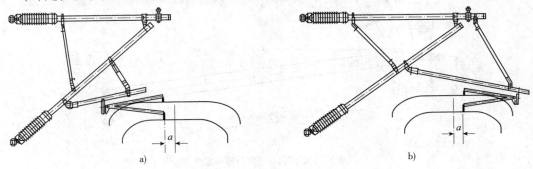

图3-5 定位器坡度调整

在保证接触网高度的前提下,确认调整量和调整方向。将定位器卸载,松动定位环线夹螺栓,调整定位管高度。调整后,用坡度尺校验。

(3)弹性支座高度不符合标准,弹性支座安装如图3-6所示。桥隧地段使用弹性支座时,应依据受电弓通过时定位管的振动情况调整平衡阻尼器,振动较大时拧紧调整螺母,不能灵活跟随受电弓时,应放松调整螺母。

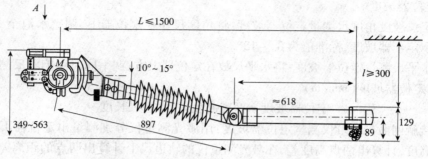

图3-6 弹性支座安装图(尺寸单位:mm)

(4)定位管安装位置高低的调整。需更换斜拉线和移动防风支撑的安装位置,调整定位管卡子的位置。

(5)检查各部件状态。检查定位环、定位器、定位支座、支持器、套管铰环等部件是否有裂纹、损伤、短缺,存在缺陷应更换、补齐。检查各部螺栓紧固及受力是否良好、是否有脱扣、锈蚀缺陷,垫片是否齐全,各部位连接是否正确,存在缺陷应及时处理。

(6)非支导线位置的调整。如非支导线位置不符合要求,则调整锚支定位卡子在定位管上的安装位置,或调整定位管的仰高,使非支接触线到达设计指定的位置。

检查锚支定位卡子状态:接触线包裹半圆管衬垫处应卡在上下夹板的带齿线槽内,半圆管衬垫两端露出长度各为10mm;锚支定位卡子V形面与定位管应紧密贴合;U形螺栓上的两个螺母紧固力矩达到35N·m时,螺纹的露出长度应相等。

四、技术标准

矩形铝合金定位器,如图3-7所示。

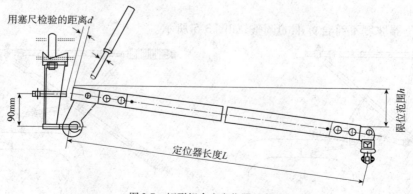

图3-7 矩形铝合金定位器示意图

（1）定位器安装应符合设计要求，在平均温度时，应垂直线路中心线；温度变化时，偏移量与接触线在该点的伸缩量应一致。限位定位器倾斜度与定位管的坡度应符合设计要求，限位间隙允许偏差为±1mm。非限位定位器的根部与接触线高度之差允许偏差为±10mm，并应保证定位线夹处接触线工作面与轨面连线平行。限位定位装置中限位间隙标准，见表3-1。

定位器限位间隙标准（单位：mm）　　　　　表3-1

定位间隙调整值 d　定位器限位抬升量 h　定位器长度 L	正线：240	站线：200
1050	20.6	17.1
1150	18.8	15.7
1250	17.3	14.4
1350	16	13.3

（2）设计无明确要求时，定位管应水平；在平均温度时，定位管应垂直于线路中心线。转换支柱处两定位器应能分别随温度变化自由移动、不卡滞，接触线非工作支和工作支定位器、定位管之间的间隙不小于50mm，螺栓紧固力矩值符合设计要求。

（3）限位间隙调整：应符合安装手册要求，限位间隙施工允许偏差为±1mm。

（4）定位管应与腕臂在同一垂面内。使用折角定位器时，定位管应水平；使用直角定位器时，正定位抬头、反定位低头量应符合设计要求。

（5）锚支定位卡子U形销向上折弯60°，半圆管衬垫两端露出长度各为10mm，U形螺栓上的两个螺母紧固力矩达到35N·m时，螺纹的露出长度应相等。

（6）拉出值施工允许偏差为±30mm。定位器的定位线夹相对线路安装位置同腕臂顺线路安装位置偏移的角度。

（7）连接螺栓紧固力矩应符合产品要求；止动垫片应挪到位。

（8）定位器不应处在受压状态下，其倾斜度应符合实际受力平衡状态。

（9）电气连接线安装的弧度不应与定位器底座上的限位止钉相互摩擦，铜铝双面垫片应安装正确，铝面与定位器和底座应接触，铜面与电气连接线鼻子应接触。

（10）弹性支座绝缘子连接器与水平线的夹角为：-7.5°~25°；腕臂中心线与棒式绝缘子中心线的夹角不得超过30°，连接处的弹性销钉铆接应牢靠；平衡阻尼器压簧的长度应保持在20~26mm之间。

五、注意事项

（1）作业过程中，严禁踩踏接触线或给接触线施加外力，以保证接触线的平直度和良好的高速弓网受流质量。

（2）作业人员不宜位于线索受力方向的反侧，并应采取防止线索滑脱的措施。

（3）安装定位器上的定位线夹时，应使其螺栓母受压，定位线夹与接触线接触面应涂电力复合脂。

（4）定位环应沿线路方向垂直安装，定位管上定位环的安装位置距定位管根部不小于

40mm,定位装置各部件之间应连接可靠,定位钩与定位环的铰接状态应良好。

任务三 棘轮补偿装置检调

一、工具材料

(1)工具:钢丝套子(1.1m)2 套、紧线器(16~70)1 套、手扳葫芦(3t)1 台、断线钳(1080mm)1 把、管钳(350mm)2 套、手锤(4 磅)2 把、温度计 1 支、小绳(ϕ12mm)1 条、安全带 5 条、防护用具 2 套、电台 6 部、作业车 2 辆。

(2)材料:双耳楔形线夹 2 套、铁绑线(ϕ2.0)若干米、补偿绳 2 条、坠砣(25.0kg)若干、铁线(ϕ4.0)若干米。

二、测量检查内容及方法

(1)用钢卷尺测量 b 值和 a 值,检验其是否符合标准。如高处不能直接测量或读数不方便,用皮尺测量棘轮至地面的距离 d 和坠砣串的高度,计算 $a = d - b - c$。

(2)检查补偿绳有无碰伤、散股或断股现象,绳股之间有无交错、重叠现象,配套件是否齐全。检查补偿绳与轮体连接的楔形装置安装是否正确、是否可靠,如有松动,应用手锤垫一块木板将补偿绳同楔子一起与楔形槽打紧。补偿绳断股及有重大损伤时应更换。

(3)检查补偿轮转动是否灵活。棘轮补偿装置,如图 3-8 所示。

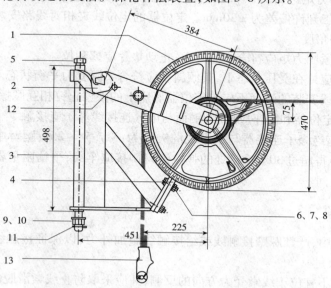

图 3-8 棘轮补偿示意图(尺寸单位:mm)

1-轮体;2-摆动杆;3-补偿竖轴;4-制动卡块;5-M24×600 螺栓;6、7、8-M12×50 六角螺栓、垫片、M12 六角螺母;
9、10-垫片、M24 螺母;11-5×40 销钉;12-防脱螺栓(两侧);13-带专用楔子的终端楔形线夹

(4)检查棘轮补偿装置各部件有无变形,紧固件有无松动、脱落,应按规定力矩校验。检查补偿轮体有无裂纹、变形,否则应更换问题部件。检查各受力部件及线索张力是否良好。

(5)检查限制架及限制杆是否连接牢靠,检查限制杆是否自然竖直向下并且不影响坠砣自然升降。否则,要对其进行紧固、调整。

(6)检查制动装置中棘轮补偿制动卡块到棘轮的距离是否符合规定(一般为48mm);安全抱箍距补偿绳距离是否符合规定(一般为3mm)。

(7)隧道内,检查平衡轮平衡状态、连接状态、线索入槽状态等。检查坠砣保护支架及挡板的连接状态、是否影响自然坠砣升降等。否则,要对其进行紧固、调整。隧道内,还应检查整体棘轮底座接地是否良好,即检查棘轮底座预埋槽道处接地线状态。

(8)检查坠砣是否破损、锈蚀;块数、叠码是否规范;上下移动是否灵活。

三、调整项目及方法

(1)a、b值过大或过小:按照安装曲线重新做回头。

①根据调节量,在补偿绳上适当位置打一紧线器,坠砣杆环下方打一钢丝套,或在坠砣杆环内传入双股$\phi 4.0$铁线。

②用手扳葫芦连接、紧线,使补偿绳松弛。

③将楔形线夹从坠砣杆环内取下,退出楔子,按补偿曲线的要求,重新做回头。

④撤除各用具,复测b值。

(2)补偿绳散股、断股:更换补偿绳。

①将需要更换补偿绳的坠砣串用手扳葫芦吊起,并固定在支柱上。

②将紧线器安装在线索上,钢丝套子安装在支柱上;紧动手扳葫芦,使补偿绳卸载。

③调整补偿绳或者拆除旧补偿绳,安装新补偿绳。

④两个手扳葫芦配合加载,撤除工具,检查各部数值和状态。

(3)棘轮转动不灵活:转动不灵活时,应查明原因(如补偿绳卡滞或者叠加、偏磨、阻碍转动的部件、轴承缺油、制动块影响等),采取相应措施,更换或调整相应部件至符合要求。

(4)棘轮轮体安装必须竖直,用水平尺进行复核,有偏差时可通过螺栓轴和棘轮底座本体上的调整板进行细调。受力较大时,要通过手扳葫芦将其卸载,然后调整,调整后慢慢使其恢复张力,并随时观察平衡轮状态保持平衡,如图3-9所示。

使用线坠和卷尺检查棘轮有无偏倒,如有偏倒现象,使用木锤敲击棘轮本体,使其保持垂直状态,测量偏倒值$a \leqslant 10mm$。

(5)限制架、制动装置各零部件。棘轮补偿制动卡块到棘轮的距离不达标时的处理。

①首先松开4个制动块固定螺栓,以便在调节孔范围内移动制动卡块。

②调整间距,将制动卡块按要求移动到距轮体48mm处,并使其两边和轮缘中心对齐。

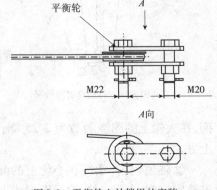

图3-9 平衡轮上补偿绳的安装

③紧固4个固定螺栓,紧固矩为56N·m。

(6)棘轮补偿安全抱箍距补偿绳小于3mm的处理。

①将板上螺栓连接的螺母拧开,直到安全抱箍能够自由移动。

②把补偿绳和安全抱箍的间距调整到3mm,拧紧螺母。

(7)坠砣问题处理。

①坠砣破损。更换方法:用铁线将坠砣固定,使之不能上下移动,卸下破损坠砣,换上新坠砣。

②坠砣块数不足。补齐后检查本锚段另一段下锚坠砣数量,使两端坠砣数量相等。

③坠砣叠码不规范:叠码整齐,其缺口互相交错180°。

④坠砣上下移动不灵活:移动限制管上下部螺栓调节孔,将限制管与坠砣重心线调整至平行且距离适当位置。如限制管与底座固定,则重新确定底座位置,重新固定限制管。

四、技术标准

(1)运行中,a、b值应符合安装曲线的要求,允许偏差±100mm,但最低不得小于200mm。

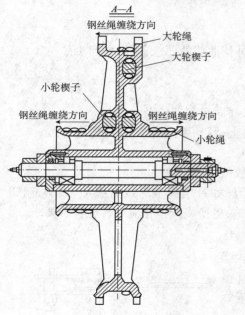

图3-10 补偿绳缠绕效果

(2)补偿绳不得有松股、断股和接头,不得与其他部件、线索相摩擦,不得卡在轮体上或者出现叠加。

(3)缠绕大轮上的补偿绳。将补偿绳一端楔紧在大轮本体上,转动大轮缠绕补偿绳,理顺补偿绳与轮体之间的缠绕关系,并使其正确入槽,防止绳股之间交错、重叠,大小轮绕绳圈数应遵循以下原则:大轮最少缠绕半圈,最多缠绕三圈半;小轮最少缠绕半圈,最多缠绕三圈半,缠绕时注意两边对称。首次安装时,根据设计坠砣曲线,调整初始缠绕圈数。用细铁丝将补偿绳和棘轮本体扎住,以免在后续安装过程中发生散乱(现场安装后去掉铁丝)。

另外,补偿绳在重新缠绕到小轮上时,应当理顺补偿绳,使其保持自然状态,切忌扭转带劲。缠绕效果如图3-10所示。

(4)补偿绳在滑轮上的缠绕圈数(正常温度时)。

①隧道外:补偿绳在小轮上的缠绕圈数为2.0圈,在大轮上的缠绕圈数为2.25圈;棘轮安装完毕时,棘轮上补偿绳楔形线夹应在棘轮的正上方。

②隧道内:补偿绳在小轮上的缠绕圈数为1.5圈,在大轮上的缠绕圈数为1.75圈;棘轮安装完毕时,棘轮上补偿绳楔形线夹应在棘轮的正下方。

(5)棘轮完整无损、转动灵活(用手托动坠砣能上下自由移动),没有卡滞现象。

(6)限制架、制动装置。

①各框架安装正确、受力良好,螺栓紧固有油,铁件无锈蚀。

②满足坠砣升降变化要求,限制坠砣的摆动,不妨碍升降。
③卡块式制动装置的制动角块在温度变化时,能在制动框架内上下自由移动;顶块式制动装置的制动顶块与大滑轮盘保持 3~5mm 的间隙。
④制动卡块到棘轮的距离符合要求。
⑤安全抱箍到补偿绳的距离为 3mm。
(7)坠砣安装要求。
①隧道外正线数量。
a. 承力索,张力 23kN 坠砣块数:31 块 25kg 的坠砣。
b. 接触线,张力 28.5kN 坠砣块数:38 块 25kg 的坠砣、1 块 20kg 的坠砣。
c. 隧道外站线承力索,张力 15kN 坠砣块数:20 块 25kg 的坠砣。
d. 隧道外站线接触线,张力 15kN 坠砣块数:20 块 25kg 的坠砣。
②隧道内正线数量。
a. 距离隧道口 500m 以内,半补偿距离大于 650m。
(a)承力索,张力 23kN 坠砣块数:12 块 53kg 的坠砣,2 块 26.5kg 的坠砣。
(b)接触线,张力 28.5kN 坠砣块数:16 块 53kg 的坠砣,2 块 17.6kg 的坠砣。
b. 距离隧道口 500m 以上,半补偿小于 650m。
(a)承力索,张力 23kN 坠砣块数:28 块 26.5kg 的坠砣。
(b)接触线,张力 28.5kN 坠砣块数:34 块 26.5kg 的坠砣,2 块 17.6kg 的坠砣。
(8)坠砣要求。
①坠砣应完整,坠砣叠码整齐,其缺口相互错开 180°。
②坠砣串的质量(包括坠砣杆的质量)符合规定,允许误差不超过 2%。
③坠砣块自上而下按块编号,并标明质量。
(9)坠砣限制架螺栓穿向:顺线路方向螺栓,从两侧侧框向内对穿;垂直线路螺栓,从线路侧穿向田野侧或隧道壁侧;旋转双耳拉环螺栓,由上向下穿;棘轮连接螺栓,由上向下穿。

五、注意事项

(1)需要停电作业的项目必须在停电时间内进行,开具第一种工作票。
(2)使用作业车时,平台旋转要专人盯控,严防碰伤支柱。作业车要设置相应的防倾倒措施。
(3)在调整、检修过程中,要时刻注意支柱的受力情况,防止支柱受力过猛而发生变形或损坏。
(4)更换补偿绳等使补偿卸载的操作时,为防止紧线器滑脱,必须采取防脱措施,在紧线器下部用一个钢线卡子卡住。
棘轮轮体安装必须竖直,用水平尺进行复核,以满足受力后棘轮不磨补偿绳。通过螺栓轴和棘轮底座上的调节板进行细调。
(5)螺栓销的螺母不允许拧紧,以防影响平衡轮转动,导致小轮绳两边不平衡。开口销安装后一定要掰开。
(6)每年为棘轮轴承注入一次润滑油。

（7）在每年最高温度、最低温度时，各观察一次坠砣串与坠砣抱箍在限制架中所处位置是否符合安装曲线要求，如补偿尺寸不符合要求，应及时调整。

（8）使用手扳葫芦时，注意受力状态，防止滑脱；张力恢复时，应缓缓受力，并保持平衡轮平衡受力状态。

（9）安装坠砣时，特别要注意对自身的保护，注意手脚的位置，避免被坠砣砸伤。

任务 四 弹性补偿装置检调

一、工具材料

（1）工具：手扳葫芦(3t)、铁滑轮、活口扳手、力矩扳手、紧线器、钢丝套、温度计、手锤、管钳、吊绳、断线钳等。水平尺、线坠、钢卷尺、接地线、安全工具和防护工具。

（2）材料：双耳楔形线夹、钢线卡子、绑扎线、$\phi 4.0mm$ 镀锌铁线、$\phi 1.6mm$ 细绑线、润滑油、补偿绳、弹簧补偿装置及附属零部件等。

二、检查内容及方法

（1）检查刻度牌是否与当地、当日的环境温度相对应，或测量补偿绳伸缩长度 a 值是否符合安装曲线图。

（2）检查补偿器本体是否与下错方向在同一直线上。

（3）检查补偿绳是否存在散股、断股，是否存在偏磨现象。

（4）检查补偿器安装各部。

弹簧补偿装置(本体)基本结构，如图 3-11 所示。其主要由固定销、连接板、储能组件、锁定装置、钢丝绳、制动装置（图 3-12）、刻度牌、渐开线轮等组成。

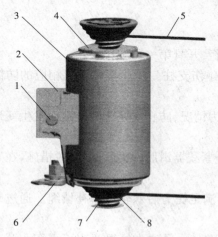

图 3-11 弹簧补偿装置结构图
1-固定销轴；2-连接板；3-储能组件；4-锁定装置；
5-钢丝绳；6-制动装置；7-刻度牌；8-渐开线轮

图 3-12 制动装置安装示意图
1-拨叉组件；2-拉线；3-制动楔块；4-制动轮

三、调整项目及方法

(1) 弹簧补偿装置(本体)下锚角度调整。

补偿绳偏磨,说明弹簧补偿器本体与下锚方向不在同一直线。调整方法:用紧线器和手扳葫芦收紧钢丝绳,使补偿器不受力,然后通过调整角钢上的两个调整螺栓来调整弹簧补偿装置(本体)的下锚角度,使钢丝绳出线方向与渐开线轮槽保持基本平行状态,保证钢丝绳在槽中间位置,与槽两沿不接触;调整好后,再用薄螺母锁定调整螺栓,如图3-13所示。放开手扳葫芦,使补偿器受载。

(2) 弹簧补偿装置工作行程的调整。

刻度牌与当地、当日的环境温度不对应,或补偿绳伸缩长度 a 值不符合安装曲线图时,调整方法如下。

① 根据当地最低温度及测定现场安装温度,检查安装曲线图确定调整到最终位置,即刻度表对应的工作行程,如图3-14所示。

② 用紧线器、手扳葫芦再次调整到刻度牌指示温度与安装时的实际温度相同。

③ 初调,调整至刻度表对应的位置,偏差≤±100mm。微调,调整至与刻度表对应的位置,偏差≤±30mm。

图 3-13 弹簧补偿装置(本体)角度调整图

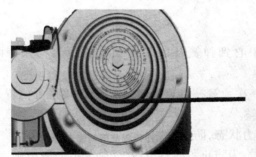
a) $a≈600mm$ 时(最小极限位置)钢丝绳运行位置

b) $a≈1500mm$ 时(最大极限位置)钢丝绳运行位置

图 3-14 钢丝绳运行位置图

(3) 补偿绳散股、断股:更换补偿绳。

① 将补偿装置锁定,使之不能转动,如图3-15所示。

② 将紧线器安装在线索上,钢丝套子安装在接触网支柱上;紧动手扳葫芦,使补偿绳卸载。

③ 拆除旧补偿绳,安装新补偿绳。手扳葫芦加载,撤除工具,检查各部数值和状态。

四、技术标准

(1) 弹簧补偿装置刻度牌与当地、当日的环境温度相对应,补偿绳伸缩长度 a 值符合安装曲线要求。

(2)弹簧补偿器本体安装位置符合设计要求、安装牢固,本体与下锚方向在同一直线上。
(3)补偿绳不得有松股、断股和接头,位于渐开线轮槽正中,不得偏磨。
(4)各零部件安装正确,按照标准力矩紧固。
(5)弹簧补偿装置安装刻度牌。

①图3-16为弹簧补偿装置安装刻度牌(A型),额定工作行程0~1300mm,并留有200mm余量。当选用额定工作行程>1300~2000mm的弹簧补偿装置时,应采用B型刻度牌。

图3-15 锁定装置锁定时示意图
1-锁定销;2-锁定盘

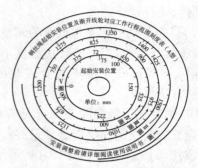

图3-16 钢丝绳起始安装位置及渐开线轮对应工作行程范围刻度表(A型)

②渐开线轮共5圈,有效工作圈数3.8圈,工作圈为Ⅱ~Ⅴ圈,Ⅰ圈为钢丝绳出线圈,如图3-13、图3-14所示。

五、注意事项

(1)弹簧补偿装置的双耳楔形线夹孔中心到弹簧补偿装置轴线的距离要保持两侧一致。
(2)每年最高温度、最低温度时,各观察一次弹簧补偿装置伸缩情况,刻度所处位置是否符合特性曲线要求,如不符合要求,应及时调整。
(3)卸载弹簧补偿装置时,注意卡线器受力状态,防止滑脱。
(4)在更换补偿绳等使补偿卸载的操作时,为防止紧线器滑脱,必须采取防脱措施,在紧线器前部用一个钢线卡子卡住。
(5)使用作业车时,平台旋转要专人盯控,严防碰伤支柱。

任务五 整体吊弦的检调

一、工具材料

(1)工具:车梯、接触网激光测试仪(或测杆、线坠、道尺、钢卷尺)、压接工具、压接模具、游标卡尺、拉力计、校正扳手、力矩扳手、温度计。
(2)材料:吊弦线夹、整体吊弦。

二、检查测量内容及方法

（1）检查测量整体吊弦的长度和偏移是否符合要求，间距布置合理，无锈蚀和烧伤，吊弦线夹无裂纹和变形现象。

（2）检查载流环安装方向和角度是否正确，线鼻子是否有裂纹，线索是否有烧伤、断股、散股，若有，予以更换。

（3）检查吊弦线夹安装是否正确、紧固，无偏斜打碰弓危险，否则，进行调整。

（4）检查吊弦线夹是否有裂纹和变形现象，否则，予以更换。

（5）检查整体吊弦是否锈蚀、磨耗、烧伤、断股、散股，否则，予以更换。

（6）检查整体吊弦偏移是否符合要求，否则，进行调整。用线坠对准钢轨上的安装位置，反引到承力索上，安装人员配合，并标记安装位置。先安装承力索上的吊弦线夹，再安装接触线上的吊弦线夹。承力索上吊弦线夹和接触线上的吊弦线夹安装，如图3-17、图3-18所示。

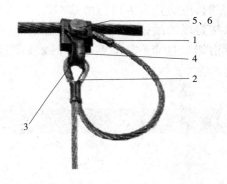 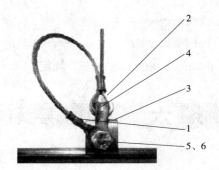

图3-17 承力索吊弦线夹安装　　　　　　图3-18 接触线吊弦线夹安装图
1-线鼻子；2-心形环；3-线夹箍 4-—吊环；　　1-线鼻子；2-心形环；3-线夹箍；4-—吊环；
5、6-六角螺栓M10、六角螺母M10　　　　　5、6-六角螺栓M10、六角螺母M10

三、调整项目及方法

（1）调整吊弦线夹偏斜、扭面、不顺直。

①根据测量结果，在导线上标注安装点，将吊导线抬起使吊弦不受力，移动吊弦线夹至标注点，紧固螺栓。

②如线夹不正扭面，将吊弦线夹取下后，用导线校面器校正导线面至符合要求后再安装。

（2）更换整体吊弦的方法。

①根据需要的长度截取吊弦用铜绞线。

②用专用工具在两端压接线鼻子及铜线夹箍，压接工艺及质量要求参照相关作业指南。

③拆除旧吊弦安装新吊弦，进行复测使其达到要求。

四、技术标准

（1）吊弦偏移。接触线与承力索同材质时，吊弦在任何情况下均垂直（交叉吊弦除外）。在无偏移温度时，吊弦垂直；在极限温度时，顺线路方向的偏移值不得大于20mm。

（2）吊弦状态。吊弦的长度要能适应在极限温度范围内接触线的伸缩和弛度的变化，否则，应采用滑动吊弦。吊弦预制长度应与计算长度相等，误差应不大于±2mm。吊弦截面损伤不得超过20%。

（3）吊弦线夹状态。吊弦线夹在直线处应保持铅垂状态，曲线处应与接触线的倾斜度一致，如图3-19所示。

（4）载流环。吊弦载流环应固定在吊弦线夹螺栓的外侧，载流环应朝向列车前进方向，线鼻子与接触线夹角不得小于30°。

（5）相邻吊弦高差≤10mm。

五、注意事项

（1）装卸整体吊弦时，应注意防止其滑脱弹起伤人。
（2）装卸整体吊弦时，应防止人为损伤吊弦本体。
（3）确认承力索、接触线的吊弦线夹类型安装正确。
（4）要注意保持相邻悬挂点（定位点）间导线坡度符合规定。

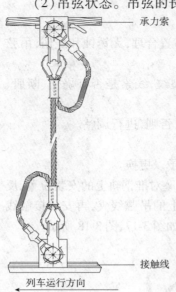

图3-19　载流环的位置图

任务六　承力索接头制作

一、工具材料

（1）工具：作业车（车梯）1台、接触网多功能检测仪1台、力矩扳手2把、手扳葫芦1套、断线钳1把、游标卡尺1套、钢卷尺1把、水平尺1把、单滑轮1个、大绳2条、作业凳1个、电工工具若干。

（2）材料：锥套式接头线夹2套、双耳楔形线夹2套、电连接线若干、承力索电连接线夹若干、绑扎线若干、铁线若干、双环杆（770mm）1套、电力复合脂若干。

二、采用锥套式承力索接头线夹进行接头

（1）在承力索断头两端各1m处安装承力索卡线器，挂上手扳葫芦紧线，使承力索卸载。

（2）旋开线夹：对接头线夹规格型号及外观进行检查，确认与承力索型号一致，无裂纹和损伤，旋开接头线夹取出线夹内的楔子。

（3）穿线：将接头的承力索端部绑扎后剪成齐头，用钢锉锉平，达到光滑无毛刺要求；将左右两螺纹大楔套分别套入两边的承力索端头上。用木锤轻轻垂直敲打楔套，使承力索端头向线夹内穿绞线端部绑扎线随之向上移动，留在线夹外面。

（4）穿楔子：当承力索端头外露时，绞线外层自动松股散开，然后把楔子穿进承力索绞线的芯线股上。同时，将绞线外层的每股线自然、均匀地分布在内楔子四周表面上；两手配合，一手向外拉承力索，一手顶紧大楔子，使内小楔子平端部外露于绞线端

部 2mm。

(5)紧固:两人配合把左右两楔套对准线夹本体,先用手把住左右两楔套,旋转线夹本体逐渐旋进线夹本体,直至用手旋不动为止,如图 3-20 所示。

用三把 450mm 扳手,其中两把分别卡住接头线夹的左右螺纹楔套六棱,另一把扳手卡住线夹本体,两边扳手不动,中间扳手旋转紧固;用力矩扳手调整紧固力矩,使达到标准要求力矩。

(6)接头完毕,拆除留在楔套外边绞线上的绑扎线。

三、采用双耳楔形线夹作为接头

采用 2 套双耳楔形线夹、1 件 770 型双环杆、1 组短接电连接的方式进行接头处理,如图 3-21 所示。

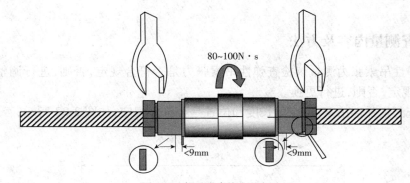

图 3-20 铜承力索接头示意图

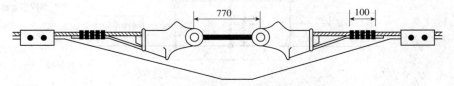

图 3-21 双耳楔形线夹作接头(尺寸单位:mm)

四、注意事项

(1)接头距悬挂点应不小于 2m,同一跨距内不允许有两个接头。

(2)安装前,应检查接头线夹规格、型号是否与线材一致,外观有无损伤、配件是否完整。

(3)螺纹楔套有左右之分,左螺纹楔套和本体有槽沟,操作时不得装反。

(4)按标准紧固力矩值进行紧固。

(5)当车梯在曲线上或遇大风时,对车梯要采取防止倾倒的措施;当车梯在大坡道上时,要采取防止滑移的措施;当车梯放在道床、路肩上或作业人员超出工作台范围作业时,作业人员要将安全带系在接触网上,不得系在车梯工作台框架上;车梯在地面上推动时,工作台上不得有人停留。

(6)冰、雪、霜、雨等天气条件下,车梯应有防滑措施。

任务七 弹性吊索检修、更换

一、工具材料

(1)工具:作业车1台、弧口断线钳1把、弹性吊索张力测量仪、弹性吊索紧线器、校正扳手、力矩扳手、压接工具、压接模具、游标卡尺、拉力计、滑轮、大绳、温度计、多功能激光测量仪1台、小绳1根、液压钳1套。

(2)材料:弹性吊索线若干、弹性吊索线夹若干、吊弦线夹、整体吊弦若干、镀锌铁线若干。

二、检查测量内容及方法

(1)用弹性吊索张力测量仪检查弹性吊索张力是否符合规定,否则,进行调整。检查长度是否符合规定,否则,进行更换。

(2)检查测量弹性吊索、吊弦的长度和位置是否符合规定,如图3-22所示,否则,进行调整或更换。

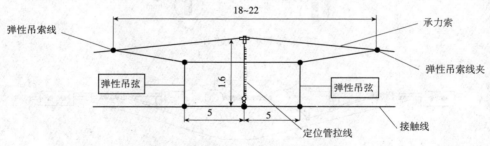

图3-22 弹性吊索安装示意图(尺寸单位:m)

(3)检查弹性吊索和弹性吊弦有无烧伤、断股、散股及其他损伤,否则,进行更换。
(4)检查吊索线夹和吊弦线夹有无裂纹和变形现象,否则,进行更换。

三、弹性吊索安装程序

(1)根据安装时温度,将腕臂偏移位置调整到符合技术标准后,才能安装弹性吊索。

(2)根据安装示意图或装配图材料表检查零部件是否齐全;检查零件是否有影响使用的质量缺陷或变形;检查紧固件之间的配合是否灵活。清洁线夹与线索接触部位的杂物和氧化皮。

(3)截取弹性吊索。应按安装长度加长20cm截取(即18m弹性吊索裁成18.2m,22m弹性吊索裁成22.2m)。

(4)根据设计及计算结果进行弹性吊索线夹位置及吊弦位置的几何测量并标记。

(5)安装其中一个弹性吊索线夹(线夹朝向中锚方向)。线夹安装如图3-23所示,安装

程序如下:

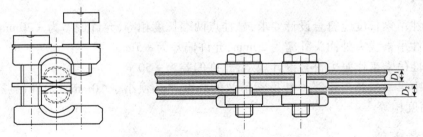

图3-23　弹性吊索线夹安装示意图

①松开长、短螺栓,短螺栓旋离下夹板,长螺栓松开足够距离,但保持三夹板连在一起。

②向上抽动短螺栓,露出线夹一侧,将线夹本体上夹板挂在承力索上,吊索绳置于中夹板和下夹板之间。

③调整线夹至要求的位置,用力矩扳手交替紧固四个螺栓,保证四个螺栓上的紧固力矩均达到23N·m。弯折止动垫圈,使之与螺母六方的最近侧平面切紧。

（6）在另一端安装弹性吊索紧线器(永远朝向下锚方向)。以2.5kN张力拉紧弹性吊索(比额定张力低1kN),如图3-24所示。

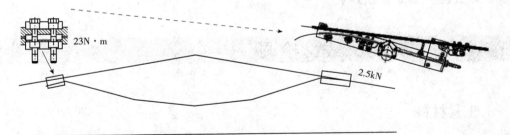

图3-24　弹性吊索安装

（7）按照(4)确定的位置安装弹性吊弦。测量导线高度并根据误差复核弹性吊弦长度。

（8）按正常张力(3.5kN)固定弹性吊索。检查定位器限位范围。

（9）安装第二个弹性吊索线夹,如图3-25所示。安装程序同第一个弹性吊索线夹。

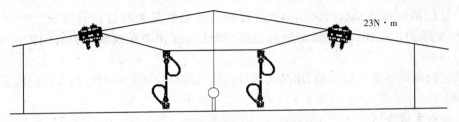

图3-25　安装完成的弹性吊索和弹性吊弦

（10）拆除弹性吊索紧线器。检查调整弹性吊索用弹性吊弦。

（11）安装完所有弹性吊索之后,必须对承力索及接触线的补偿装置进行检查。

四、技术标准

(1) 弹性吊索长度应符合设计要求,悬挂点两端长度相等,允许偏差为±20mm。
(2) 弹性吊索线夹处回头外露为20mm,允许偏差为±5mm。
(3) 弹性吊索工作张力符合设计规定,允许偏差为±50N。
(4) 跨中第一吊弦与相邻弹性吊索吊弦的高度差必须小于10mm。弹性吊弦与定位点处接触线高度相等。

五、注意事项

(1) 安装弹性吊索时,应从中锚向下锚方向依次安装。
(2) 从中锚到补偿装置之间只能有一个作业组进行作业。
(3) 压接过程严格按照操作规程的要求;压接过程中及安装时,应理顺吊弦线,防止扭动。线夹与线的夹持应牢固可靠。
(4) 螺栓紧固时,应注意受力均衡,紧固过程中不能咬扣、发热。
(5) 螺栓和螺母的紧固力矩应达到25~32N·m。达不到紧固力矩下限,可能影响零件功能、性能的实现;高于紧固力矩下限,可能会造成零件本体损坏或螺栓螺母咬死。
(6) 止动垫圈和调整螺栓上固定卡块的止动耳均应在安装完毕后折弯,使之与相应的侧面、螺母侧面紧贴,保证防松效果。

任务八 无交叉线岔检调

一、工具材料

(1) 工具:作业车1台、接触网多功能检测仪1台、水平仪1个、钢卷尺2把、单滑轮1个、大绳1根、小绳1根、梅花扳手2套、力矩扳手1套、作业凳1个。
(2) 材料:载流整体吊弦、镀锌铁线。

二、检查测量内容及方法

(1) 复检精调腕臂及承力索。检查腕臂顺线路偏移是否符合设计要求。检查工作支与非工作支承力索间距,检查装配处斜拉线、弹性吊索和非支线索是否有间隙过小、摩擦现象。
(2) 复检精调导高和拉出值,用激光测量仪检测定位柱两导线的导高和拉出值是否符合设计要求。
(3) 检查无线夹区。
①用激光测量仪检测无线夹区是否符合设计要求。
②用激光测量仪检测交叉吊弦处的导高。
(4) 检查各部件线夹及止动垫片。检查线岔处电连接器状态及有无测温贴片。

三、调整项目

(1) 调整腕臂偏移使其达标。

(2) 斜拉线、弹性吊索和非支线索如有间隙过小、摩擦现象,将其调整分开。

(3) 定位柱两导线的导高和拉出值如有不符合设计要求时,应利用作业车对其精调达标。

(4) 精调交叉吊弦使其达标,如图3-26所示,先拆除个别不合适的吊弦,暂时用铝线调整到位,并测取吊弦长度,以便预制更换。

(5) 模拟冷滑检测。检查悬挂各技术参数全部达标后,用带模拟受电弓的作业车升弓,以30km/h速度在岔区模拟冷滑检测,模拟三种冷滑工况:正线通过、正线进入站线、站线进入正线,如有缺陷,立即进行有针对性的处理直至达标。

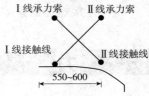

图3-26 交叉吊弦安装位置
(尺寸单位:mm)

四、技术标准

1/18型道岔的无交叉线岔如图3-27所示,其技术状态应符合以下要求:

(1) 岔心两端的定位柱距岔心的距离符合设计规定。

(2) 在开口方向,第一个道岔柱处两接触线等高,第二个道岔柱处侧线导高比正线抬高90~130mm,第三个道岔柱处侧线导高比正线抬高500mm,如图3-28所示。

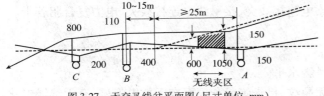

图3-27 无交叉线岔平面图(尺寸单位:mm)

图3-28 无交叉线岔示意图(尺寸单位:mm)

(3) 腕臂顺线路偏移应符合设计要求,允许偏差为±20mm。

(4) 两承力索交叉点处间距不应小于60mm。

(5) 拉出值、导高应符合设计要求,拉出值允许偏差为±20mm,导高允许偏差为5mm。

(6) 正线接触线距侧线线路中心、侧线接触线距正线线路中心水平投影600~1050mm范围为始触区。始触区不允许安装除吊弦线夹以外的任何线夹类金具。

(7) 交叉吊弦应安装在正线接触线距侧线线路中心线处,侧线接触线距正线线路中心线水平投影550~600mm的范围内,正线与侧线上的两根吊弦的间距一般为2m。交叉吊弦与其他吊弦的间距(始触区反侧)不大于6~8m。

(8) 交叉吊弦的安装顺序应保证,在受电弓从道岔开口方向进入时先接触到的吊弦为侧线承力索与正线接触线间的吊弦。

(9) 交叉吊弦的承力索端采用滑动吊弦线夹时,绝缘垫块必须安装正确,保证滑动灵活;交叉吊弦接触线端的吊弦线夹螺栓及导流环应朝向远离另一支导线的方向,线夹倾斜角最大不得超过15°。

(10) 接触线正线导线高度为正常导高。两线路中心线间水平距离1320mm处,非工作支抬高20mm;两线路中心线间水平距离120mm处,非工作支抬高120mm。

五、注意事项

(1)对于无交分线岔,必须在充分验证其技术参数不符合标准且具备检调能力的基础上方可进行检修。

(2)安装时,严禁踩踏接触线或给接触线施加外力,以保证接触线的平直度。

(3)测量关节处电连接安装尺寸时,不要给承力索、接触线施加外力,以免影响测量精度。

(4)连接螺栓的紧固应用梅花扳手或力矩扳手,严禁用活口扳手。

任务九 隔离开关检调

一、工具材料

(1)工具:作业车1组、作业凳(0.9m)1个、电工工具若干、钢丝刷1把、断线钳1把、梅花扳手1把、套筒扳手2把、力矩扳手1把、防护用具2套、钢卷尺(5m)2把、安全帽若干、棕绳(ϕ20)1根、安全带2条、脚扣2副、水平尺1把、液压钳1套、刷子1把、断线钳(弧口)1把、万用表(或校线灯)1台、活动扳手1把。

(2)材料:开关连线、润滑油、承力索电连接线夹、接触线电连接线夹、电力复合脂若干。

二、检查测量内容及方法

(1)用水平尺检查托架横向、纵向是否水平。

(2)检查绝缘子表面是否脏污、有无裂纹;检查绝缘子表面有无放电痕迹、有无绝缘老化现象。

(3)检查接地线与各部分螺栓连接是否紧密;检查接地线表面是否锈蚀;地线接地端子处是否有放电痕迹。

(4)检查避雷器计数器。

三、调整项目及方法

(1)调整开关主接触装置,如图3-29所示。

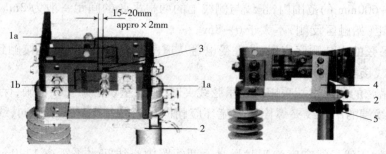

图3-29 开关主接触部位距离

1a-带有连接片的接触刀闸;1b-触点簧片;2-位置开关;3-间隔套;4-支撑板;5-M4凸圆头螺钉

保证接触刀闸1a在弹簧触点位于"分"位置时与间隔套的距离为3~7mm。用呆扳手和梅花扳手调整接地触头,将接地触点支撑支架在条孔中移动进行调节,保证接地触头良好接触。

(2)检查引弧角。手动闭合和打开隔离开关以检查引弧角的接触状态,如引弧角不能良好接触,将引弧角用活动扳手扳弯曲,再重新检查。

(3)开关分合状态检查。调试人员手动将机箱内的状态置于"合"位。检查开关是否"合"到位。若有差异,支柱上人员微调行程限制器,如图3-30所示,使开关"合"到位。

手动将开关"分"到位,检查开关是否"分"到位。若有差异,微调操作连杆,使开关"分"到位。

(4)检查隔离开关引线和避雷器引线弛度,如不达标,应进行调整。

(5)开关当地的模拟试验。所有连线完毕,开关检查后,电动操作机构通电(可以是临时电),试验开关"分""合",进行开关当地的模拟试验。

(6)测试绝缘、接地电阻。

①测试绝缘电阻:先将引线拆除,用2500V兆欧表测量绝缘电阻值是否小于10000MΩ或与上次测量有无明显降低。具体操作见绝缘电阻测量操作手册。

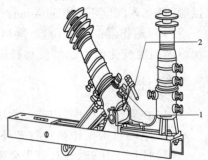

图3-30　行程限制器调节螺栓
1-行程限制器;2-调节螺栓

②测试接地电阻:用接地电阻测试仪测量接地极接地电阻。具体操作,见接地电阻测量操作手册。

四、技术标准

(1)隔离(负荷)开关的触头接触面应平整、光洁无损伤。分闸角度及合闸状态应符合产品的技术要求。

(2)接地开关在正常状态下为打开状态。接地开关的位置开关处要使用电缆接头。

(3)开关引线的布置需要满足,无论隔离开关在什么位置都能保证带电和不带电元件之间的限界,必须考虑导线的风荷载。其弛度应满足温度要求。

(4)按照电气闭锁原理,带电进行模拟"分""合"操作,检验电气闭锁关系正确性。

(5)开关的转动部件应灵活,相关部位涂润滑油脂,注意开关接触部位要使用同一种接触润滑油。

(6)开关的主接触部位距离应为15~20mm,如图3-29所示。

(7)检调完毕,开关应锁定在"分"或"合"位,不允许有中间状态,并挂锁锁定手柄。

(8)各传动部件安装位置正确、固定牢靠,传动齿轮咬合准确,传动操作轻便灵活。

(9)电动隔离开关电动机转向正确;机械传动系统润滑良好,动作平稳、噪声小、无卡阻、冲击等异常情况;机构的分、合闸指示与开关的实际分、合闸位置相符。

(10)开关合闸后,触头间的相对位置、备用行程、分闸状态时触头间的净距或拉开角度,均符合产品的技术规定。

(11)具有引弧触头的隔离开关,由分到合时,在主触头接触前,引弧触头先接触;从合到分时,触头的断开顺序相反。

(12)相(两相)联动的隔离开关,触头接触时,其值符合产品的技术规定,无规定时,其值不大于5mm。

(13)隔离开关的闭锁装置应动作灵活、准确可靠;带有接地刀刃的隔离开关,接地刀刃与主触头间的机械或电气闭锁应准确、可靠。

(14)隔离开关、负荷开关的导电部分应符合以下规定:触头表面应平整、清洁,并涂以薄层中性凡士林;载流部分的可挠连接不得有折损;触头间应接触紧密,接触压力均匀,对于面接触,其塞入深度不应超过4mm;设备接线端子涂以薄层电力复合脂。

(15)避雷器的安装位置、规格、型号、引线方式应符合设计要求,引线连接正确可靠,并预留因温度变化而引起的位移长度。金属氧化物避雷器的接地电阻值应符合设计要求。

五、注意事项

(1)在安装过程中,应确保在隔离开关上部或周围没有任何可能受到拉弧影响的部件。

(2)电动机构操作箱在打开外壳或门之前,要确保足够的时间使机器冷却。

(3)任何工作开始前,首先要隔离设备、断掉电源,确保设备无残留电压,对带电部分要做好防护。

任务十 电连接检修、更换

一、工具材料

(1)工具:作业车1台、弧口断线钳1把、电工工具3套、作业凳1个、钢卷尺1把、刷子1把、多功能激光测量仪1台、小绳1根、液压钳1套。

(2)材料:电连接线若干、接触线电连接线若干、承力索电连接线若干、镀锌铁线若干。

二、检查测量内容及方法

(1)检查电连接的安装位置、电连接截面积是否符合要求,不合格应予调整或更换。

(2)检查电连接线是否有断股、松股、烧伤。整理电连接线,对于有断股、松股或烧伤的电连接线,能绑扎补强的就绑扎补强,当断股、松股或烧伤超过规定时,则应更换。

(3)整理电连接线形状和绑扎线,测量开关引线处的绝缘间隙应符合技术标准。

(4)全压接式接触线电连接线夹是免维护零件。除运营前仔细检查确认压接状况外,使用过程中不需要维修。但应定期巡查,观察电连接线夹使用情况。

(5)电连接线与接触线电连接线夹压接孔内不允许存在塑料胶皮等影响电气性能的夹杂物,如图3-31所示。如果发现有塑料胶皮压入线夹压接孔内,应立即组织予以更换。

(6)电连接线夹与承力索应接触良好,不得出现松动和线夹裂纹,如图3-32所示。检查线夹一旦发现有松动或裂纹,应立即组织更换。

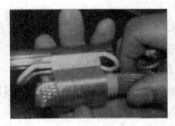 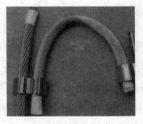

图 3-31　接触线电连接线夹图　　　　图 3-32　承力索电连接线夹

（7）检查接触线中心面与轨面连线是否垂直，接触线扭面会导致接触线电连接线夹偏斜，严重时会造成线夹打弓事故。所以应保证左右偏斜不得大于 15°。

（8）与线槽契合的螺纹卡子必须保证平行压接于线槽内，不得出现一支或者全部两支跳出接触线的线槽。出现任意一支跳出接触线的线槽即为不合格，应予以更换。

三、检修更换电连接的项目及方法

（1）接触线电连接线夹的拆卸。

①把相应的拆卸模装到 24t 压接头上。

②拆除时，应边压边注意观察，防止模具刃口伤到接触线，在保证接触线安全的前提下，使电连接线夹从接触线上脱离，如图 3-33 所示。

（2）承力索电连接线夹的拆卸。

①把相应的拆卸模装到 24t 压接头上，如图 3-34 所示。

图 3-33　接触线电连接线夹的拆卸　　　　图 3-34　承力索电连接线夹的拆卸

②拆除操作时，将切刀对应电连接线端 C 形缺口背面拆除，这样既可保证承力索安全，又使承力索电连接线夹从承力索上脱离。

（3）接触线电连接线夹的压接。

①用钢丝刷去除线夹孔内表面及电连接线上的氧化皮。

②把电连接线插入接触线电连接线夹孔内，线外露 5mm 左右（注意：电连接线截断时，应采取必要的措施，防止电连接线端头散股，造成安装困难）。

③如图 3-35 所示，把 U 形螺纹卡子先卡到接触线线槽上，然后用手轻握卡子将接触线电连接线夹穿到卡子上。注意：卡子插入方向应与电连接线插入方向相反布置。电连接线夹本体应完全安装在卡子的螺纹部分，以卡子露头 1~2mm 为宜，不允许 U 形卡子插入不到底现象。

④用一台 24t 的液压机配专用的压接模，把线夹总成（线夹本体 + 卡子）与接触线压到

一起,如图 3-36 所示。

⑤压接后进行检查,应保证线夹本体、U 形卡子、接触线、电连接线紧密压接在一起,不得压接不实。线夹本体、U 形卡子、接触线压接部位,若有缝隙等现象,应拆除重新压接。

⑥应在压接后对线夹尺寸进行检查,不符合尺寸的,应予以更换。

a. 高度,从接触线底面至线夹顶面的总高度尺寸:150mm^2 接触线时为 41.5~44.5mm,120mm^2 接触线时为 39~42mm,85mm^2 接触线时为 37~40mm。

b. 宽度,压接后的线夹最大宽度为 26.5~29.5mm。

(4)承力索电连接线夹的压接。

①用钢丝刷去除线夹内表面及电连接线上的氧化皮。

②把导线插入压接的承力索电连接线夹内,导线外露 10~20mm,如图 3-37 所示。

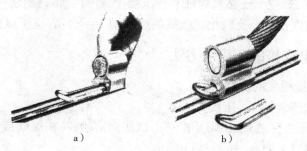

图 3-35 U 形螺纹卡子

a)

b)

图 3-36 液压机压接接触线电连接线夹

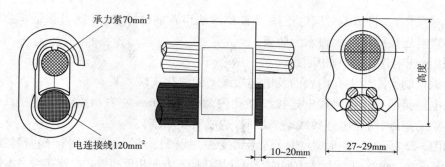

图 3-37 液压机压接触线电连接线夹

③定位压块平面应与线夹本体平面相对应,不可装反。压接半径小的圆弧面对应直径

小的导线,压块半径大的圆弧面对应直径大的导线。压接时,保证压块端面与线夹本体端面平齐。

④用一台24t的液压机配相应的专用压接模具,把线夹总成(线夹本体+压块)压到一起,如图3-38所示。

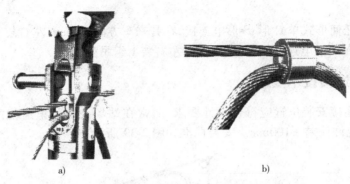

图 3-38　压接承力索电连接线夹

⑤压接时,保证活动模具直至不能继续移动为止,当压力达到最大(70MPa)后保压5s,然后卸载,以保证压接足够紧密。

(5)更换电连接的步骤和方法。

①电连接线下料裁剪长度要求为,横向电连接,C形:1.90m;S形:2.30m。现场安装时,根据受力、外观进行长度微调,保证预留长度后,把多余的部分剪掉。锚段关节及线岔电连接(开口及交叉侧都是双支),S形,开口侧:7.57m;交叉侧:6.54m。C形,开口侧:6.17m;交叉侧:5.12m。现场安装时,根据受力、外观进行长度微调。

②电连接形状制作。在地面根据安装位置将电连接弯制成需要的形状。

③将旧电连接拆除,按技术标准和工艺安装新电连接。

四、电连接技术标准

电连接技术状态应符合以下一般要求:

(1)电连接的设置位置和数量符合设计要求,电连接及各类引线应留有因温度变化而产生纵向移动的余量。

(2)根据承力索、接触线铅垂线间的距离,合理选用电连接线在承力索、接触线间的安装形状,承力索、接触线间的距离小于等于1000mm时,采用C形连接的方式,大于1000mm时采用S形连接。

(3)道岔电连接应安装在受电弓始触区以外。

(4)接触线电连接线夹应端正,不得歪斜。电连接线无烧伤、断股及散股现象。

(5)承力索、接触线电连接线夹压接(拆卸)应符合技术标准的要求。

(6)工作支接触线电连接线夹处导高应不低于最近吊弦处的导高,允许偏差0~3mm。

(7)承力索、接触线电连接线夹应垂直安装,且上下行基本对齐。

(8)电连接线夹安装时,导线与线夹接触面均需按工艺要求进行表面氧化膜清洗,清洗长度为连接长度的1.2倍,清洗后立即涂导电膏。

(9)电连接与承力索连接处应用承力索本线绑扎,电连接线在线夹处外露端头不少于10mm,线夹与绑线间距100mm,绑扎宽度50mm。

C形在承力索电连接线夹两端绑扎(站线为来车方向端绑扎同材质承力索),S形横向电连接在承力索电连接线夹反行车方向绑扎。S形道岔、关节电连接在承力索电连接线夹两端绑扎。

(10)正线:任何形式单C形、S形电连接,在其来车方向500mm左右装1组吊弦;双根C形、S形电连接,在两根电连接间距其500mm左右装1组吊弦。

五、股道电连接技术要求

(1)股道电连接安装位置应符合设计要求,通常在站场头部最里道岔内150~200m范围内各设一处,允许偏差±100mm。安装标准如图3-39所示。

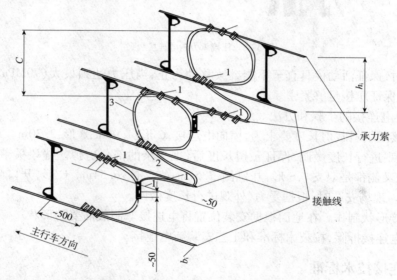

图3-39 股道电连接安装位置(尺寸单位:mm)
1-承力索线夹;2-接触线线夹;3-电连接线

(2)安装电连接位置的承力索至接触线间距可通过查邻近吊弦长度得知,股道间距查平面布置图获取。

(3)电连接的形状及股道间的弛度应一致(根据测量数据,通过计算而得)。

(4)股道电连接应在同一断面内,在任何温度下,均应垂直。股道电连接距悬挂点5m左右。

六、锚段关节、道岔电连接技术要求

(1)关节电连接为双根,每个非绝缘关节设置两处关节电连接,关节两端各一处;每个绝缘关节在开关端设置一处开关电连接,非开关端设置一处关节电连接。

(2)锚段关节电连接安装位置应符合设计要求,安装标准为:开口侧转换柱处原则上工作支的第二根吊弦左侧500mm和右侧500mm,交叉侧转换柱处工作支的第三根吊弦左侧

500mm 和右侧 500mm,两接触线间距为 1000～1300mm 处,如果现场实际不符,根据实际位置微调,允许偏差 ±50mm。

(3)道岔电连接安装位置应符合设计要求,通常距悬挂点 10m 左右,允许偏差 ±50mm。

(4)锚段关节、道岔电连接采用 C 形的安装方式,如图 3-40 所示。

(5)锚段关节、道岔电连接采用 S 形的安装方式,如图 3-41 所示。

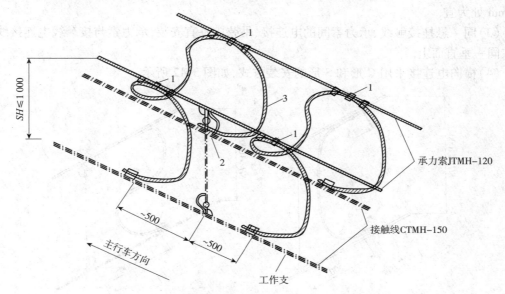

图 3-40　锚段关节、道岔电连接采用 C 形的安装方式(尺寸单位:mm)
1-承力索线夹;2-接触线线夹;3-电连接线

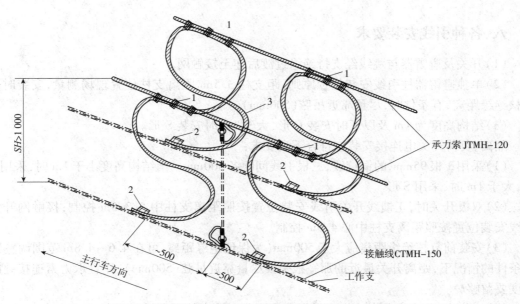

图 3-41　锚段关节、道岔电连接采用 S 形的安装方式(尺寸单位:mm)
1-承力索线夹;2-接触线线夹;3-电连接线

七、横向电连接技术要求

(1)横向电连接间距或横向电连接与关节电连接间距按 250~300m 设置;具体位置以设计要求为准,允许偏差 ±50mm。

(2)横向电连接线安装在跨距的 1/3,距悬挂点 2m 左右,且电连接线夹距最近吊弦约 500mm 处为宜。

(3)同一悬挂接触线、承力索间的电连接、吊弦应垂直安装,承力索与接触线电连接线夹应在同一垂直面上。

(4)横向电连接采用 C 形和 S 形的安装方式,如图 3-42 所示。

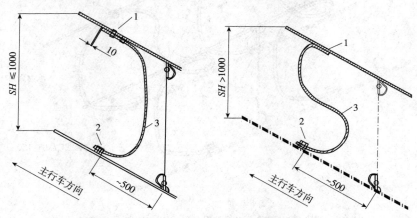

图 3-42 横向电连接采用 C 形和 S 形的安装方式(尺寸单位:mm)
1-承力索线夹;2-接触线线夹;3-电连接线

八、各种引线安装要求

(1)开关及避雷器与跳线经支持绝缘过渡后连至接触网。

(2)单独避雷器柱引线安装位置原则:距支柱 3.5m,距离支柱位置现场测量,安装时先复核绝缘距离,有条件时,尽量靠近吊弦(500mm)。

(3)结构高度为 1m 及以下时安装 C 形,大于 1m 时安装 S 形。

隔离、负荷开关电连接安装应符合下列要求:

(1)采用 3 根 $95mm^2$ 的铜绞线,三根引线间距各 500mm。当结构高度小于 1m 时,采用 C 形,大于 1m 时,采用 S 形。

(2)双极开关时,正馈线开关引线安装位置按照距离支柱中心 3.5m 控制;接触网开关引线安装位置按照距离支柱中心 4.6m 控制。

(3)安装前复核绝缘距离应大于 500mm(为保证绝缘距离,可在 4.6~4.8m 范围调整),有条件的情况下,距离开关最近的那一根引线尽量靠近吊弦(500mm),注意承力索连接处的弛度要留够。

(4)工作支、非支安装电连接应根据温度变化对线索的要求错开距离。

(5)双极电动负荷开关电连接安装如图 3-43 所示。

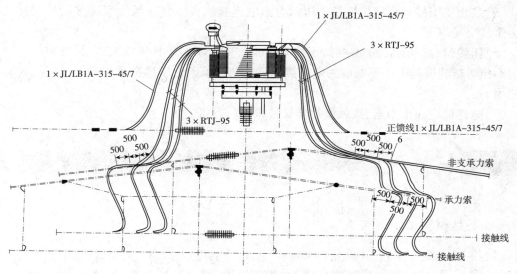

图 3-43 双极电动负荷开关电连接安装(尺寸单位:mm)

九、拆除电连接线夹注意事项

(1)在高空作业时,操作人员应戴好安全帽、扎好安全带,并穿戴好规定的劳动保护用品。

(2)检查和整理电连接线时,严禁打击接触导线,并不得脚踏导线,防止形成硬弯。

(3)压接或拆除电连接线夹前,应对所用的发电机和液压机进行使用前的学习,遵守安全操作规定。

(4)拆下的电连接线夹不能再使用。

十、压接电连接线夹注意事项

(1)压接时,保证上下模具接触严密,上下模具间不得有间隙,当压力达到最大(70MPa)后保压5s,然后卸载,以保证压接足够紧密。

(2)边压接边注意观察,防止U形卡子从接触线线槽和线夹沟槽中滑脱。

(3)安装前,应仔细阅读电动液压泵和压接头的使用说明书,压接时电动液压泵应始终保持竖立状态,不能过度倾斜或放倒,以免损坏液压泵。压接头的销钉必须插入到位,贯穿压接头两耳孔,不允许有插入不到位现象,以免损坏压接头。

十一、电连接制作安装注意事项

(1)安装电连接位置的承力索至接触线的距离也可采用查看临近吊弦长度获得。

(2)测量时,不要给承力索、接触线施加外力,以免影响测量精度。

(3)安装时,严禁踩踏接触线或给接触线施加外力,以保证接触线的平直度。

(4)用细铜丝缠绕并绑扎线头,防止压接时线头散开。绑扎好后去除干净线头上的塑料胶带,防止塑料胶带等绝缘物压入线夹,影响电气连接性能。

（5）禁止使用接触线压接模具去压承力索电连接线夹。禁止承力索压接模具和接触线压接模具交叉使用。

（6）压接时，必须用 120 型模具压接 120mm², 用 150 型模具压接 150mm² 接触线。禁止使用不相对应的模具去压不对应的电连接线夹。禁止承力索压接模具和接触线压接模具交叉使用。

（7）电连接应在承力索、接触线初伸长被拉出后方可安装。

任务十一　分段绝缘器安装调整

一、工具材料

（1）机具：作业车 1 台、作业凳（0.9m）1 个、链条葫芦（3t）1 个、紧线器（承力索用带铜护套）2 个、紧线器（接触线用带铜护套）2 个、梅花扳手（13、17）各 1 把、呆扳手 2 把、100N·m 带直套筒力矩扳手 2 把、激光测量仪 1 台、水平尺 1 把、断线钳（弧口）1 把、弹簧秤（20kg）1 个、电工工具 5 套、铜锤 1 把、硬木块 2 块。

（2）材料：分段绝缘器、承力索终端锚固线夹、接触线终端锚固线夹、胶带 2 盘。

二、安装承力索绝缘棒程序

（1）将分段绝缘器中心点用线坠从下引到承力索上，高空操作人员在承力索上作出标记。

（2）辅助人员用激光测量仪先测出分段绝缘器安装中心点。

（3）测量安装高度。用弹簧秤挂在安装位置中心向上提拉接触线，另一人配合用钢尺测量抬升量。依据表3-2，通过抬升力，测出需抬高的值，并做好记录。

接触线抬升参数表　　　　　　　　　　　　　　　　　　　表 3-2

允许行车速度（km/h）	单接触线的抬升力（N）	双接触线的综合抬升力（N）
20	80	120
100	100	140
160	120	160
200 及以上	150	200

（4）安装承力索绝缘棒。

①作业人员用钢尺测出承力索锥套式终端锚固线夹安装位置，在两边适当位置安装承力索紧线器，串链条葫芦，连接牢靠后，开始紧链条葫芦，直至安装处承力索不受力为止。在断线处两边缠上胶带，防止绞线散股。剪断承力索，注意预留好承力索锥套式终端锚固线夹安装尺寸。

②安装连接悬挂装置的绝缘棒、带吊环的滑轮，调整螺栓等悬挂装置。松链条葫芦，拆除紧线器。

三、安装分段绝缘器程序

双绝缘杆的轻型分段绝缘器,如图3-44所示。

(1)测出分段绝缘器的中心,再从中心测出分段绝缘器的1/2长处,在外侧两边适当位置安装接触线紧线器。连接链条葫芦,张紧链条葫芦至安装处接触线不受力。将组装好的分段绝缘器吊起,放在导线上。把三角形吊索悬挂于悬挂支架中,再把分段绝缘器两端的终端线夹安装在接触线上,如图3-45所示。

图3-44 双绝缘杆的轻型分段绝缘器

(2)拧紧接触线终端线夹连接螺栓,用两个梅花扳手从外侧向内侧把终端线夹的M10螺母逐个拧紧。用力矩扳手紧两次,第二次要与第一次间隔至少1min以上,如图3-46所示。

图3-45 把接触线放入接触线终端线

图3-46 紧固接触线终端线夹

(3)把所有滑轨外部附加装置的线夹安装在接触线上,用梅花扳手、力矩扳手拧紧滑轨紧固线夹。紧固力矩为46N·m。

(4)用断线钳在接触线终端后约129mm处剪断接触线。

(5)用专用工具套入接触线,向上弯曲接触线尾部几毫米,如图3-47所示。

(6)紧固接触线终端线夹的螺栓(图3-46),并用力矩扳手加固两侧滑轨,紧固力矩为46N·m。

(7)可把作业台作为高度参考点,松开悬挂装置的吊索锁紧线夹,粗略调整分段绝缘器的高度,使高度基本达到设计要求值,调整后拧紧螺母,如图3-48所示。

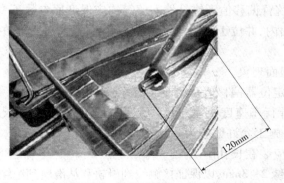

图3-47 弯曲接触线

图3-48 利用吊索调整分段绝缘器高度

(8)调整螺栓细调高度,并用水平尺测量滑轨横向连线与轨面连线平行度。调整后,作业车移出,用激光测量仪检测高度,如不符合,应再调整,直至达标。

(9)用水平尺测量滑轨与轨道平行度,如图3-49所示。

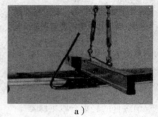 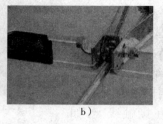 

图3-49 调整滑轨下缘横向连线与轨面连线平行　　图3-50 测量滑轨与轨道平行度

调整滑轨与轨道平行,如图3-50所示。用铅笔在长孔调节板的左右标记出其位置,旋松长孔调节板的螺栓并左右移动调节板,如图3-51所示。左右移动1mm相当于滑轨下缘高度变化0.46mm。调整好后拧紧螺栓。

(10)调整滑轨下缘,使其低于绝缘棒终端金具下缘2～3mm。

图3-51 用于高度调整的长孔调节板

(11)用水平尺检测横向轨道的滑轨位置,未达标应再次调整滑轨,确保平行于轨平面。

(12)用力矩扳手拧紧长孔调节板的螺栓,其力矩为46N·m。当全部调整到位达标后,锁紧调节螺栓的螺母,调节分段绝缘器前后吊弦,使其受力,但不应改变分段绝缘器的高度。

四、分段绝缘器安装技术标准

(1)安装分段绝缘器悬挂装置绝缘棒时,连接的承力索锥套式终端锚固线夹应严格按工艺要求安装。安装连接后,承力索张力和腕臂偏移值下锚补偿b值等均应保证原参数不变。

(2)承力索、接触线应在同一垂直平面内,并位于线路轨平面中心垂直位置,施工允许偏差为±100mm。

(3)接触线应平直,不得有任何弯曲扭面现象。

(4)分段绝缘器安装后,应保证吊弦、定位器偏移值及坠砣b值等原参数不变。

(5)分段绝缘器安装高度,严格按设计行车速度及表3-2中所要求的抬升力,用钢尺测取所安装的高度值,施工严格按此值施工,施工允许偏差为±5mm。

(6)分段绝缘器滑轨固定线夹的螺栓应装在长孔中。

(7)滑轨下缘应低于绝缘棒终端金具下缘2～3mm,以保证接触线到滑轨和从滑轨到绝缘棒的平稳过渡,受电弓不应与滑轨端部发生撞击。同时,受电弓滑板至少与一个滑轨始终接触。

(8) 受电弓与分段绝缘器的接触面应与轨面平行。

五、注意事项

(1) 安装时，严禁踩踏接触线或给接触线施加外力，以保证接触线的平直度。

(2) 连接螺栓紧固力矩应符合设计（作业指导书）要求，必须用力矩扳手检测达标。

(3) 严禁使用活口扳手，工具材料上下传递时应用工具带和小绳，严禁抛扔。

(4) 作业人员均应戴安全帽，以防工具、材料下落伤人。作业凳上的作业人员应系好安全带，以防坠落。

任务十二 避雷器及接地线装置检调

一、工具材料

(1) 工具：力矩扳手、500V兆欧表、2500V兆欧表、10μF电容器、钢卷尺、水平尺、砂纸、吊绳、钢丝刷、安全用具、防护用具等。

(2) 材料：抹布、防锈漆、清洗剂、计数器、脱离器、避雷器、引线及承力索电连接线夹、接触线电连接线夹等。

二、检查内容及方法

(1) 避雷器本体及间架有无锈蚀。肩架底座是否水平、牢固，避雷器各部零件有无破损、裂纹、烧伤等缺陷。避雷器安装如图3-52所示。

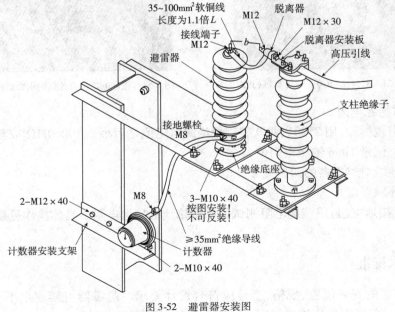

图3-52 避雷器安装图

(2)避雷器绝缘部件有无裂纹、破损和放电痕迹。各连接处是否连接良好、引线有无散股和断股、引线弛度及对地距离是否符合规定。

(3)摇测绝缘电阻、接地电阻是否符合要求。地线状态是否符合规定。

(4)计数器、脱离器安装是否正确,状态是否良好。

(5)各部螺栓有无松动,紧固力矩是否符合规定。

三、避雷器调整

(1)避雷器引线受力过大时,会引起避雷器受力过大,甚至造成避雷器本体和肩架变形。可通过调整避雷器引线弛度,使引线不受到超过允许的外加应力。其他情况按照电连接检修工艺标准检修。

(2)计数器检测。计数器安装前,检查监测计数器的计数部分是否在零位,如不在零位,需按以下办法做调整:用500V兆欧表对600V、10μF的电容器充电稳定后;在保持兆欧表转速的情况下,断开充电回路;将充好电的电容器对计数器线圈两端放电一次,计数器应增加一个数字,连续试验5~10次,均能准确可靠动作,直至复零;如果动作指示不准确,应及时予以更换。监测仪计算器,如图3-53所示。

(3)检查确认脱离器。热爆式脱离器损坏可能是避雷器本身故障所致,检查确认避雷器的状态不良时,按照安装图更换避雷器,否则更换脱离器。

(4)检查接地连线,接地连线是否安装正确,接地线夹是否良好、连接是否牢固,紧固接地线夹螺栓并涂油。接地线接地方式,如图3-54所示。

图3-53 监测仪(JCQ-1)计算器(JSY1)

图3-54 正确的连接方式(接到接地螺栓上)

(5)测试绝缘电阻。

①先将引线拆除,用2500V兆欧表测量绝缘电阻值是否小于10000MΩ或与上次测量有无明显降低。记录1min绝缘电阻值。

②用接地线对避雷器的两极充分放电。

③记录环境温度。

(6)测试接地电阻:用接地电阻测试仪测量接地极接地电阻。具体操作见接地电阻测量操作手册。

四、技术标准

(1)避雷器的安装位置、规格、型号应符合设计要求。避雷器肩架应水平、底座安装牢固、防腐良好。各部零件应连接紧固,无破损、裂纹、烧伤等缺陷。

(2) 避雷器绝缘外套不得有脏污、破损和放电痕迹,密封良好。

(3) 避雷器接地电阻应不大于 10Ω,接地线安装良好。

(4) 引线统一用 TRJ—120 型裸铜软绞线制作,电连接及引线应连接正确、牢固、接触良好,无破损和烧伤,引线距接地体的距离应不小于 330mm,距瓷瓶上裙边不小于 150mm,引线的长度应保证当接触悬挂温度变化时有一定的活动余量。但还应使之不侵入限界,引线摆动到极限位置对接地体的距离符合规定。引线连接不应使端子受到超过允许的外加应力。

(5) 在天气干燥情况下测量;摇测绝缘电阻值不小于 1000MΩ(2500V 兆欧表测量),且与前一次测量结果比较不应有显著下降。

(6) 脱离器安装正确、无破损。计数器应密封良好、无脏污、破损,动作可靠,安装前计数显示应在零位,安装位置要便于地面观察。

(7) 连接接地线安装位置应正确,如图 3-54 所示。连线接地线的最小截面为 50mm^2。

(8) 避雷器高压带电部分与回流线等附加导线间距离大于 800mm。

(9) 使用防锈镀锌螺栓,连接螺栓的紧固力矩(表 3-3)应符合设计要求。

螺栓拧紧力矩表　　　　　　　　　　　表 3-3

螺纹公称尺寸	拧紧力矩(N·m)	扳手尺寸	螺纹公称尺寸	拧紧力矩(N·m)	扳手尺寸
M4	3	7	M8	15	13
M5	5	8	M10	55	17
M6	10	10	M12	90	19

五、避雷器及接地线装置检调注意事项

(1) 避雷器不得任意拆开、破坏密封,以免损坏元件。禁用硬物体碰击绝缘体表面。

(2) 避雷器检修后,应检查避雷器上是否有遗留物品,以免短接避雷器。

(3) 在环境污染严重或重雷区段应适当增加避雷器检修次数。

(4) 严格按照说明书要求安装脱离器、防止脱离器承受过大扭矩而损坏。

(5) 氧化锌避雷器储存、运输时,应直立放置,不得倾斜、躺卧和受到冲击碰撞。安装使用前,应放在清洁、干燥的房间,不要受到腐蚀性气体或液体的侵蚀。

(6) 禁止使用有机溶剂和粗糙物擦洗复合外套避雷器的硅橡胶外套。

(7) 雷电时禁止避雷器相关作业。

复习思考题

1. 如何进行接触线的弹性检测?
2. 受电弓动态包络线检测有哪几项参数?
3. 如何用角度尺测量定位器坡度?标准是什么?
4. 如何用模拟冷滑的方法来检测无交叉线岔的技术状态?
5. 简述承力索终端锚固线夹的性能和用途。
6. 简述弹性吊索装置的性能和用途。

7. 弹簧补偿装置主要由哪几部分构成？
8. 简述铝合金套管单耳的性能和用途。
9. 简述棘轮补偿装置的基本结构。
10. 试将接触线抬升力参数列表说明。
11. 简述接触线电连接线夹的压接质量要求。
12. 简述弹性吊索的技术标准。
13. 隔离开关检查测量的内容有哪些？
14. 简述隔离（负荷）开关的常见故障及原因。
15. 隔离开关的检修标准有哪些？
16. 简述隔离开关的检查测量内容。
17. 27.5kV电缆的检查维护工作包括哪三项内容？
18. 如何拆卸承力索电连接线夹？
19. 如何拆卸接触线电连接线夹？

项目四　接触网故障及处理

教学目标：

　　接触网维修人员作业水平高低的关键在于接触网故障处理水平。本项目从接触网故障的调查分析、接触网故障的抢修要求、接触网应急预案及抢修工机具管理、故障预防及抢修演练、常见故障的判断及查找五个方面入手，学习故障处理的原则、方法、要求等抢修知识。

教学要求：

知识与能力目标	1. 学会分析接触网故障； 2. 掌握故障调查方法； 3. 掌握接触网故障抢修要求、接触网应急预案及抢修工机具管理方法； 4. 熟悉接触网预防措施及抢修演练内容； 5. 学会接触网常见故障判断及查找处理方法
教学材料	1. 接触网专用工具、仪器、仪表； 2. 计算机、投影仪、接触网零部件实物、视频、演示文档、指导作业文件、图纸、任务书、工作记录单、评价表
训练内容	1. 模拟接触网故障及故障调查； 2. 按接触网故障抢修要求，模拟制定接触网应急预案及抢修工机具管理方法； 3. 根据相关案例模拟接触网常见故障处理
教学场所	1. 接触网技能训练一体化室； 2. 接触网演练场
建议学时	12 学时

任务一　接触网故障及故障调查分析

一、接触网故障分类

1. 接触网故障分类方式

　　根据《铁路交通事故调查处理规则》(铁道部令第 30 号,以下简称《事规》)规定:事故分为特别重大事故、重大事故、较大事故和一般事故四个等级。结合供电专业的特点,与接触网有关的事故仅限于一般事故 C 类和一般事故 D 类。具体如下：

（1）一般事故 C 类：接触网断线、倒杆或塌网。

（2）一般事故 D 类：行车设备故障耽误本列客运列车 1h 以上，或耽误本列货运列车 2h 以上；固定设备故障延时影响正常行车 2h 以上（仅指正线）。

2.设备故障的分类方法

因违反作业标准、操作规程及养护维修不当或设计制造质量缺陷、自然灾害等原因，造成供电设备损坏，影响正常行车，危及行车安全，但未造成事故的，均构成设备故障。

3.故障调查程序

（1）现场调查。现场调查的目的是寻找收集事故发生时的第一原始信息，包括原始记录凭证和物证、故障发生的第一原始地点和肇事地点，为判定故障的性质和责任提供原始依据。

①对故障现场原貌进行实地勘测、查看、测量、记录几何尺寸等相关数据；现场拍照、录像，包括全景、局部、所处位置等；收集现场损坏散落的设备部件；绘制故障现场示意图；收集各种物证。

②了解故障实际发生的确切时间、地点、原因。向车站值班员、外勤以及现场第一目击者（包括司乘人员，工务、电务等人员）了解情况，记录并录音。回放并转储车站及机车无线列调通话原始录音，查看并转储列车运计运行记录，分析并保存供电调度、牵引变电所（亭）、远动事件、曲线记录等。

③调查了解机车及受电弓情况。查看并拍照机车情况及受电弓跳闸放电痕迹。

④调查了解工务、电务等设备状况及损坏情况。

⑤调查了解相关施工单位有关施工及周边治安情况。

⑥调查故障抢修情况和故障损失。

（2）在进行初步分析判断故障性质和原因的基础上，补充完善调查资料。绘制故障现场示意图。

（3）召开故障分析会议。

（4）写出故障报告。

二、故障调查分析的内容

1.故障调查的内容

（1）现场的施工作业情况。

①了解施工作业组织、安全技术措施、施工安全协议、配合单位、人员的数量、结构组成，具体施工作业的内容、方式、分工、过程，工、机、料、具的使用、检查、保养、审验，现场作业安全卡控措施、办法等相关内容。

②询问施工组织者、工作领导人及参加作业的相关人员。

③重点调查本次现场作业的全过程。主要包括作业的方式、内容，参与人员数量、职务、职名、资质、作业具体分工，现场监控，采取的安全措施，作业程序，起止时间，工机料具的使用等情况。

④了解故障发生的时间、原因等。了解故障发生时在场人员的情况，以及所采取的处理措施。

⑤对故障现场原貌进行实地勘测、查看、询问,测量、记录几何尺寸等相关数据。

⑥查看现场施工作业的工作票、命令票;现场的行车防护安全措施、工机具及设备安装等情况。

(2)动车及受电弓。

①外观检查。对在现场的或可疑机车,登顶检查机车顶部、检查受电弓状态,查看挂碰、损坏、放电痕迹、接地可疑物等。

②内部检查。检查机车内部断路器、主变压器、劈相机、自动降弓、自动过分相装置等。

(3)车列。

①对于可疑列车、车列顶部及侧面,查找跳闸放电烧伤痕迹,确定第一跳闸放电点。

②对可疑车列装载情况进行检查,重点是顶部及侧面,寻找受挂碰的车列,确定第一挂碰点。

③调查了解车务、运输信息。了解相关列车编组、货物装载加固,超高、超限、篷布绑扎等情况。

(4)接触网设备检查。

①设备破坏、断裂情况检查。下锚及补偿装置、中心锚结、电连接线、吊弦、导线、导线接头、承力索、绝缘子、定位装置、接触线、支柱、软(硬)横跨、腕臂、水平拉杆、分段及分相绝缘器、中心锚结、线岔等是否存在缺损、断裂、抽脱、脱落、打碰、倾倒情况。必要时,进行物理性能试验。

②查看变压器、断路器、隔离开关、避雷器、火花间隙、接地装置、隧道内埋入杆件等情况。

③查看各种警示标志。如平交道口的限界门和断电标、合电标、降弓标志、禁止双弓、禁行等行车防护、警示标志的情况。

④查看并记录现场散落、损坏的部件。

⑤设备几何参数测量。检查站场、区间相关线路的线岔、分段、分相导高、拉出值、定位坡度、支柱侧面限界、平交道口限界门、轨面(红线)标准线等几何尺寸。

⑥寻找第一跳闸点及第一打碰弓点。必要时,扩大接触网线路查找范围。

⑦检查是否有因外部因素而导致的挂碰、挖掘等改变接触网设备的正常状态,造成供电跳闸,致使接触网设备及其他行车设备损坏的情况。

⑧检查接触网设备安装、检测、试验记录,时间、项目、参数等。判定设备材质情况。

(5)调查故障抢修或救援情况。

①抢修或救援时间。接到通知时间、出动时间、到达现场时间、开始停电时间、开始抢修或救援时间、抢修或救援结束时间,恢复送电时间、线路开通时间。

②抢修或救援情况。如参加人员、机具数量,抢修或救援方案、抢修或救援过程等。

(6)气候环境。

①故障地点是否有大风、雷击、雨雪、覆冰或飞鸟、动物等自然灾害造成的供电跳闸现象,致使接触网设备、车列或其他行车设备遭受破坏的情况。

②对故障区段的周边环境进行调查。如道口限界门等设施是否损坏,建筑、树木、施工机具等是否侵入限界挂碰造成接触网设备损坏。

③相关气象资料。了解和收集故障发生时的雷电、风、雨、雪、雾等气象资料。

(7) 相关记录资料。

①接触网工区。查看当日登消记录、工作票、命令票、作业命令、检修(测)记录等。

②相关所(亭)。值班记录、倒闸作业登记、调度命令。

③供电调度。值班日志、远动记录。查看(或查听)原始记录(录音)，了解确定故障发生时间、地点(范围)、故障跳闸、保护装置动作、故障处理及操作等情况，并复印或打印。

④线路相关记录。线路抬拨道记录、轨面红线复测记录，是否清楚、标准，确定网高和起拨道情况(参考工务)。

⑤机车运行记录资料。机车运记、自动降弓装置、自动过分相装置、接触网参数综合检测装置的原始记录资料(或参考机务)。

⑥车站行车记录登记、行车设备检修登记簿、行车值班日志等(或参考车务)。

⑦电务信号计算机监测数据，对相关数据记录并打印(或参考电务)。

(8) 相关录音资料。

①行车调度及供电调度的电话录音。

②有关机车和相关车站的无线列调录音。

③相关人员调查录音。

(9) 相关笔录材料。

工作(或施工)领导人、肇事嫌疑人、现场监控人、部门负责人、知情人、目击人等的询问笔录。

(10) 摄影、拍照。

①对挂碰机车、车列及相关车辆的挂碰、跳闸放电烧伤痕迹等破坏情况进行摄影或拍照。

②对接触网设备的第一跳闸点、第一打碰弓点和第一挂碰点，设备、部件的损坏、破坏范围等情况进行摄影、拍照。内容包括全景、局部和所处位置，必要时，应对整个故障破坏范围进行全程录像。

③对命令票、工作票、检修(测)记录等原始资料进行拍照。

④对故障跳闸烧损的设备及对有关故障物证进行拍照。

(11) 故障损失统计。

①统计因故障对设备造成破坏的情况。

②统计故障抢修的人机料工费用。

③计算(或估算)直接经济损失。

2. 故障调查分析报告内容

(1) 故障概况。

(2) 设备损坏情况及涉及范围。

(3) 故障抢修流程(以时间为顺序)。

(4) 故障原因。

(5) 经验：缩短故障抢修时间、减少对运输干扰的方法。

(6) 教训：延误抢修时间，增大故障损失的环节及原因。

(7)今后应采取的措施。
(8)其他需要说明的问题。
3.故障调查分析报告附件内容
(1)带有注释说明的现场与故障有关的相关实物、实景照片。
(2)故障现场示意图。
(3)远动原始打印记录。
(4)保安装置运行记录。
(5)调度电话录音记录。
(6)无线列调电话录音记录。
(7)相关原始记录、材料、录音等。
4.故障报告的内容
(1)报告的标题。
①故障概况:简单、明了地描述故障发生的时间、地点、造成的影响。
②现场调查:涉及的车、机(含供电)、工、电、车辆专业,包括环境、气候和治安。
(2)原因分析:直接原因、间接原因。
(3)故障定性定责:主要责任部门及责任人、重要责任部门及责任人。
(4)故障教训:造成此次故障发生的客观、主观原因教训。
(5)整改建议和防范措施。

任务二 接触网故障抢修要求

一、故障抢修原则

1.接触网抢修原则
(1)接触网故障抢修,由铁路局供电调度统一指挥。
(2)发生供电跳闸后,后续两列动车限速160km/h运行。同时,供电设备管理单位须派人添乘动车检查接触网设备。
(3)铁路、客运专线接触网一线停电故障抢修,邻线列车须限速160km/h以下,并按规定设置防护。故障抢修时,一般不使用车梯作业。
(4)分次处置。临时处理后,需降弓或限速运行;恢复处理后,按200km/h运行,以后再处理再提速;经检测车检测后方可恢复常速。
(5)现场抢修组织及指挥,原则上应以供电段、供电车间负责。
2.接触网基本抢修原则
(1)设备故障抢修必须遵循"先通后复"和"先通一线"的基本原则,积极组织实施抢修,以最快的速度设法先行供电、疏通线路,并及早恢复设备正常的技术状态。
(2)网电工区发生多处或同时发生接触网、电力故障,须坚持"直接影响行车故障优先、影响范围大优先、召集本工区职工优先、请求调度增援优先"的原则,需要同时对故障统筹安排处理。

(3)接触网故障抢修方案。应以最快的速度设法先行供电,疏通线路,必要时可采取迂回供电、越区供电和降弓通过等措施,尽量缩短停电、中断行车时间,随后要尽快安排时间处理遗留工作,使接触网及早恢复正常技术状态。

(4)故障抢修时,本着先正线后侧线的原则进行故障抢修。

(5)设备破坏较小。自接故障通知时起20min内可恢复者,按一次性恢复方案抢修;设备破坏严重,处理时间需要较长时,采取临时恢复方案,尽快恢复供电、疏通线路。

(6)故障处理后,现场需要降弓通过时,须将降升弓地点(公里标准确到米)、距离等相关情况报请供电调度同意。

3. 接触网故障抢修基本要求

(1)铁路引入枢纽地段,当高速铁路与既有线同时发生故障时,以首先抢通高速铁路为主。

(2)发现高速铁路供电及行车设备故障和异状,应立即报告供电段调度室、邻近车站及铁路局供电调度,并尽可能详细地说清故障范围和损坏情况,必要时应在故障地点采取防护措施。

(3)在抢修工作中,要严格执行有关安全规定,做好人身、行车安全防护措施,防止意外发生。

(4)高速铁路应急救援、故障抢修交通工具以铁路运输为主。通常情况下,采用轨道车抢修车组方式,可与工务、电务及通信等部门联动赶赴现场;必要时,可请求调度员搭乘动车组利用邻线列车赶赴现场。抢修用机具、材料均装箱放置在轨道车上。

二、故障抢修指挥

1. 故障地点明确时的抢修指挥程序

(1)当班调度员接到有关人员反映的情况后,应立即判明供电臂范围、故障点公里数及接触网支柱杆号和周围环境(地理状况、线路情况、天气情况、现场或相邻线路施工作业情况等)。判断是否需要扣停列车或列车是否需要降弓通过,并及时通报有关列车调度员。

(2)由路局电调通知有关网电运行工区出动,并带好有关抢修料具;通知供电段生产调度同时做好停电的准备工作。抢修工作需轨道车作业时,要及时与列调、路局电调联系,协调好车辆的运行工作。

(3)根据现场人员的汇报,确定停电范围和抢修所需时间。与有关列车调度进行联系办理停电手续,并进行停电操作。确认故障地点停电后,及时向接触网座台人员发布抢修命令。

(4)抢修过程中,与驻调联络员及现场座台人员保持密切联系,保证信息畅通。通过座台人员与现场负责人及时沟通,制定抢修方案。本着"先通后复""先通一线"的原则,尽快恢复供电,最大限度地减少对运输的影响。随时掌握抢修进度,及时传达有关领导指示和要求。

(5)抢修作业完毕,确认故障供电臂符合送电条件后,按规定进行送电,并要全面了解设备情况及存在问题,做好详细记录。

(6)通知列车调度员接触网已送电,可以开行列车。如有设备运行不正常,对行车有特殊要求时,必须向列车调度员说明情况,办理好相关手续,并把抢修情况及时上报路局供电调度及段领导。

2．故障地点不明确时的抢修指挥程序

（1）变电所跳闸重合失败后，应立即通知相关工区出动抢修。

（2）了解变电所（亭）有关设备显示、现场作业是否正常，确认无问题后，与相关列车调度进行联系，了解跳闸区段列车运行情况及跳闸区段内各车站有无异常反映。确认无问题后，通知列车调度员将本区段所有的电力机车降下受电弓，进行第一次强送电。如强送电失败，则要根据变电所有关馈线故测仪的指示判明故障点大致地点。立即通知有关网电运行工区人员带好抢修料具，在故测仪指示地点误差范围进行查找。

（3）当强送电失败后，综合各个方面的信息仍未判明故障时，根据掌握的信息和当地的天气情况，可以考虑再次强送电（与故测仪指示接近的情况下）。

（4）在故测仪无指示或失灵的情况下，应采取拉路法查找（即将接触网分段拉开分别试送）来确定故障地段，速派接触网人员在本地段范围内查找。

（5）在判明故障地点后，应根据故障地点明确时的抢修指挥程序执行。

3．供电段生产调度在故障抢修中的作用

（1）要做好记录，立即通知工区，组织相邻工区出动抢修。

（2）通知段值班领导和科室值班人员，涉及综治或专特军运要通知办公室保卫人员。同时，要将故障情况通知段行政领导、相关车间值班人员和上级有关部门。

（3）协助客专、高铁供电调度指挥。

（4）与车站、机务、工务、电务、公安等联系，确认故障现象等信息。

（5）及时向现场传达上级和段领导的指挥命令，并随时收集故障抢修信息，掌握故障抢修的进展情况，做好故障信息的上传下达。

（6）值班领导和科室值班人员要立即到调度室了解故障情况、指挥抢修，并根据故障情况及时赶赴现场指挥抢修作业。

4．供电车间（工区）接抢修通知后的任务

（1）接到故障通知紧急集合，值班人员向车间值班干部（工区带班长）和生产调度报告故障情况，并将接故障通知时间和工区出发时间做好记录。

（2）车间干部（带班长）首先要准确了解情况，并向全体值班人员通报故障情况，按分工准备工具和抢修材料，布置安全措施，在规定时间内（白天10min、夜间15min）出动。

（3）抢修组要指定专人负责故障信息反馈工作。

（4）抢修人员到达现场后，首先勘察现场，向现场有关人员了解情况，准确掌握设备损坏情况，确定抢修方案，并明确分工、组织实施。

（5）抢修负责人要直接或通过座台人员随时向供电调度和段生产调度报告情况。

5．现场抢修指挥的要求

（1）现场抢修指挥按照"谁的设备、谁负责""谁先到、谁指挥"的原则执行。

（2）两个以上工区、车间联合抢修，由设备管辖工区、车间负责人担任现场指挥。

（3）段领导到达现场后，两个以上车间应由段领导担当指挥。为避免多头指挥，造成混乱，安全技术人员、车间主任或段领导到达后，视具体情况在做好交接工作前提下方可变更指挥人员。

(4)变更指挥人时,交接内容如下。
①故障现场的详细情况。
②参加故障抢修的人员及机具、材料。
③抢修方案、抢修进度和时间要求。
④安全措施的设置情况。
⑤有关领导和供电调度的命令和要求。
(5)指挥权移交后,立即将新的故障抢修指挥人姓名和职务报告供电调度、生产调度,并传达到全体参加故障抢修的人员。

6. 故障抢修现场要求

(1)接触网修复过程中,对接触网主导电回路、线岔、分段、开关、锚段关节、下锚补偿、受电弓动态包络线等关键部位要严格把关,确认符合供电行车条件后方准申请送电。送电后,抢修人员要在栅栏外观察1~2趟车,确认运行正常后抢修组方准撤离故障现场。

(2)需封锁线路、降弓通过或限速运行时,抢修人员应向供电调度员报告起止位置(或范围)和列车运行注意事项,并按规定在相邻车站登记,现场设置标志或显示手信号。接触网限速值应由现场指挥人员根据抢修后接触网技术状态确定。

(3)各级抢修人员应注意保存故障及抢修工作的原始资料,典型故障的照片、报告、损坏的线头、零部件等应作为档案资料长期保存。供电调度、生产调度应对故障处理过程中的通话进行录音,故障分析结束后,保存一个月方可消除。

三、故障信息反馈

各种故障信息在接收、传递时,要及时、准确、全面,坚持复诵确认,做到口齿清楚,用语准确、简练,讲普通话、使用标准术语。记录信息要求字迹清楚、书写整齐、内容准确,包括来电话时间,来电话人员姓名、单位、联系方式、反馈内容等。不同岗位人员故障信息反馈内容要求如下:

1. 变配电所值守员

发生故障跳闸、报警等情况,应立即向调度员汇报如下内容:
(1)发生时间、发生地点、是否重合(成功与否)、天气情况。
(2)保护装置和安全装置的动作情况。
(3)故障测试仪动作情况。
(4)高低压开关的动作情况。
(5)电压、负荷的变化情况及其他情况。
(6)故障录波装置起动情况。

2. 工区值班人员

接故障通知后,工区值班人员应做到如下内容:
(1)在值班日志上详细做好如下记录:来电话时间,通知内容,通知人单位、姓名、联系方式,当时天气等。
(2)立即将上述故障信息通知值班负责人出动抢修,同时向供电调度、生产调度及车间汇报。

(3)出动后,值班人员应准确记录工区人员出动时间、人数、座台人姓名、负责人姓名及其手机号码,并报供电调度和生产调度。

(4)联系休班工长、职工迅速到岗,参加故障抢修。

3.牵引供电故障抢修负责人

(1)立即召集全体值班人员通报故障情况,按抢修分工准备好机具材料及防护、照明、通信、照相器具,出动抢修(优先联系利用轨道车)。

(2)如遇途中堵车、车辆损坏、道路受阻等问题,须及时向供电调度和生产调度汇报,必要时请求其他工区或车辆出动支援。

(3)组织查明故障地点,勘查现场并汇报:设备损坏情况、影响范围和程度、计划采取的抢修方案、抢修工作量,以及是否需要人员、物资及车辆的支援。

(4)有停留车的要说明机车型号、车次、停车具体位置、车辆走行线路、受电弓损坏情况、受损设备是否影响车辆运行。

(5)抢修开始后,要实时通报现场抢修中遇到的问题。

(6)抢修完毕或告一段落后,要及时(或通过座台人员)向供电调度、生产调度汇报实际抢修情况、遗留问题及采取降弓措施等情况。

(7)观察列车通过正常后,撤离或做好设备恢复准备。

(8)故障如果涉及人为破坏、偷盗等治安事件时,要及时向铁路派出所报案,并尽量保存相关证据。

(9)以上所有故障情况,必须拍照留证。

(10)故障处理完毕,车间、工区将故障发生、处理经过及原因分析形成书面报告,上报安全科、高速科或技术科。

4.座台人员

发生影响行车的设备故障时,座台人员要迅速赶到车站,记录并向供电调度和生产调度汇报到达时间、所在车站。

(1)立即与车站值班员了解并记录设备故障的详细具体情况:故障点具体位置、故障现象、影响范围、现场停留列车的车次车号。

(2)立即与现场抢修负责人进行联系、记录,并向供电调度和生产调度汇报:故障点具体位置、故障现象、影响范围、现场停留列车的车次车号、调车机走行线路、具体停车位置、计划采取抢修方案、预计抢修时间、是否需要人员、物资、车辆支援配合等。

(3)记录供电调度发令时间,了解、记录并汇报恢复后设备状态、升降弓或封闭确切地点及范围、送电后列车运行情况等。待故障抢修完毕、恢复正常后方准撤离。

5.驻调联络员

发生影响行车的设备故障,驻调联络员要迅速赶到调度指挥中心,记录并向生产调度汇报到达时间。

(1)立即与列车调度了解并记录设备故障的详细具体情况:故障点具体位置、故障现象、影响范围、现场停留列车的车次车号。

(2)立即与现场抢修负责人进行联系、记录,并向列车调度、供电调度和生产调度汇报:故障点具体位置、故障现象、影响范围、现场停留列车的车次车号、调车机走行线路、具体停车位置、计划采取抢修方案、预计抢修时间、是否需要人员、物资、车辆支援配合等。

(3) 与调度沟通后,按规定在"运统—46"上履行登记手续,联系申请要点,传达上级命令,实时掌握记录现场抢修进度、故障证据及出现的问题。

(4) 记录供电调度发令时间,了解、记录并汇报恢复后设备状态、升降弓或封闭确切地点及范围、送电后列车运行情况等。待故障抢修完毕、恢复正常后方准撤离。

6. 车间主任及技术人员

车间主任及技术人员接到车间值班室通知应做到如下几点:

(1) 立即赶赴现场组织指挥,如需动用其他抢修班组的人员、物资、机具、车辆,须向供电调度和生产调度汇报征,得到班调度员同意后方可执行。

(2) 遇有较大故障,要积极组织车间力量进行抢修,必要时向调度请求其他车间支援。

(3) 车间领导和技术人员到达现场,应负责抢修指挥组织工作,并按要求及时将现场情况向供电调度和生产调度进行反馈,并保持实时动态联系。

7. 供电调度室

(1) 立即通过列车调度、车站及机务、工务、电务等相关部门单位了解故障相关信息,尽快准确摸清现场情况。

(2) 在故障发生 10min 内,用电话向供电调度、供电处、安监室汇报。

(3) 故障发生后,调度员应在调度记事本上详细做好以下记录:

①来电话时间、来电话人姓名及联系方式、故障发生时间、发生地点、天气情况。

②变电所跳闸、保护动作情况。

③工区(车间、段)人员出动、到达时间、抢修人数及负责人,现场详细情况(故障准确地点、设备损坏程度、影响范围、故障前列车运行情况)。

④抢修处理情况(抢修方案、抢修后设备情况、抢修总人数、电力倒闸情况)、处理时间(供电调度发令时间、要求完成时间、延时情况、消令时间、故障停时)、设备恢复情况、送电后列车运行情况、停送电时间等。

⑤故障发生的相关证据、故障录波及故障曲线的召取,会同领导及安全技术人员对故障发生原因进行初步分析。

(4) 调度员应及时向抢修指挥小组人员通报现场抢修进程和新出现的情况。

(5) 在故障处理结束或告一段落后,高速科、安全科或设备科整理好故障处理经过,报经段领导审核同意后,由当班调度员及时上报路局安监室、供电处、路局电调等。

四、抢修的安全作业

(1) 故障抢修为突发事件,属于非正常作业,必须加强抢修过程中的人身安全控制。

(2) 故障查找或巡视线路,必须按规定设置防护人员,并携带列车接近语音提示系统,时刻注意避让列车。巡视人员必须时刻注意供电、电力线索断落、接地情况,未办理停电、验电、接地手续前,必须做好行车防护和现场安全防护,防止车辆撞轧线索、扩大故障范围和人员侵入安全距离、触电或跨步电压伤人。安全防护距离:接触网为 10m。

(3) 故障抢修和遇有危及人身、设备或行车安全的紧急情况,作业时可不开工作票,但必须有供电调度命令。作业前,抢修指挥人必须向作业人员宣布停电范围,指明邻近带电设备；对可能来电话的方向，按规定设置接地线。

（4）要严格执行停电要令、线路封闭签认制度，严格按照程序验电接地、设好行车防护后方可开始抢修作业。抢修过程中，要严格执行基本作业制度，不得违章蛮干、冒险行事。抢修完毕，具备通车条件，人员机具撤至安全地带后，方可消令；送电通车观察设备运行良好后，方可撤离现场。

（5）接触网在复线区段一线停电抢修故障时，须遵守以下规定：

① 160km/h 及以上区段，应采取检修作业车作业。当临线有 160km/h 及以上运行列车通过时，作业人员应提前避让，列车通过后方可继续进行作业。

② 任意一线停、送电前，供电调度须征得现场负责人同意。

③ 向故障区段放行列车前，应征得现场负责人同意。

（6）对于抢修用的承力工具、安全工具，要进行检查，如安全带、绳索、钢丝套、各种紧线器、滑轮组等，不合格者停止使用。

（7）在抢修恢复作业中，要防止支柱倾斜、线索断线、脱落等，对安装的零部件特别是受力件要紧固牢靠，防止松脱、断线引起故障扩大。接触线、载流承力索（含大电流区段非载流承力索）、供电线（正馈线）、加强线等主导电回路线索断线采取临时紧起送电方案抢修时，须加装短接线，短接线截面不得小于被连接线索的导电截面。

（8）故障抢修时，轨道车按救援列车办理，以列车调度员或车站值班员的命令作为进入封锁区间的许可。司机接到救援命令后，必须认真确认命令内容、故障地点、停车位置，不清楚、有疑问或抢修人员、料具未上车时不准动车。

轨道车进入封锁区间后，在接近停留车列或故障地点 2km 时，必须严格控制速度，同时与现场人员联系，或以在瞭望距离内能够随时停车的速度运行（最高不得超过 20km/h），在防护人员处、压上响墩后或故障点前停车、联系确认，并按要求进行作业。

（9）抢修过程中，加强各工种和各作业小组之间的协调工作，防止交叉和关联设备作业时，对人员造成的伤害。

任务三　接触网应急预案及抢修工机具管理

一、接触网应急抢修预案

1. 恶劣天气应急预案启动条件

各设备管理单位根据国家有关气象标准确定三种启动条件，即黄色预案启动条件、橙色预案启动条件、红色预案启动条件，并根据条件作出相应要求。各设备管理单位每日收集 24h 管内各地区天气信息预报，遇有大雾、暴风雪（雨）、雨夹雪及大幅降温等恶劣天气时，由各设备管理单位调度发布"恶劣天气应急预案启动命令"。各相关部门按预案规定到岗到位，并做好应急准备工作。

2. 雨、雪、雾等恶劣天气下应急抢修

（1）发生降雨后，任意一雨量监测点雨量达到出巡或慢行警戒值时，安排专业技术人员添乘检查设备，直到降雨过程结束后三天。

(2)雾天应急预案启动后,要求相关部门所在地都要保证有汽车、轨道车,机具料具状态要保持良好,并全部上车,做好抢修准备。

(3)环境温度较低天气发生雨、雪、雾情况下,要及时撤除馈线自动重合闸功能。

(4)遇上述天气情况下,发生接触网跳闸时,供电调度要立即告知列车调度员,通知在该供电臂内所有动车全部降下受电弓,确认全部动车降弓后,该供电臂首先强送一次,如强送不成功,立即通知接触网工区查找故障;如强送成功,确认接触网无故障后,该供电臂再次停电。在接触网无电状态下,按下述程序办理:通知其中一台动车升弓后,合闸送电,确认无故障后,再次停电,并通知另一台动车升弓再次送电确认,直至确认故障动车,通知其降弓并不得自行升弓,等待救援。

(5)遇暴雨、暴雪、大雾、较低温度降雨等恶劣天气情况下,动车运行中发生接触网跳闸故障后,供电调度要立即通知有关接触网工区,做好抢修准备,并与列车调度员密切配合,迅速对故障处所进行判断和处置。

3. 接触网覆冰时的应急抢修

接触网出现覆冰,导致受电弓无法正常取流时,要立即启动导线机械除冰应急预案。

(1)取消停电天窗,避免接触网出现长时间停电,当现场接触网导线覆冰厚度在允许值时,开行动车组前,采用电力机车单机(作业车)受电弓停电和带电,利用电弧熔化接触线上的薄冰。

(2)当局部接触网导线覆冰较严重时,可集中人员利用绝缘打冰杆进行带电打冰。当接触网导线大面积覆冰严重时,可停电利用轨道车、梯车和人员上杆相结合的方式利用木棒等工具进行除冰。不可敲打接触线,避免接触线产生硬弯。

(3)车站侧线是结冰较厚的区段,工区要及时除冰,防止机车升弓取流时烧断导线。

(4)冻雨天气下,抢修人员应直接乘轨道作业车赶往故障区段、巡视查找故障点。若区间有列车阻隔,应采取反向行车或改乘其他交通工具,迅速将抢修人员及机具材料送达故障地点,查明情况,迅速抢通。

(5)若故障区段上下行均被阻隔,调度应通知相邻工区的抢修待令人员乘轨道车直接出动进行抢修,本工区人员到达现场后加入到抢修组织中。

4. 强风天气应急抢修

强风天气下,发生接触悬挂舞动时,可根据频率及振幅大小采取限速措施,必要时动车组(电力机车)停止运行。

(1)接到接触网晃动报告后,接触网专业技术人员及抢修作业人员要按《电气化铁路接触网故障抢修规则》(铁运〔2009〕39号)要求,迅速赶赴现场查明情况,并严密注视灾情和列车运行状态,及时、准确地向供电调度报告现场情况。

(2)当接触网上下晃动量不超过200mm或水平晃动量不超过150mm时,可采取动车组(电力机车)限速45km/h通过晃动区段,并现场观察弓网运行情况。

(3)当接触网上下晃动量大于200mm或左右晃动量大于150mm时,应适时采取降弓通过晃动区段。

(4)因接触网晃动,导致接触网有明显缺陷,无法保证受电弓安全运行时,应立即停电进行处理。

5. 较大故障的应急抢修

(1)接触网设备大面积损坏,不能满足动车组降弓惰行条件时,要利用分区所及站场两端绝缘锚段关节,采取越区供电等措施最大限度减小停电范围,满足列车降弓运行条件。

(2)恶劣天气防止机车故障引发接触网断线处置程序,如图4-1所示。

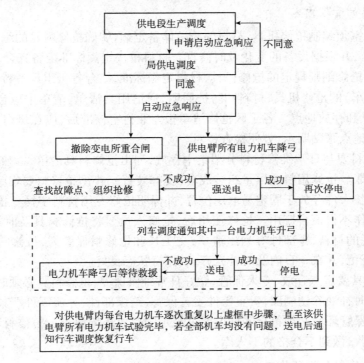

图4-1 防止机车故障引发接触网断线处置程序

6. 应急抢修要求

(1)高速铁路、客运专线应急救援、故障抢修交通工具以铁路运输为主。通常情况下,采用轨道车抢修车组方式,可与工务、电务及通信等部门联动赶赴现场;必要时,可请求调度员搭乘列车、动车组利用邻线列车赶赴现场。

(2)抢修用机具、材料均装箱放置在轨道车上。

(3)故障抢修中,现场抢修指挥人员要指定专人负责与供电调度联系,随时汇报故障抢修进展情况,并及时传达上级领导对抢修的有关要求。

(4)恶劣天气下发生接触网设备故障,由高铁供电调度统一指挥抢修,高铁供电调度是命令发布机构和信息反馈终端,各级领导的要求和指示应通过高铁供电调度传递到各级指挥人员。

二、抢修机具、材料、车辆及通信工具的管理

1. 接触网抢修料管理基本原则

(1)保证设备故障状态下能以最快速度恢复送电为原则配备抢修料。

(2)优先配备无备用设备的抢修料。

(3)优先配备重要设备的抢修料。
(4)抢修料的配备应遵循随用随补充的原则。
(5)抢修料的配备应遵循段、车间、班组三级配备制度。
(6)抢修料定额数量为最低限额。

2. 抢修料具的管理内容

(1)专业科室须编制抢修机具、材料的应急储备定额,明确抢修料具的编号、种类、规格、数量和存放地点,并根据设备的变化及时修订。材料科按定额标准配备齐全。

(2)按照段抢修细则规定的抢修机具、材料定额标准,结合各班组设备特点,车间应明确每个工区(轨道车)的抢修机具、材料和防护照明、通信用具清单,清单中应包括序号、编号、种类、规格、数量和存放地点。各工区抢修清单报专业科室核准后,应在班组、车间单独造册管理,并在存放地点张贴明示,方便检查核对。

(3)抢修材料要与日常维修材料分架集中存放,列出抢修料具清单,单独造册登记,并建立使用、补充台账。抢修用料应尽量组装成套(支撑装置),小型抢修料要集中存放于抢修箱内,特殊零件如长大件存放于固定易取用位置,并标明抢修专用材料字样。抢修工具要集中存放,非抢修工作不得擅自挪用。抢修使用后,抢修人员要将抢修料具及时放回原处,抢修负责人要将消耗的材料、零部件等列出清单,交工长和抢修料保管人,抢修料保管人要及时在台账上进行登记,并在3日内及时补充齐全,保持状态良好。

(4)抢修料具要定点存放、专人保管,做好日常维修保养,抢修料具必须时刻处于良好状态,易锈零件及时补油除锈刷漆,贵重零件妥善保管,绝缘部件、导流零件严禁碰撞挤压和变形,各种零件的保管环境必须符合零件说明书规定的存放环境要求。抢修材料、工具入库必须认真检查、验收,做到不合格的不入库。

3. 定期对抢修料具进行检查

(1)交接班时,应交接并清点抢修料具。工区工长会同保管人每周清点一次,发现缺料及时补齐,发现状态不良及时更新,并做好记录。

(2)抢修专用材料箱钥匙的交接是每日工区交接班的一项重要内容,值班时由带班人掌管,上班时由专门保管人、工长或副工长保管,保证随时能够拿出抢修材料。

(3)车间每月检查一次管内各工区的抢修材料,清点数量,检查零件状态,检查结果做好记录,发现的问题及时督促工区解决,并作为车间考核工区管理的一项内容。

(4)材料科及各专业科室每季度检查各工区抢修料具,并不定期进行抽查,发现问题严肃处理,并纳入车间、工区的日常管理考核。

4. 交通工具的管理要求

(1)供电段及各车间、工区所配生产车辆均为抢修用车辆,不得擅自挪作他用。抢修车辆及分布情况应报调度室备案。

(2)接触网抢修列车、作业车、轨道车、汽车,必须停放在能够保证迅速出动的指定地点,如必须变更停放地点,工区值班员要及时报告供电调度。

(3)汽车或轨道车除正常作业外,有事外出需经供电调度和生产调度同意,相邻工区的车辆要做好备用。

(4)值班司机要加强车辆技术状态检查,油箱备足燃油,冬季要有良好的防滑防冻措施,保持车况良好。

(5)供电调度和生产调度必须随时掌握抢修列车和各接触网工区交通工具的停放地点、整备情况,交接班时进行交接,接班后要复查。

(6)各车间、工区要与地方汽车、汽车吊、铲车、气割等出租单位建立固定联系,以备应急时使用。

5.照明及通信工具的管理要求

(1)工区要备有足够的照明设备:如手电、矿灯、头灯及发电机探照灯等。各站应急电源接引地点及情况、应急发电机组配备情况,技术科、调度室、相关车间应备案。

(2)通信设备保持畅通。GSM 专用手机、无线电台、报话机等无线通信设备要始终保持良好畅通;各级抢修人员(包括座台人员、变配电主值班人员当班期间)手机按要求 24h 开机;值班人员对通信工具要进行状态检查,保证办公电话和手机 24h 良好畅通。

6.接触网抢修车列的管理要求

(1)抢修基地的抢修车列担负着高速铁路、客运专线的抢修任务。由设备车间负责按抢修车列顺序编组停放,分别由综合检修车 2 台、轨道吊车 1 台、平板车 2 台、放线车 1 台组成,日常停放在基地。设备车间要及时掌握车辆状态、停放位置、值班人员情况,并每日向供电调度、生产调度汇报。施工调用抢修车列中的车辆时,必须报经主管副段长同意。

(2)抢修车列有关人员接到通知后要立即赶到抢修列专线,及时随车出动抢修。在施工期间,轨道吊车组为抢修车列,所在地的网工区职工为抢修人员。

(3)抢修车列依据调度命令出动。当发生接触网设备大范围损坏,需架设接触线超过 300m、承力索超过 500m,接触网下锚支柱或软横跨损坏需进行恢复时,生产调度要立即通知抢修人员,配备好工具、材料,值班司机要立即对抢修车列进行检查和制动试验,在规定时间内整组完毕,保证车列及时出动。

(4)在接近故障区段前方站前,按正常行车办法行车(特殊情况下以调度命令为准);进入故障区段的抢修列车行车凭证为调度命令。

(5)抢修列车的司机接到进入故障区段的封闭区间作业命令后,要认真进行复核确认,清楚行车要求、抢修停车地点等内容。进入封闭区间前,要按规定设置机车运行监控记录装置数据。

(6)接近故障区域,要减速慢行,注意有无侵入限界的设备以及线路状况,确保行车安全。

(7)使用抢修列车装载作业机具时,需有专人指挥,落实呼唤应答制度,时刻注意设备受力,严防车辆倾覆。严禁抢修列车装载的作业机具及设备侵入邻线。

(8)在故障区域动车时,抢修列车司机动车前应提醒指挥人员,认真检查车辆周围、上下有无侵入限界的物件,动车需提前鸣号。

(9)抢修列车抢修结束,连挂之后要按规定进行有关机能试验,确认各机构电控、油控阀、柄均在空位、中位或关闭位后,方可鸣号起车。

任务 四　故障预防及抢修演练

一、掌握接触网故障预防措施

1. 消除隐患，超前控制

（1）对接触网进行巡视检查。通过步行巡视（护栏内、外）、轨道作业车巡视、添乘动车巡视等方式，对接触网外观及结构、功能进行检查，及时发现缺陷并处理。

（2）静态测量与动态检测相结合。用接触网静态测量来复核和确认动态检测结果，掌握接触悬挂的几何参数和运行参数，给接触网检修提供依据。

（3）充分利用随车录像分析与防灾系统监控，时时监控设备状态，发现并消除隐患。

（4）理解和贯彻接触网"严检慎修"和"精检细修"理念，利用先进的检修手段、科学的检修工艺和高层次的检修标准，对接触网设备进行精检细修，全面提高设备的内在质量和运行品质。

2. 恶劣天气时的预防措施

遇雨、雪、雾、大风及接触网覆冰等恶劣天气时，应避免出现接触网停电状态（天窗）。各种恶劣天气多发时间段前，设备管理单位要对接触网设备进行全面的巡视检查，及时发现和处理设备缺陷，防止恶劣天气下设备故障的发生；但在强台风、暴雨等恶劣天气下，高铁动车临时停运时，接触网相应停电，恢复送电前对接触网进行全面检查，防止接触网发生断线故障。另外，组织开展针对恶劣天气的故障抢修演练，提高对恶劣天气下突发事件处理、抢修以及快速恢复接触网设备正常运行的能力。

二、人员培训与抢修演练

1. 人员培训

加强对抢修队伍的日常演练，开展故障预想，使每个人都能掌握各类故障的抢修方法。发生故障时，做到信息传递快、到达现场快、方案制定快、工具材料齐、恢复处理快、消点开通快。每季度组织进行一次轮训，讲解故障抢修知识，学习有关规章命令，分析典型案例，总结经验教训，研究制定改进措施，不断提高组织、指挥故障抢修的能力。

2. 抢修演练

供电工区应充分利用工余时间，发挥技术骨干传、帮、带的作用，经常进行各类故障抢修方法的训练，每季组织一次故障抢修出动演习（包括按时集合、整装出动和携带的工具、材料等）。供电车间每半年组织管内各工区进行一次故障抢修演习。

任务 五　接触网常见故障判断及查找

一、恶劣天气易发故障的判断

（1）大雾天气：首先考虑绝缘闪络、击穿，与带接地刀闸的隔离开关连接的分段绝缘器烧伤；V形天窗作业时，渡线分段击穿；电力机车受电弓支持绝缘子击穿引起断线；接触网带电设备对跨线桥、管、隧道底面放电等。

（2）大雪天气：除（1）所列项目外，考虑上跨桥、管、隧道上雪融化后结冰对桥底设备放电。

（3）雷雨天气：主要考虑避雷器是否爆炸，绝缘子击穿及雷电引起变电所跳闸、电缆头损坏、树木倒在接触网上等。

（4）大风天气：主要考虑是否网上有异物；树枝触网；树木倒在接触网上等。

（5）冻雨天气：一般表现为跨越电力线断线，弓网放电。

（6）气温急剧变化：主要考虑引线、电连接、供电线、正馈线、上跨桥下设备对地绝缘距离减小放电或过紧拉歪开关、避雷器等设备；补偿装置卡滞；线岔卡滞；悬挂交叉处是否产生摩擦放电现象。

（7）晴朗天气：主要考虑薄弱设备（线岔、关节、分段、器械式分相）引发的弓网故障；入地电缆故障；外单位施工地点部件脱落引发故障等。

二、根据跳闸情况判断

1. 永久性接地

变电所断路器跳闸，重合闸和强送均不成功，可能是由于接触网、正馈线或供电线断线接地、绝缘子击穿、隔离开关处于接地状态下的分段绝缘器击穿、隔离开关引线脱落或断线、较严重的弓网故障、机车故障等引起的。这时供电调度要根据故标显示状况，有重点地通过询问车站列车乘务员等，以便进一步判断确定。

2. 断续接地

变电所断路器跳闸重合成功，间隔一段时间又跳闸，可能是由于接触网或电力机车绝缘部件闪络，货车货物翘起超限，树木与接触网放电、接触网与接地部分距离不够、接触网断线但未落地、弓网故障等引起的。

3. 短时接地

变电所跳闸后重合成功，跳闸原因一般是绝缘部件瞬时闪络、鸟巢短接、电击人或动物等。

三、根据跳闸报告内容判断

以下按照归算至一次侧数值进行判断：

（1）电压低（17kV以下）电流较大（2000A以上）阻抗角在70°左右，可以判断为金属性接地故障。

（2）电压较高（20kV以上）电流较小（1000A左右）阻抗角在40°以下，可以判断为过负荷（动车组过负荷阻抗角10°~25°）。

（3）电压较高（20kV以上）电流较大（2000A左右）阻抗角不定，可以判断为机车带电过分相。

（4）上下行同时跳闸，两个馈线跳闸报告基本一致，可判断为上跨电力线或其他高空金属物同时坠落在上下接触网上并接地。

(5)跳闸报告中,谐波含量较大且出现二次谐波,可判定为机车内部故障。
(6)同所同行(上行或下行)同时跳闸(阻抗角根据各所情况分析),可判定为机车带电过分相。
(7)两相邻所同行(上行或下行)同时跳闸(阻抗角根据各所情况分析),可判定为机车带电过分相。
(8)电压为零能重合成功,负荷较大时跳闸,变电所发电压(PT)回路断线信号,可判定为电压回路断线。
(9)阻抗Ⅰ段跳闸,一般为故障点较近(线路长度85%以内)的情况。
(10)阻抗Ⅱ段跳闸,一般为故障点较远(线路长度85%以外)的情况。
(11)阻抗Ⅰ、Ⅱ段后加速同时动作,电流较大(3000A以上),可判定为接地故障。
(12)故标指示沿某电力列车运行方向变化,可判定为机车故障。
(13)重合或强送失败的跳闸报告数据一般较为准确,应相信故测指示数值。
(14)电流增量保护动作一般情况下为同一供电臂内有多列动车组,且个别动车取流迅速增大导致跳闸,也可能是高阻接地故障引起的,还应根据保护时限和阻抗角度等数据综合分析。

四、其他情况下的判断方法

1. 根据受电弓损伤位置判定

(1)受电弓上有伤痕,主要考虑电力机车行走路径上的线夹偏斜、导线硬弯、分段、器械式分相消弧棒松动下垂低于导线面等原因。

(2)受电弓刮坏,主要考虑是线岔电连接位于始触区并且弛度过大;分段绝缘器技术状态超标;定位、支持装置松动下垂等。

2. 外界反应

(1)车站人员反映的情况,主要是设备放电。
(2)工务、电务等单位人员反映的情况,主要部件脱落、断线。
(3)机车司机反映的情况,主要是网上异物、断线、刮弓等故障。

3. 特殊故障

(1)变电所馈线有电而接触网无电:可能是供电线断线、上网点断开、开关引线断线、常闭开关误动打开等原因。

(2)变电所没有跳闸,但现场已经出现影响行车的设备故障,如线岔脱落、吊弦折断、中锚松弛脱落、线索上挂有飘落物等没有接地但已影响行车的情况。

五、接触网故障的查找方法和注意事项

1. 故障点查找方法

(1)根据公路交通和故障位置的具体情况,灵活采用轨道作业车或汽车运送人员至区间巡视的交通方式。

(2)供电调度、生产调度和抢修人员加强与工务、车务、机务、电务等相关部门的联系,为现场查找故障点提供参考信息。

(3)现场抢修人员必须保证与供电调度、生产调度不间断的联系,如在长大隧道等通信信号不畅区段,要通过区间电话及时向上级汇报,巡视以及查找故障点的情况。

(4)对于打弓点等巡视难以发现的供电故障,在安排抢修人员查找的同时,应考虑及时安排检测车至故障区段检测。

2．故障点查找原则

(1)根据故标等信息重点查找。

(2)人员分散查找。

(3)及时向其他单位人员了解情况。

(4)发现故障点立即报告现场情况。

(5)根据命令及时统一集中。

3．注意事项

(1)找到故障点后,查寻人员应立即报告抢修指挥人员,说明故障的位置、性质、破坏范围等情况。

(2)现场抢修指挥应立即将现场破坏范围等情况核查清楚,提出临时处理和彻底恢复两个建议方案及所需要的时间、线路使用要求,报段调度指挥中心及供电调度。

六、制定抢修方案的要求

(1)为保证快速抢通,允许满足接触网最低技术条件的列车开通运行。如直线区段可间隔定位,减少吊弦安装数量,两锚段可临时并接,结构高度可适当降低,定位方式可简化为单定位、单拉手等。在开通、疏通列车后,再申请天窗停电,尽快处理使设备达到运行技术标准。

(2)采取硬锚的方式临时恢复接触悬挂设备时,必须考虑到温度变化对接触网安全运行状态的影响。

(3)接触线、承力索、供电线(正馈线)等主导电回路线索断线采取临时紧起送电方案抢修时,须加装分流线,分流线截面不得小于被连接导电线索截面。

(4)需设置降弓区段时,应向高铁供电调度报告标志位置,高铁供电调度报列车调度同意后,现场抢修人员按高铁供电调度的命令或通知设置标志。

(5)降弓距离应满足列车惰行运行要求,高铁动车组升降弓距离如图4-2所示。

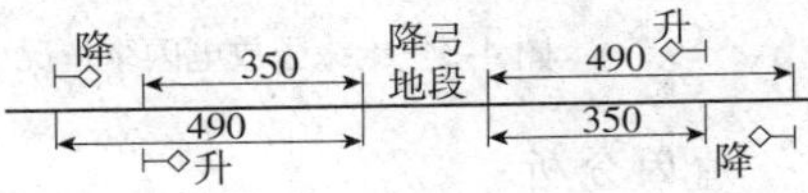

在需降弓地段的来车方向490m位置设"降"标,在需降弓地段列车离去方向350m位置设"升"标,如图4-2所示。

图4-2 高铁动车组升降弓距离(尺寸单位:m)

降弓区段导线、零部件、工具等,距离钢轨顶面高度不得低于5150mm。

(6)接触网修复过程中,对关键部位及相关设备要严格把关。尤其注意对接触网主导电回路及受电弓动态包络线进行检查,确认符合供电行车条件后方准申请送电,送电后要观察1~2趟车,确认运行正常后抢修组方准撤离故障现场。

(7)抢修完毕后,若接触网设备不能恢复到满足正常行车速度时,由现场抢修人员向高铁供电调度提出申请,并在相邻车站进行登记,高铁供电调度审核后,向列车调度员提出限速申请;由列车调度员下发限速调度命令。供电段负责按规定进行防护。

任务六 接触网常见故障处理方法及案例

一、绝缘子大面积闪络

绝缘子大面积闪络通常会出现在空气潮湿或小雨雪天气或重污染区段,处理措施如下:

(1)尽量缩小故障停电范围。如仅正馈线绝缘子闪络,可从变电所将 AF 线断开,使 AT 所解除运行,改 AT 供电为直供方式。

(2)集中大量的人力,用干布擦绝缘子,发现有闪络的绝缘子应立即更换。

故障案例:

郑西高铁"2·7"绝缘子大面积闪络故障

故障概况:

2010 年 2 月 7 日 3 时 44 分,郑西高铁巩义南至荥阳南间上、下行线 K637+400m ~ K640+400m 间,接触网绝缘瓷瓶及供电电缆头发生大面积污络(图 4-3),绝缘子击穿 14 棒(图 4-4),有闪络放电痕迹的 66 棒,同时造成馈线上网电缆头闪络烧损,某分区所回流地网烧损。中断供电上行 429min,下行 228min。

图 4-3 绝缘子放电闪络情况

图 4-4 平腕臂、斜腕臂瓷瓶被击穿炸成两节

原因分析:

造成这次巩义南变电所 211、212 连续跳闸的直接原因是:该区段有 86 家污染企业向大气中排放了大量的粉尘,并附着在接触网绝缘子上,加之 2 月 6 日、7 日当地大雾小雨天气,空气湿度大,粉尘无法扩散,导致该区间绝缘子及供电线供电电缆头绝缘强度下降,以致发生大面积闪络、击穿。

经验教训:

(1)将该区段绝缘子由瓷质更换为爬距为 1600mm 的硅橡胶绝缘子,目前已更换完毕。为该重污区所属工区购买绝缘子清洗车 2 台,缩短冲洗周期。

(2)在该区段内进行一次污染源调查,将相关情况登记造册,并制订相应措施,进行控制,防止类似情况再次发生。对该重污区设备进行重点监控,缩短绝缘子清扫周期,加强日常巡视检查,发现问题后立即处理,做到防患于未然。

(3)对该区段污染情况进行监测(在附属设备附近悬挂监测物,监测污染物质附着量),积极与地方政府联系,对污染源企业进行整治。致函地方政府,要求关停非法企业,限批污染企业。

二、承力索断线故障处理

(1)承力索断头损坏范围较小时,直接更换一段同规格的新承力索,做好两个接头,尽可能一次性恢复。

(2)承力索断线损坏范围较大,短时间不能恢复时,可将两个断头分别用紧线工具紧起下死锚,临时恢复供电、通车,必要时降弓通过,限速运行。临时紧起时,必须安装分流短接线。

(3)承力索断线抢修后,应对整锚段进行巡视测量,特别要注意中心锚结、线岔、绝缘锚段关节等处是否达到要求。

故障案例:

郑西高铁"5·17"承力索断线故障

故障概况:

2011年5月17日18时11分,郑西高铁西寨变电所213、214断路器T-F短路跳闸,213断路器重合成功,214断路器重合失败。短路电流3765A,T-F短路电压36.75kV。故障测距位置:三门峡南至灵宝西间上行K838+372,承力索断线(图4-5)。22时05分,抢修人员临时处理后恢复送电。事故影响供电3h54min。

图4-5 承力索断线故障现场

原因分析:

当天为大风阵雨天气,大风将通信基站铁塔上的鸟巢吹掉后,树枝顺风刮至郑西高铁函谷关隧道东口,短接正馈线(AF线)与接触网承力索(55kV),这是造成此次接触网承力索断线的直接原因。正馈线和承力索烧损情况如图4-6、图4-7所示。

图4-6 AF线烧损情况　　　　　　图4-7 铜承力索烧伤

经验教训:

(1)没有意识到郑西高铁铁路附近沿线铁塔上鸟巢的危害性,安全意识不强,疏于巡视检查,发现并处理鸟巢不及时。在恶劣天气大风的作用下,树枝由铁塔顶部被刮落后,搭挂在AF正馈线与承力索间,是导致故障发生的直接原因。

(2) 故障抢修组织不力，教训深刻。自故障发生至故障处理完毕，故障延时时间较长。

(3) 绝缘护套防护效果需进一步检验的问题。此次故障断线处正馈线、承力索均安装有绝缘护套，该产品由某轨道交通设备有限公司生产，其产品技术规格书显示：工频干耐受电压（有效值）在空气间隙50mm时，≥60kV；无间隙时，≥40kV，因此该绝缘护套防护效果需进一步确认。

下一步措施：对该绝缘护套进行绝缘耐压试验，若发现产品质量问题，则及时组织处理。

三、接触线断线故障处理

当发生导线断线时，首先应查明断线确切位置、断口两侧的损坏情况、断线波及的范围等。

(1) 断口两侧无较大损伤、变形时，可以直接紧线对接。导线严重损伤（在一个跨距以内）时，必须更换一段导线，这时可在地面上先做好一个接头，将新旧线紧起后做另一个接头。也可视具体情况，将接触网脱离接地，采取降弓通过的方法，先行送电通车。

(2) 站场侧线断线时，可先将线索紧起，保证咽喉区行车，送电先开通正线。站场正线或区间断线，可将线索紧起，采取降弓通过的办法送电通车。

(3) 利用紧线方式送电时，必须加装分流短接线，严禁仅利用受力工具导通电流回路。

(4) 导线断线处理后，必须将该锚段全部巡视一遍，特别是中心锚结、线岔、补偿装置、锚段关节等设备，应判断是否可以通车，同时应考虑气温变化时对设备的影响。

(5) 当导线接头额定工作荷载不能满足导线张力需要时，应减少坠砣数量。

故障案例：

武广高铁"2·13"接触网断线故障

故障概况：

2010年2月13日11时06分，G1029次列车运行到长沙南站至株洲西站间，过分相未断主断路器引起承力索、接触线断线（图4-8）。经查，长沙南站至株洲西站间下行线K1589+500处接触网承力索及导线都被烧断（图4-9），14时08分抢修完毕。14时45分，长沙南至株洲西下行恢复行车，停时181min，影响动车15列。

图4-8 故障现场情况

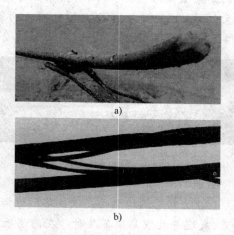

a)

b)

图4-9 接触导线断头、承力索断线

原因分析：

根据现场承力索部分散股，单丝断头呈高温熔断痕迹，接触导线断头呈局部高温断裂痕迹。动车过分相未断主断路器、分相承力索及接触导线在局部受到强烈电弧电流作用下，造成承力索及接触导线局部高温退火，在承力索、接触导线张力作用下拉断，导致边山变电所211、213断路器跳闸。

经验教训：

（1）故障发生后，供电调度通过跳闸开关动作及列车调度了解的情况，准确地判断了故障的地点，并通知供电段出动轨道车抢修，但轨道车从动车所出动环节过多、出动困难、用时较长。

（2）动车组自动过分相断合数据经核对，与现场实际断合标里程不符，造成动车组带电过分相，拉弧烧断接触网。

四、供电线或正馈线故障处理

1. 供电线断线

（1）供电线或正馈线断线时，优先考虑甩掉故障的供电线或将供电线脱离接地，越区供电。

（2）供电线断线后，不能实行越区供电时，则必须将供电线接通。接通方法如下：

①如线索无较大损伤、弛度增大的跨距较少、两断头相隔较近，可拧松断线后弛度增大跨距的悬挂点线夹螺栓（使线索能在鞍子内自由移动，防止紧线时张力不均，拉偏瓷瓶甚至拉断肩架），直接用手扳葫芦将线索适当带上张力，做好线索接头，恢复线索正常技术状态。

②如线索损伤严重、弛度增大的跨距较多、两断头拖移距离过大，则应先将线索从 B、C、D、E 悬挂点松出（图4-10），B、E 两处放入柱上的单滑子内，C、D 两处放至地面，用大绳带上适当的张力，拧松所有弛度增大跨距悬挂点处线夹螺栓，将线索拉回适当距离，用手扳葫芦紧上张力，剪掉线索损伤部分，接入一段相同材质、规格、长度的新线，做好两个接头。拆除紧线工具，将线索拉起放拉入悬挂点鞍子内，调好各跨距弛度，上紧各悬挂点螺栓。

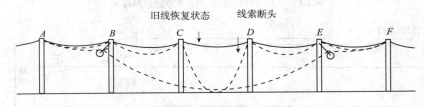

图4-10 断线恢复示意图

（3）注意事项：

①剪断线索前，必须先带上适度的张力。

②更换损伤线索时，接入新线有效长度应与剪掉旧线基本等长，以避免引起相关设备参数的变化。

③剪下的损伤线索应妥为保存，以备故障分析用。

④紧线时密切注意第一接头情况，发现异状，立即停止。

⑤在地面做接头时，根据现场情况，可适当多松开 1~2 处悬挂点，以方便操作。

⑥调整多跨弛度时,应特别注意观察弛度变化,加强配合,直至弛度合适均衡为止。

2. 正馈线断线

正馈线断线除可采取供电线断线抢修接通方案外,也可采用以下临时方案:

(1)将故障锚段正馈线撤除运行。在有故障的正馈线锚段末端下锚处,分别断开该锚段与相邻锚段正馈线对向下锚间的连接线,使该正馈线锚段撤出运行。条件允许时,使该正馈线锚段撤出运行并剪除故障跨距内正馈线。

(2)恢复送电。恢复送电时,同时闭合该供电臂末端分区所的上下行并联开关,实现末端并联供电。

故障案例:

郑西高铁"3·19"正馈线、承力索断线故障

故障概况:

2010年3月19日11时04分,郑西高铁某牵引变电所213号、214号馈线断路器跳闸,渑池南至三门峡南区间下行线K777+065m处,755号~757号(距757号东侧16m)间,下行线正馈线及非支下锚承力索断线(图4-11、图4-12)。经抢修,于14时36分恢复供电。中断下行供电212min。

图4-11 "3·19"正馈线、承力索断线故障现场

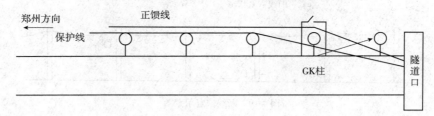

图4-12 "3·19"故障现场示意图

原因分析:

(1)断线处位于隧道口关节式分相开关到上网开关间,正馈线由隧道外向隧道(观音堂隧道东口)内过渡,由755号线路外侧向757号线路内侧过渡,因正馈线与非工作支承力索在跨中交叉。当天气温6~28℃,气温骤升后,弛度增大,加之当天阵风4~5级,造成跨中正馈线与承力索动态绝缘距离不能满足电气要求,是造成断线的主要原因。

(2)洞口东侧紧邻分相,有上网隔离开关、上下行联络隔离开关、分相隔离开关等设

备,正馈线由755号外侧过渡到757号柱顶内侧,且757号柱为电分相中性段锚柱,正馈线选择在抬高下锚的跨距内过渡,设计时在支柱选型和平面布置上考虑不周,客观上形成了正馈线与非工作支承力索两线,在跨中出现较近绝缘距离的交叉,因此设计中就埋下了安全隐患。

分析说明:

(1)上述安装方式的弊端是,易造成正馈线与保护线的间距不满足要求、正馈线与承力索的间距不满足要求。

(2)按《隧道前转换支柱A正馈线、保护线线路侧抬高安装》《支柱正馈线、保护线、抬高转换跨越安装(隧道口)》,施工易造成正馈线与保护线间在水平方向、竖直方向相互交叉,且距离较近,不能满足温度变化和风偏的安全距离需要。

(3)对观音堂隧道口上行的线索转换,采取整改方案为:AF线在既有11m高支柱肩架对锚安装。隧道口第二根开关支柱,AF线肩架在原肩架主槽钢设计长度基础上,增加600mm,肩架主槽钢安装在支柱9m高度,肩架支撑安装在下方。其效果为:在对正馈线肩架上移至极限位置后,测量正馈线与非支承力索的最小距离为600mm(气温8℃)。将下行正馈线安装方式进行改造后,测量正馈线与非支承力索的最小距离为1200mm(气温8℃)。

建议:

(1)设计时,在平面布置上尽量避免正馈线与接触网交叉跨越。

(2)对于普遍存在的隧道口AF、PW线跨越接触网下锚、中心锚结下锚支转换,建议设计对隧道口保护线改为在隧道壁下锚。具体方案为:

①取消保护线既有安装方式,保护线降低到中间柱处安装高度,直接进入隧道,在隧道内距隧道口0.5m处下锚,隧道内保护线在距隧道口1m处下锚,用150mm^{2}低压电缆连接。

②隧道口第二根支柱AF线原安装方式为柱顶平肩架安装方式时,取消原柱顶平肩架安装,改为AF线柱顶支撑绝缘子安装方式;第三根支柱AF线悬挂采用V形悬挂。

五、支持、定位装置故障处理

(1)有条件时,可更换破坏的部件及瓷瓶或重新安装支撑及定位装置。条件不具备时,可拆除支撑及定位。但空气绝缘间隙必须保证在400mm以上。

(2)因弓网故障造成定位装置损坏、电连接或吊弦损坏等,应及时更换及检修。

(3)瓷瓶闪络、击穿或破损时,应及时更换绝缘子。

故障案例:

京津客专斜拉线断裂

故障经过:

2008年9月5日10时40分,某工区对永乐至亦庄区间利用望远镜在桥下对接触网设备进行巡视,发现区间上行0300号支柱(JJK30+977m)锚段关节转换柱处反定位管与平腕臂间斜拉线断裂(图4-13),反定位管搭在非工支导线上,断裂的斜拉线悬挂于0298号内转换柱北京侧第一根吊弦的承力索端,巡视人员立即向京津供电调度、某生产调度汇报反映故障位置及故障情况,供电调度对经过故障点的动车组采取降弓通过措施。

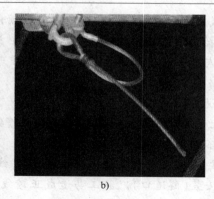

a)   b)

图 4-13 断裂的斜拉线

处理措施：

派专人盯控故障现场，故障未处理前不得撤离，保证工区能及时掌握现场情况，等到晚上利用天窗点作业时间对故障进行处理。

原因分析：

经现场判断，初步分析造成该处反定位与定位管斜拉线烧断的原因，可能是由于该处在通过电力机车时，造成斜拉线与承力索形成的电位差、斜拉线与承力索间距小、斜拉线与非工作支承力索相摩擦；同时，斜拉线与承力索长时间在电位差作用下，引起打火相互摩擦、烧断斜拉线。

六、锚段关节故障处理

（1）当分相关节处发生打碰弓等不影响供电的故障时，采取机车降弓通过的办法，机车可临时降弓通过。

（2）当发生断线等故障时，应尽快争取恢复一组绝缘锚段关节，设置机车降弓区域后送电。

（3）关节式分相的两支悬挂间，空气绝缘间隙保证在 400mm 以上时，可让机车在该处降弓通过。如不能保证 400mm 的绝缘间隙，则应在整个分相区域内降弓。

七、补偿装置故障处理

补偿绳断线一般用手扳葫芦将下锚支硬锚在锚柱上，检查并调整补偿绳断线波及的半个锚段的技术状态。符合要求时，即可临时送电通车，监控其状态，要点更换。

八、线岔故障处理

（1）交叉线岔。

①经测量技术参数达不到技术要求，但具备降弓通过的条件时，先降弓通车。

②限制管脱落或有影响行车的障碍物时，必须要点处理，人员上网拆除障碍物，达不到技术要求时可降弓通车。

③在故障影响范围较大时，可撤除限制管，抬高侧线，并封闭侧线通过该线岔，先临时恢复正线通车。

（2）无交叉线岔：比照锚段关节的抢修方案进行处理。
（3）发生断线时，结合断线处理方法进行。

九、分段绝缘器故障处理

（1）分段绝缘器闪络后，若机械强度满足要求，对于有上下行联络隔开的，可以将隔开闭合，随后利用带电作业对分段绝缘器两端等位后进行清扫；若分段绝缘器烧伤面积超过规定，可以申请停电天窗进行更换，没有联络隔开的，必须申请天窗将分段两端短接，然后在车站运统记录上签认，随后要点进行更换处理。

（2）分段绝缘器闪络、击穿后，如果机械强度不能满足要求，必须申请天窗抢修，用链条葫芦将分段卸载，并将分段两端短接，然后在车站运统记录上签认；随后再要点进行更换处理。

（3）分段绝缘器击穿后，如果机械强度满足要求，对于有上下行联络隔开的，可以将隔开闭合，然后在车站运统记录上签认，随后对分段绝缘器进行更换；没有联络隔开的，必须将分段用电连接进行短接，然后在车站运统记录上签认，随后再对分段绝缘器进行更换。

十、隔离开关故障处理

（1）常开开关故障时，可将引线甩掉送电。
（2）常闭开关故障时，拆除引线将其短接后送电。

十一、隧道内接触网故障处理

隧道内接触网故障时，应首先查明故障情况及破坏波及范围。若故障点停有列车或有其他阻碍故障抢修的情况，双线隧道尽量采用在邻线旋转作业车平台的方式，单线隧道可采用在列车顶部的作业方式。

1. 埋入杆件烧断或脱落

双线隧道埋入杆件烧断时，应首先查明故障波及范围。
（1）埋入杆件在直线上：拆除定位以保证电力机车正常通过，然后要点恢复。
（2）埋入杆件在曲线上：埋入杆件烧断或脱落，技术参数不能保证列车通行，在隧道壁上用膨胀螺栓或化学锚栓临时定位，保证电力机车正常通过。

2. 曲线上定位、悬挂埋入杆件均烧断

（1）短隧道时，可用降弓通过的办法，在隧道两头设置升、降弓标。
（2）长隧道时，在原悬挂及定位旁安装膨胀螺栓或化学锚栓，将承力索和导线定位。

3. 锚段关节、补偿装置处悬挂断线

（1）接触悬挂在绝缘子带电侧断线时，将线索进行并锚，满足开通条件并送电通车。条件不具备时，降弓通过。
（2）接触悬挂在绝缘子下锚侧断开时，将悬挂紧起，确保锚段关节几何参数，先送电通车后利用天窗逐步恢复补偿装置。
（3）补偿绳断线：用链条葫芦将下锚硬锚在锚壁上，检查锚段关节和本锚段的技术状态，送电通车后，利用天窗进行恢复。

可根据现场实际情况,在隧道预埋受力杆件以供抢修备用。

4. 隧道口补偿装置故障抢修

(1) 接触悬挂在绝缘子带电侧断线及隧道口埋入杆件脱落时,将线索进行并锚,满足开通条件并送电通车。条件不具备时,降弓通过。

(2) 接触悬挂在绝缘子下锚侧断开时,将悬挂紧起,确保锚段关节几何参数,先送电通车后利用天窗逐步恢复补偿装置。

(3) 补偿绳断线:用链条葫芦将下锚支悬挂硬锚在隧道壁埋入杆件上,检查锚段关节和本锚段的状态,送电通车后采用远离作业的办法恢复。

故障案例:

武广高铁某隧道"2·6"弓网故障

故障概况:

2010年2月6日,英德西至韶关下行黄秋山隧道内75号杆定位脱落、73号杆斜拉线脱落,T073定位管被打掉落在T075~077间,定位器从中间打断挂在接触线上,如图4-14所示;T075定位管吊线被刮断,定位管下垂,定位器根部打脱,由电连接线吊在网上,如图4-15所示。停时46min,影响动车19列。

原因分析:

(1) 2月6日,相继有G1029、G1031、G1033三趟旅客列车在该故障地点发生打弓,且受电弓有不同程度损坏,说明该处接触网状态不良。

(2) T073号立柱为正定位,标准拉出值为300mm,定位器距定位线夹230mm处有一明显碰撞痕迹,机车受电弓距中心280mm也有明显碰撞痕迹,两处碰撞点为相互碰撞点,定位器定位坡度不够造成受电弓与定位器发生撞击。

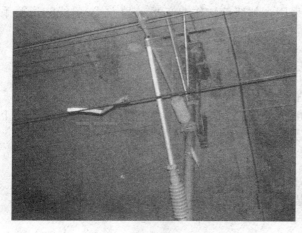 

图4-14 定位管被打掉落,定位器从中间打断挂在接触线上　　图4-15 定位管吊线被刮断,定位管下垂,定位器根部打脱吊在网上

分析结论:

由于73号杆处用于固定连接定位管定位环与旋转接头的水平销钉下部β型开口销脱落(图4-16),在外力多次作用下,水平销钉脱出,造成定位管及定位器整体下垂,侵入受电弓限界,当1031次通过该处时(单列编组)击打受电弓,造成受电弓滑板受损;1033次(重联编

组)前车通过73号杆时,受电弓撞上定位器,将定位器打断、定位管打落,受损的受电弓继续运行,将75杆处定位管、定位器打变形。

整改措施:

全线进行接触网β销专项整治工作,消除各类β销缺陷(无β销、β销装错、β销用铁丝代替、β销失效等)。立即对网上类似采用β销固定的销钉更换为开口销固定方式。

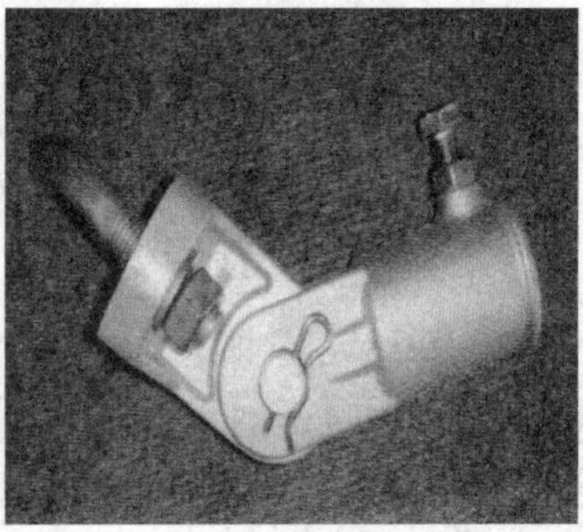

图4-16 定位环与旋转接头的水平销钉

十二、电缆故障

(1)如能判明是正馈线上网电缆故障,则抢修人员到变电所迅速拆除正馈线,甩掉正馈线只对接触线送电。

(2)当变电所内高压电缆故障时,可考虑将故障设备退出运行,或将变电所退出运行,实行越区供电。分区所、AT所内高压电缆故障,应利用接触网联络开关将分区所或AT所解除运行。

故障案例:

武广高铁"2·16"正馈线电缆击穿故障

故障概况:

2010年2月16日14时12分,某站8道至某站下行正馈线电缆击穿造成接触网停电,经供电人员检查处理,于19时02分恢复供电。停时28min,影响动车17列。

原因分析:

武汉站8道153号~169号(K1225+130)正馈线电缆击穿引起(图4-17)。引发电缆故障的原因初步判定为电缆由于施工中受损而引起绝缘下降,最终击穿。

图4-17 AF线电缆故障位置图

经验教训:

(1)加强故标的管理及故标准确度的分析工作。

(2)此次故标没上传,是导致这次抢修时间较长的一个重要因素。供电调度应掌握故标装置传输异常的处理办法,以及故标装置故障时的人工计算方法,同时供电段变电所人员要掌握故障报告的调看方法,以解决故标不上传的问题。从事后故标上传的数据看,此次故障报告中,对故障点、故障类型的判断还是比较准确的。

(3)收集所有电缆使用地段的情况,在查找故障没异常情况反应时,要重点对该供电臂中使用电缆地段进行排查如所(亭)上网电缆、区间埋设电缆。

(4)加强接触网开关的管理,绘制好区间站场的供电示意图。此次武汉站南头的开关没呈现在供电调度的供电示意中,并且没进行过联调,供电调度对该开关不掌握。

(5)本次抢修没有进行正馈线的拆除,但抢修还是给我们以启示,如果故障报告判定为正馈线故障且抢修人员到达变电所比较方便、迅速,应将拆除正馈线作为抢修的首选方案。当然,在抢修人员充足的情况下,拆除正馈线和线路故障查找同时安排进行最为妥当。另外,正馈线拆除后,有关部门应及早制定对行车的限制条件,工区的人员配置也需加以考虑。

十三、支柱故障处理

支柱倾倒是高铁接触网比较严重的故障,一般破坏比较严重、抢修难度大。抢修时,一般是清理现场废旧支柱(不得侵入限界)、临时抢通、降弓通过,正式恢复时更换。支柱倾倒处有附加悬挂,要视具体情况采取措施保证安全距离,恢复送电。

1. 锚柱倾倒

相邻两锚段长度不大时,可在两转换柱间将两锚段承力索和导线分别合并且保证张力平衡;必要时,立抢修支柱固定悬挂,田野侧必须装好拉线,并取消中心锚结。

相邻两锚段长度比较大时,不宜延长锚段,可借助附近容量足够的支柱下锚,将接触线和承力索分别硬锚固在不同的支柱上,临时拉线必须紧固良好,且在受力方向上。

处理此类故障时必须注意,紧起后的导线高度必须达到规定要求值以上,锚段关节处的过渡要保证受电弓顺利通过,不能保证时要采取降弓措施,两条馈线间的绝缘锚段关节抢修后不能保证绝缘要求的,可将其短接。要注意保证电气连接可靠、回路畅通。

2. 中心柱、转换柱倾倒

锚段关节的中心柱和转换柱均承受两支接触网的垂直力和水平力,受力较大,可立抢修支柱固定悬挂,田野侧必须装好拉线,降弓通过。

当两悬挂间不能保证规定的绝缘距离时,可暂不作为绝缘锚段关节用。

3. 中间柱倾倒

直线区段的中间柱倾倒,接触悬挂高度在规定值以上时,拆除接触悬挂,即可送电。否则,需立即抢修支柱,并在田野侧加装人字形拉线,固定悬挂。

曲外或曲内支柱倾倒,在保证接触悬挂高度和电气安全距离条件下,可不立支柱。否则,立抢修支柱,用瓷瓶绝缘,悬吊承力索,用定位器固定接触线,在保证接触悬挂和电气安全距离条件下恢复供电。

4. 硬横跨支柱倾倒

硬横跨钢柱被撞弯或撞斜时,可在其弯斜的反方向装两根拉线,维持其稳定后,提升断柱邻近两侧各股道承力索悬挂点,机车降弓通过,调整接触网参数,临时恢复供电、开通。

硬横跨支柱倾斜严重时,可根据以下情况采取相应方案:

(1)在直线上时,拆除该组硬横梁及其支撑定位后,保证接触悬挂高度在规定值以上即可送电。

(2)在曲线上时,立抢修支柱固定接触悬挂,将上下部固定索紧起,保证接触线高度满足行车要求后,即可送电。

(3)在站场可以封锁侧线股道时,在正线外侧立临时抢修支柱,优先保证正线行车。

5. 桥上接触网故障抢修

(1)桥上下锚钢柱折断。抢修方案一般是在两转换支柱间将悬挂并锚,沟通主导电回路,检查相邻桥钢柱状态后,降弓通过。若在曲外不能保证邻线的限界时,可在桥避车台立铝合金支柱,将悬挂定位,在田野侧打人字拉线。若地理条件限制,可根据桥栏状况,在桥栏杆固定拉线。

(2)桥上转换柱折断。抢修方案一般是在两转换支柱间将悬挂并锚,沟通主导电回路,检查相邻桥钢柱状态后降弓通过。若在曲外不能保证与邻线的安全距离时,可在桥避车台立铝合金支柱,将悬挂定位,在田野侧打人字拉线。若地理条件限制,可根据桥栏状况,在桥栏杆固定拉线。

(3)桥上中间柱折断。曲外时,在桥避车台立铝合金支柱,将悬挂定位,在田野侧打人字拉线。若地理条件限制,根据桥栏状况,在桥栏杆固定拉线。

十四、配合列车故障救援

1. 安全要求

(1)接触网配合救援时可不开工作票,但接触网所有的停送电必须取得高铁供电调度命令。

(2)配合救援的接触网工作领导人应服从故障救援总指挥人的指挥。

(3)因配合需要接触网临时送电时,必须在故障救援总指挥人的统一指挥下,通知所有现场单位及作业人员,然后向高铁供电调度消除作业命令,当再次停电作业时,仍须按停电程序重新办理停电手续,不得简化。

(4)一般情况下,不允许改变涉及故障现场的供电运行方式。因救援或运输特别需要,需调整供电方式且又涉及故障现场时,必须征求故障救援总指挥同意并采取相应措施后执行。

(5)接触网停电的救援工作完毕,接触网送电应取得故障救援总指挥的同意后方可执行。

2. 移动接触网

在配合故障救援中,在满足救援吊车作业条件的前提下,应尽量采取拆除量小、酌情移动接触网、容易恢复的方案,并尽可能缩短拆移距离。应力争故障救援工作尽早结束,以最快速度达到送电开通条件。

(1)水平移动接触网。将距故障点较近一端的补偿坠砣卸载或用手扳葫芦提升,以减小承力索和接触线张力。然后,在需移网支柱处,拆掉接触线定位,直接用两套滑轮组将承力索和接触线向需移动的方向拉。移动几处接触网为宜,依现场情况确定。

(2)垂直抬高接触网。将故障点接触网跨距两端支柱处接触线定位器定位线夹松开,缩短吊弦,直接抬高接触线。

3. 抢修接触网设备

发生列车冲突、脱线、颠覆等行车故障时,接触网设备一般会受到不同程度的影响与破坏,应尽量减少接触网的更改工作量,以最快的速度抢修损坏的接触网设备。

(1)接触网遭到破坏,在安排人员拆移接触网、配合吊车起覆作业的同时,应另行安排人员抢修、恢复损坏的接触网设备,开展平行作业,在不影响吊车作业的情况下,尽快完成安装支撑装置、放线、换线等工作;吊车作业结束后,迅速恢复接触网,尽量缩短中断供电、行车的时间。

（2）抢修方案应视故障现场具体情况确定，各单项设备抢修同时进行，一般原则是"先通后复"，如故障发生在站场咽喉地段，接触网设备较为复杂，应保证先修复开通正线。

4. 列车停在分相无电区的救援

机车停在三端口分相无电区时，首先通知列车司机降弓，相关两供电臂所有机车都降弓，两供电臂退出并联，然后远动合上前进方向（前方）的接触网隔离开关，再通知列车调度令机车司机升弓，如司机报告检测有网压，通知列车调度令司机前行。确认机车通过分相后，立即远动分开网隔，在分开网隔前通知列车调度后续列车不要放行。如司机报告检测无网压后，通知列车调度令司机降弓，远动分开前进方向（前方）的网隔，合上来车方向（后方）网隔，通知列车调度令司机向后退行至有电范围足够距离后停车，远动分开网隔。再通知列车调度令司机按断合标指示正常运行。

机车停在二端口分相无电区时，此分相涉及的上下行四条馈线退出并联全部停电后，通知列车调度在四条馈线运行的电力机车都降弓，合上分相上下行四台网隔越区送电。机车运行至有电范围后停车降弓，再恢复正常的运行方式，同时通知有关工区，做好分、合接触网隔离开关的准备。

复习思考题

1. 在什么条件下构成设备事故？
2. 故障调查现场作业的全过程都包括哪些内容？
3. 供电调度应提供哪些故障调查资料？
4. 简述故障调查分析报告的内容。
5. 故障报告的内容有哪些？
6. 接触网抢修原则有哪些？
7. 接触网故障抢修基本要求有哪些？
8. 故障抢修现场有何要求？
9. 接到故障通知后，工区值班人员应做哪些工作？
10. 接触网在复线区段一线停电抢修故障时，须遵守什么规定？
11. 恶劣天气应急有哪三种预案启动条件？
12. 恶劣天气情况下发生接触网跳闸时，供电调度应如何应对？
13. 接触网导线覆冰较严重时的处置方案是什么？
14. 强风天气遇有接触网上下晃动，处理预案是什么？
15. 简述接触网抢修料管理基本原则。
16. 故障抢修对照明及通信工具的管理要求有哪些？
17. 简述故障点的查找方法。
18. 简述故障点查找的基本原则。
19. 简述满足接触网最低开通运行的技术条件。
20. 供电工区对抢修料具进行检查的时间和内容是什么？

21. 供电车间对抢修料具进行检查的时间和内容是什么？
22. 如何理解高铁接触网的"严检慎修"和"精检细修"理念？
23. 如何发现并消除接触网隐患？
24. 简述恶劣天气时的事故预防措施。
25. 对故障抢修培训的要求有哪些？
26. 对抢修演练的要求有哪些？
27. 简述大雾天气易发故障的判断要求。
28. 简述气温急剧变化易发故障的判断要求。
29. 如何根据电流增量保护动作来判断故障情况？
30. 如何根据受电弓损伤位置判断故障情况？
31. 如何根据跳闸显示电压、电流、阻抗角来判断故障情况？
32. 绝缘子大面积闪络的临时处置措施有哪些？
33. 承力索断线的临时处置措施有哪些？
34. 接触线断线的临时处置措施有哪些？
35. 供电线或正馈线的临时处置措施有哪些？
36. 支持、定位装置故障处理的临时措施有哪些？
37. 补偿装置故障处理的临时措施有哪些？
38. 锚段关节故障处理的临时措施有哪些？
39. 线岔故障处理的临时措施有哪些？
40. 隔离开关故障处理临时措施有哪些？
41. 27.5kV电缆故障临时措施有哪些？
42. 分段绝缘器击穿临时措施有哪些？
43. 锚段关节、补偿装置处悬挂断线临时措施有哪些？
44. 机车停在二端口分相无电区时的救援措施有哪些？

附表 接触网常用零件型号及参数表

接触网常用零件型号及参数表

序号	名称	用途	技术条件	实物图例
1	接触线吊弦线夹	适用于接触网中以直径不大于5mm的吊弦悬吊铜或铜合金接触线	①线夹的最大垂直工作荷载为1.3kN；②滑动荷载不小于1.0kN；③垂直破坏荷载不小于3.9kN；④螺栓的紧固力矩为25N·m	
2	承力索吊弦线夹	适用于接触网系统中铜铝包钢绞线、铝包钢芯铝绞线、钢芯铝绞线、镀铝锌钢绞线承力索上悬吊直径不大于5mm的吊弦	①最大垂直工作荷载1.3kN；②滑动荷载不小于1.0kN；③垂直破坏荷载不小于3.9kN；④螺栓的紧固矩为25N·m	

续上表

序号	名称	用途	技术条件	实物图例
3	横承力索线夹	适用于接触网中软横跨处50～80mm² 的横承力索上悬挂吊线	①横承力索线夹的最大垂直工作荷载7.9kN； ②横承力索线夹与横承力索间的滑动荷载不小于9.8kN； ③横承力索线夹的破坏荷载应不小于23.7kN； ④U形螺栓的紧固力矩为44N·m	
4	双横承力索线夹	适用于接触网中标称截面为50～80mm² 的软横跨双横承力索处悬挂吊线	①双横承力索线夹的最大垂直工作荷载为7.9kN； ②双横承力索线夹与双横承力索间的滑动荷载应不小于9.8kN； ③双横承力索的破坏荷载应不小于23.7kN； ④U形螺栓的紧固力矩为44N·m	
5	接触线中心锚结线夹	适用于接触网中心锚结处以标称截面为50mm² 的镀铝锌钢绞线固定铜合金接触线或铜接触线	①与接触线之间的最大水平工作荷载为9.8kN； ②与接触线之间的滑动荷载应不小于14.7kN； ③与锚结绳之间的滑动荷载应不小于14.7kN； ④水平破坏荷载应不小于29.4kN	

续上表

序号	名 称	用 途	技 术 条 件	实物图例
6	承力索中心锚结线夹	适用于接触网中心锚结处对铜承力索（TJ—95、TJ—120、TJ—150）与中心锚结绳（TJ—95）之间的固定和连接	①当导线为CT—85时，不小于14.5kN；②当导线为CT—110时，不小于22kN；③当导线为CT—120时，不小于27kN；④承力索中心锚结线夹螺栓的紧固力矩为44N·m	
7	杵座鞍子	适用于接触网中悬挂直径为9~20mm的金属绞线	①杵座鞍子的最大工作荷载为4.9kN；②杵座鞍子的滑动荷载不小于3.9kN；③杵座鞍子的破坏荷载不小于14.7kN；④螺栓的紧固力矩为25N·m	
8	钩头鞍子	适用于接触网中悬挂直径为9~20mm的金属绞线	①钩头鞍子的最大工作荷载为4.9kN；②钩头鞍子的滑动荷载不小于3.9kN；③钩头鞍子的破坏荷载不小于14.7kN；④U形螺栓的紧固力矩为25N·m	

续上表

序号	名称	用途	技术条件	实物图例
9	承锚角钢	适用于下锚时固定下锚拉线与支柱	①主体为碳素结构钢；②最大工作荷载为21.6kN	 
10	长吊环	适用于接触网中截面高为50~80mm的角钢或槽钢构件上悬挂绝缘子串	①长吊环的最大水平工作荷载3.9kN；②最大垂直工作荷载为4.9kN；③长吊环的水平破坏荷载应不小于11.7kN；④垂直破坏荷载不小于14.7kN	 
11	耳环杆	适用于接触网中横腹杆式预应力钢筋混凝土软横跨柱预留孔处固定横承力索	①耳环杆的最大工作荷载为21.6kN；②耳环杆的破坏荷载应不小于64.8kN	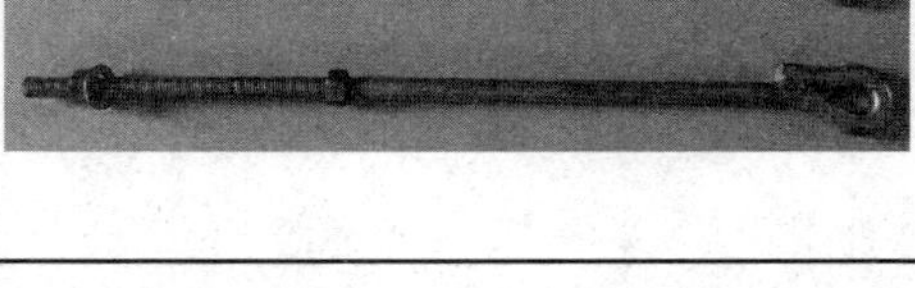

续上表

序号	名称	用途	技术条件	实物图例
12	悬吊滑轮	适用于接触网中悬挂承力索和弹性吊索	①悬吊滑轮的最大工作荷载不小于6.0kN；②悬吊滑轮的垂直拉伸破坏荷载应不小于18.0kN	
13	定位线夹	适用于接触网中在接触线定位处分别固定铜或铜合金接触线	①定位线夹的最大水平工作荷载2.5kN；②定位线夹的滑动荷载不小于1.5kN；③定位线夹的水平破坏荷载不小于7.5kN；④定位线夹螺栓的紧固力矩为25N·m	

续上表

序号	名称	用途	技术条件	实物图例
14	支持器	适用于接触网中固定定位线夹	①支持器的最大水平工作荷载2.5kN；②支持器的滑动荷载不小于4.9kN；③支持器的破坏荷载不小于7.5kN；④螺栓的紧固力矩为44N·m	
15	长支持器	适用于接触网中固定定位线夹	①长支持器的最大水平工作荷载2.5kN；②长支持器的滑动荷载不小于4.9kN；③长支持器的破坏荷载不小于7.5kN；④螺栓的紧固力矩为44N·m	
16	定位环线夹	适用于接触网中软横跨 $\phi 9 \sim \phi 11.5$ mm 的定位索上安装定位器或悬吊接触悬挂用	①定位环线夹的最大水平工作荷载2.5kN；②最大垂直工作荷载为4.9kN；③滑动荷载不小于4.9kN；④定位环线夹的水平破坏荷载不小于7.5kN；⑤垂直破坏荷载不小于14.7kN；⑥U形螺栓的紧固力矩为44N·m	

续上表

序号	名称	用途	技术条件	实物图例
17	定位器	适用于接触网中固定接触线位置	①定位器的最大工作荷载为：G1型1.5kN，G2、G3型2.5kN；②定位器的耐拉伸荷载为：G1型2.3kN，G2、G3型3.7kN；③定位器的耐压缩荷载为：G1型1.5kN，G2、G3型2.5kN；④U形螺栓的紧固力矩为44N·m	
18	特型定位器	适用于接触网中线路曲线半径不小于1000m绝缘关节中心柱处固定接触线位置	①特型定位器的最大工作荷载为1.3kN；②特型定位器的耐拉伸荷载为2.0kN；③耐压缩荷载为1.3kN；④特型定位器的破坏荷载应不小于3.9kN	
19	定位管	适用于接触网中接触线定位处	①定位管的最大工作荷载为2.5kN；②定位管的破坏荷载应不小于7.5kN；③定位管的耐拉伸荷载为3.7kN；④定位管的耐压缩荷载为2.5kN	
20	线岔	适用于接触网中铜接触线及铜合金接触线的交叉处	①线岔中心最大垂直工作荷载为0.18kN；②限制管允许挠曲度不大于1.5%L；③螺栓的紧固力矩为25N·m	

附表　接触网常用零件型号及参数表

续上表

序号	名称	用途	技术条件	实物图例
21	连接器	①连接器的最大工作荷载为17.6kN；②连接器的破坏荷载应不小于52.8kN	①连接器的最大工作荷载为17.6kN；②连接器的破坏荷载应不小于52.8kN	 
22	定位环	适用于接触网的腕臂及定位管中连接定位器或连接其他带钩头的零件	①定位环的最大水平工作荷载为3.0kN；②最大垂直工作荷载为4.9kN；③定位环的滑动荷载应不小于4.9kN；④定位环的水平破坏荷载应不小于9.0kN；⑤垂直破坏荷载应不小于14.7kN；⑥螺栓紧固力矩为44N·m	 
23	长定位环	适用于接触网的道岔或反定位处连接定位器	①长定位环的最大水平工作荷载为2.5kN；②长定位环的滑动荷载应不小于4.9kN；③长定位环的水平破坏荷载应不小于7.5kN；④U形螺栓紧固力矩为44N·m	

续上表

序号	名称	用途	技术条件	实物图例
24	套管双耳	适用于接触网中在斜腕臂上固定腕臂及悬挂带钩头型的零件	①套管双耳的最大水平工作荷载为5.8kN；②最大垂直工作荷载为4.9kN；③套管双耳的滑动荷载应不小于7.5kN；④U形螺栓紧固力矩为25N·m	
25	套管铰环	本部分适用于电气化铁路接触网系统中在斜腕臂上方固定腕臂及悬挂带钩头型零件所用的套管铰环	①套管铰环的最大水平工作荷载为5.8kN，最大垂直工作荷载为4.9lkN；②套管铰环的滑动荷载应不小于7.5kN；③套管铰环的水平破坏荷载应不小于17.4kN；④U形螺栓紧固力矩为25N·m	
26	铜接触线接头线夹	适用于接触网中连接双钩形铜或铜合金接触线	①最大水平工作荷载为17.3kN；②拉伸破坏荷载不小于52.5kN；③滑动荷载：接续CT—120接触线时不小于40kN；接续CT—110接触线时不小于34.0kN；④螺栓紧固力矩为44N·m	

续上表

序号	名称	用途	技术条件	实物图例
27	承力索接头线夹	适用于接触网中连接 TJ—100、GJ—70、TJ—95、TJ—120、TJ—127 承力索绞线的接头	①最大水平工作荷载 G70、T127、T120、T95 型为 16.5kN；G100 型为 22kN；②拉伸破坏荷载不小于 66kN；③螺栓紧固力矩为 80N·m	
28	UT 型耐张线夹	适用于接触网中下锚拉线与单环类零件连接处	①UT-1 型耐张线夹的最大工作荷载为 33kN；②UT-2 型耐张线夹的最大工作荷载为 44kN；③UT-1 型耐张线夹的破坏荷载应不小于 99kN；④UT-2 型耐张线夹的破坏荷载应不小于 132kN	
29	杵座楔型线夹	适用于接触网中以截面为 50~80mm^2 的金属绞线作为承力索、横向承力索、上下部定位绳及补偿绳等的终端与杵头型零件的连接	①线索的承力侧必须沿 a—a 轴线安装；②杵座楔形线夹沿 a—a 轴线的最大工作荷载为 17.6kN；③杵座楔形线夹的破坏荷载应不小于 52.8kN	

续上表

序号	名称	用途	技术条件	实物图例
30	双耳楔型线夹	适用于接触网中以截面为 50~80mm^2 的金属绞线作为承力索、横向承力索、上下部定位绳及补偿绳等的终端与耳环形零件的连接	①线索的承力侧必须沿 a—a 轴线安装；②双耳楔形线夹沿 a—a 轴线的最大工作荷载为 17.6kN；③双耳楔形线夹的破坏荷载应不小于 52.8kN	
31	双环杆	适用于接触网中连接两双耳形零件	①双环杆的最大工作荷载 21.6kN；②双环杆的破坏荷载应不小于 64.8kN	
32	接触线终端锚固线夹	适用于接触网终端下锚处连接标称截面为 85mm^2、110mm^2、120mm^2、150mm^2 的铜或铜合金导线	①最大工作荷载为 17.3kN；②拉伸破坏荷载不小于 51.9kN；③滑动荷载不小于接续导线综合拉断力 90%；④终端双耳、锥套螺栓紧固力矩为 80N·m	

续上表

序号	名称	用途	技术条件	实物图例
33	承力索终端锚固线夹	适用于接触网中在终端下锚处连接硬铜绞线（TJ95—127）承力索或钢绞线	①承力索终端锚固线夹的最大工作荷载：G80、T95、T120型为16.5kN；T127、G100型为22kN；②承力索终端锚固线夹的拉伸破坏荷载不小于67kN；③承力索终端锚固线夹锥套螺栓紧固力矩为80N·m	
34	坠砣	适用于接触网下锚补偿装置中起调整承力索或接触线补偿张力用	①坠砣每个质量误差应不大于2%；②坠砣表面应平整、光滑，无气孔、渣眼、结块；③坠砣表面平面度不大于1mm	
35	补偿滑轮组	适用于接触网中接触悬挂的张力补偿处	①补偿绳两端楔型线夹的破坏荷载≥54kN；②不锈钢补偿绳的整绳破断拉力≥50kN；	

续上表

序号	名称	用途	技术条件	实物图例
36	补偿棘轮	适用于电气化接触网中,在接触线、承力索的终端下锚处,自动补偿其张力	①补偿棘轮的最大工作荷载≥9.62kN; ②补偿棘轮的最大破坏荷载≥64.75kN; ③补偿绳与坠砣相连的楔形线夹的破坏荷载≥54kN; ④不锈钢补偿绳的整体破断拉力≥54kN	
37	旋转腕臂底座	适用于接触网中横腹杆式预应力钢筋混凝土支柱预留孔处固定旋转腕臂	①旋转腕臂底座的最大垂直工作荷载为4.9kN; ②旋转腕臂底座的破坏荷载应不小于14.7kN	
38	特型旋转腕臂底座	适用于接触网中支柱上预留孔外固定旋转腕臂	①特型腕臂底座的最大垂直工作荷载为4.9kN; ②特型腕臂底座的破坏荷载应不小于14.7kN	
39	调节板	适用于接触网中斜腕臂与杵环杆连接处调节距离	①调节板的最大工作荷载为7.4kN; ②调节板的破坏荷载应不小于22.2kN; ③M10螺栓紧固力矩为25N·m	

附表　接触网常用零件型号及参数表

续上表

序号	名称	用途	技术条件	实物图例
40	杵环杆	适用于接触网中斜腕臂的上部或导线终端锚固处连接双耳形与杵座形零件	①杵环杆的最大工作荷载为21.6kN；②杵环杆的破坏荷载应不小于64.8kN	
41	软横跨固定底座	适用于接触网中在横腹杆式预应力钢筋混凝土软横跨上固定上下部定位索	①软横跨固定底座的最大工作荷载为9.8kN；②软横跨固定底座的破坏荷载应不小于29.4kN；③螺栓紧固力矩为70N·m	 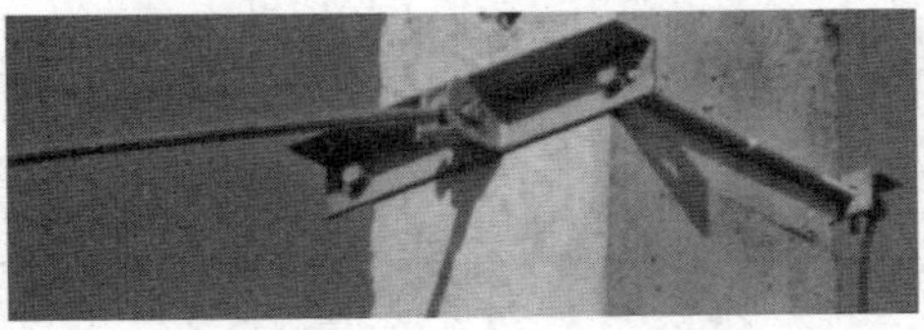
42	接触线电连接线夹	适用于接触网中用以电连接称截面分别为85mm²、110mm²、120mm²的铜或铜合金接触线与95mm²、120mm²的软铜绞线	①电连接线夹与接触线间的滑动荷载不小于4.0kN；②电连接线夹握紧荷载不小于4.0kN；③电连接线夹握紧荷载不小于2.0kN；④螺栓的紧固力矩为44N·m	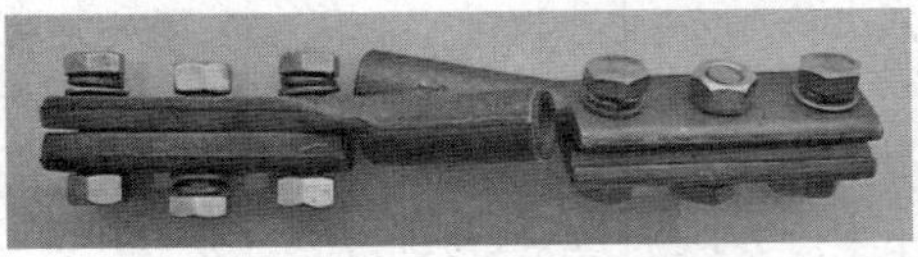  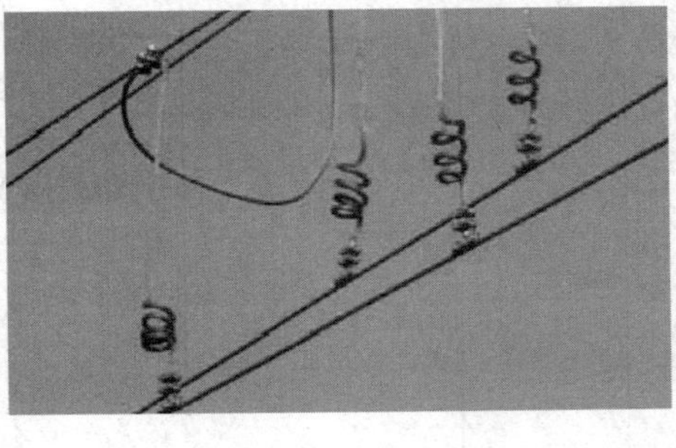

续上表

序号	名称	用途	技术条件	实物图例
43	电连接线夹（方形）	适用于接触网中在电连接线与钢承力索、铜承力索及铝包钢芯承力索或铝包钢承力索的并沟连接处使用	①电连接线夹的握紧荷载不小于4.0kN；②过负荷电热循环试验后的电阻值不应大于同等长度线索电阻值的1.1倍；③电连接线夹螺栓的紧固力矩为25N·m	
44	电连接线夹（长方形）	适用于接触网中在电连接线与钢承力索、铜承力索及铝包钢芯承力索或铝包钢承力索的并沟连接处使用	①电连接线夹的握紧荷载不小于4.0kN；②过负荷电热循环试验后的电阻值不应大于同等长度线索电阻值的1.1倍；③电连接线夹螺栓的紧固力矩为25N·m	
45	接地线夹	适用于接触网中连接接地线与钢轨	①接地线夹的滑动荷载为7.4kN；②接地线夹钩螺栓的紧固力矩为59N·m	

附表　接触网常用零件型号及参数表

续上表

序号	名称	用途	技术条件	实物图例
46	接地线连接线夹	适用于接触网中用于连接直径为 10~12mm 的接地线	①接地线连接线夹的滑动荷载应不小于3kN；②螺栓的紧固力矩为44N·m	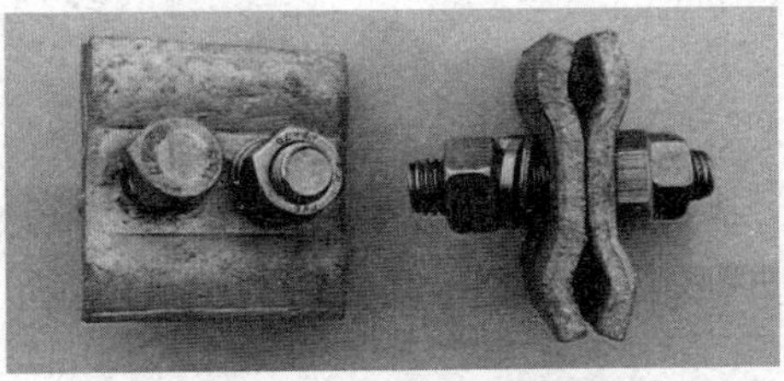 
47	承力索座	适用于接触网中悬挂铜承力索	①本零件的最大水平工作荷载为6.0kN；②M12 螺栓的紧固力矩44N·m	
48	弹簧补偿器	适用于接触网中对软横跨上下定位绳由于温度变化产生的松紧进行补偿	①弹簧的材料采用弹簧钢；②拉环的材料采用不锈钢；③套管的材料采用铝管	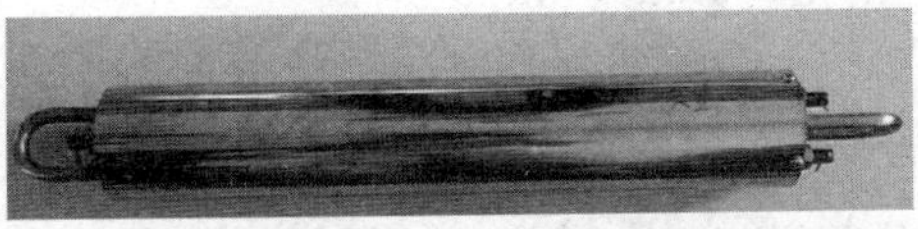 
49	整体吊弦	适用于电气化铁路接触网中,在承力索上悬吊接触线	①整体吊弦的最大工作荷载为1.3kN；②整体吊弦的吊弦线夹与线索间的滑动荷重不小于1.0kN	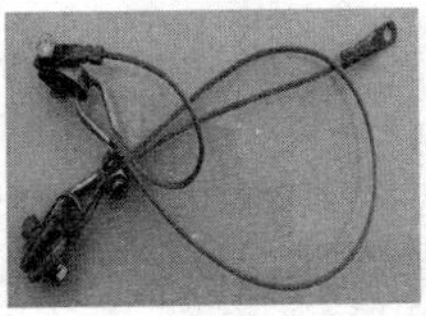 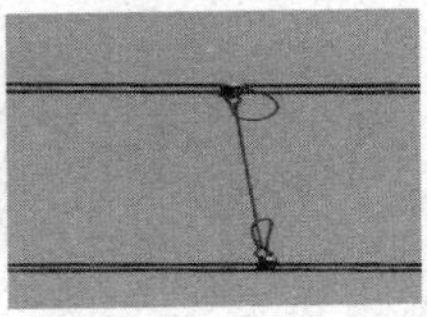

参 考 文 献

[1] 吉鹏霄. 接触网[M]. 北京:化学工业出版社,2006.
[2] 铁道部劳动和卫生司. 高速铁路接触网维修岗位[M]. 北京:中国铁道出版社,2012.
[3] 于万聚. 高速电气化铁路接触网[M]. 成都:西南交通大学出版社,2002.
[4] 李宗文. 接触网施工与检修[M]. 北京:中国铁道出版社,1996.
[5] 薛艳红,刘方中. 接触网运行与检修[M]. 北京:中国铁道出版社,2011.
[6] 李伟. 接触网基础知识[M]. 北京:中国铁道出版社,2010.
[7] 朱申,谢奕波. 接触网[M]. 北京:中国铁道出版社,2011.